U0730105

警察取证行为实证研究

杨宗辉 付凤 / 著

JING CHA QU ZHENG
XING WEI SHI ZHENG YAN JIU

中国检察出版社

图书在版编目（CIP）数据

警察取证行为实证研究/杨宗辉，付凤著．—北京：中国检察
出版社，2017.5

ISBN 978－7－5102－1878－1

Ⅰ.①警… Ⅱ.①杨… ②付… Ⅲ.①证据－研究
Ⅳ.①D915.13

中国版本图书馆 CIP 数据核字（2017）第 070358 号

警察取证行为实证研究

杨宗辉　付　凤　著

出版发行：中国检察出版社

社　　址：北京市石景山区香山南路 111 号（100144）

网　　址：中国检察出版社（www.zgjccbs.com）

编辑电话：(010) 88960622

发行电话：(010) 88954291　88953175　68686531
　　　　　　(010) 68650015　68650016

经　　销：新华书店

印　　刷：保定市中画美凯印刷有限公司

开　　本：A5

印　　张：9.5

字　　数：259 千字

版　　次：2017 年 5 月第一版　2017 年 5 月第一次印刷

书　　号：ISBN 978－7－5102－1878－1

定　　价：34.00 元

检察版图书，版权所有，侵权必究
如遇图书印装质量问题本社负责调换

前　言

一、项目和研究背景

本书所研究的警察取证行为是指警察在办理刑事案件过程中发现、收集、固定、保存和审查证据的各种活动，即侦查取证行为。侦查取证行为作为刑事诉讼的必经程序，既关系着诉讼活动的成败，也容易与公民权利发生对抗和冲突。为此，许多西方发达国家对警察的侦查取证行为无论从立法规范，还是运行监督方面都进行了严格控制，以确保侦查取证行为的合法性和有效性。如在立法规范方面，大陆法系国家多以成文法的形式对证据的收集和提取程序进行详尽规定。英美法系国家确立的大量证据规则如传闻证据规则、品格证据规则、非法证据排除规则、口供任意性规则等都可用于审查警察所取证据的证据资格和证据的可采性问题。在侦查取证审查监督方面，德国、日本等大陆法系国家多实行检警一体化，即法律规定在侦查程序中检察官是主导者和指挥者，行使侦查权力时，警察和侦查法官等辅助机关应向其提供帮助。

为确保侦查行为的合法性和有效性，同时考虑到实践中我国警察机关的侦查取证行为存在许多不足而影响诉讼公正与效率，2001年，我国检察机关在借鉴德国检警一体化模式的基础上，着手实行了引导侦查取证的改革探索，历时十余年之后，这一改革举措在立法规范中得以体现：2011年8月30日，由十一届全国人大常委会第二十二次会议审议的《中华人民共和国刑事诉讼法修正案（草案）》第二编有关侦查程序的规定中，专门加入一条，"对于公安机关立案侦查的故意杀人等重大案件，人民检察院可以对侦查取证活动提出意见和建议".① 这表明引导侦查取证的改革在历时 10 年之后，最终得到了我国立法部门的高度关注与肯定，侦查取证引导机制实现从改革实践到立法规范的完美转换似乎也仅距一步之遥。然而，2012 年刑事诉讼法最终却删除了此新增条款，且删除的原因语焉不详。立法实践有关引导侦查取证内容先增后删的反复，在某种程度上表明了法律对这项改革所采取的审慎态度。

另外，尽管侦查取证引导机制丧失了一次立法确认的良机，但我国实践部门对其进行探索的热情，却有增无减。全国各地检察机关不仅争相效仿在基层公安机关派出所建立引导侦查室，而且还纷纷建章立制，与公安机关联合颁布实施引导侦查取证的试行办法或实施意见。② 各地检察机关的门户网站也竞相刊载当地检察机关引导侦查的制度规章。③ 有关取证引导机制在实践中所取得成就的报

① 《中华人民共和国刑事诉讼法修正案（草案）》在第二编之立案、侦查和提起公诉之第二章的第一节"一般规定"中加入第 113 条，http：// news. xinhuanet. com/legal/2011－08/30/c＿121934493. htm。

② 除笔者在 2012～2013 年实地调查过程中收集到的郑州市人民检察院与郑州市公安局联合下发的《关于加强故意犯罪致人死亡案件公诉引导侦查取证工作若干规定》等十余份有关引导侦查的实施意见和细则外，另有云南省检察机关侦查监督部门《关于开展命案现场介入勘查、引导取证工作试点的通知》《湖南省检察机关引导侦查取证试行办法》，广西壮族自治区人民检察院、公安厅《关于检察机关派员介入公安机关命案现场勘查活动的规定（试行）》，安徽省人民检察院、安徽省公安厅《关于侦查活动监督工作中加强协调配合的若干规定（试行）》等，具体内容参见印仕柏主编：《侦查活动监督重点与方法》，中国检察出版社 2014 年版，第 381～389 页。

③ 如 2014 年 11 月 17 日重庆市检察院与市公安局联合制定下发的《关于检察机关提前介入引导取证工作办法（试行）》，http：//www. jcrb. com/proc-uratorate/highlights/201411/t20141118＿1450717. html，访问日期：2014 年 11 月 19 日；2014 年 8 月 26 日浙江省嵊泗县检察院联合县公安局出台《关于检察机关介入侦查引导取证工作若干规定》，http：//www. zhoushanss. jcy. gov. cn/fljd/201408/t20140826＿1451896. shtml，访问日期：2014 年 9 月 5 日；《内蒙古自治区人民检察院介入侦查引导取证试行办法》，http：//wenda. tianya，cn/question/

道，更是随处可见。①

　　2015 年 2 月 15 日，最高人民检察院印发实施的《关于深化检察改革的意见（2013～2017 年工作规划）》（2015 年修订版）第 21 条明确规定，检察机关在未来几年的工作中，应继续"探索建

3980159e027c3f50，访问日期：2013 年 8 月 20 日；海宁市人民检察院和海宁市公安局联合发布《关于公诉引导侦查取证的若干意见（试行）》海检会〔2008〕42 号，http：//daj. haining. gov. cn/xxwj/xxwj2/de2b9cc6_ bd55_ 484c_ 9c94_ 72b2279fafd1. html，访问日期：2012 年 11 月 3 日。

①　如 2014 年 9 月 19 日《检察日报》曾刊文推广某地检察机关引导侦查取证的经验，作者为柏乡县检察院反贪局局长，其总结近些年许多案件成功查办的关键，就在于检察机关适时介入侦查，把握住了四个关键环节成功引导侦查取证。武兴志：《把握关键环节引导侦查取证》，载《检察日报》2014 年 9 月 19 日第 11 版地方视窗，http：//newspaper. jcrb. com/html/2014 - 09/19/content_ 168779. htm，访问日期：2014 年 11 月 20 日；另有报道称赤峰市松山区检察院在 2014 年 9 月一起涉嫌故意杀人案中，侦查监督部门适时介入，引导公安机关扎实全面收集和固定证据，从而确保其成为一起"铁案"，为保障该案后续诉讼奠定了坚实基础。参见内蒙古自治区人民检察院：《赤峰市松山区检察院：及时介入侦查取证 十一年血案得以昭雪》，载 http：//www. nm. jcy. cn/xwzx/ywgz/201409/t20140916_ 1466745. shtml，访问日期：2015 年 1 月 20 日；另有《法制日报》：《郑州"命案"公诉引导侦查取证机制引关注》，报道称 2012 年郑州市公安局与检察院建立联动机制，在犯罪嫌疑人归案后检察机关介入引导取证，使郑州市中原区 19 年前发生的一起命案有了新进展，载法制网，http：//www. legaldaily. com. cn/bm/content/2012 - 01/02/content_ 3260227. htm？node = 20732，访问日期：2012 年 12 月 5 日；新疆玛纳斯县检察院报道在暴恐案件专项行动中，"检察院与公安机关积极沟通协调，由公安机关在拘留犯罪嫌疑人后立即通知该院，确保准确、畅通掌握此类案件信息。该院抽调经验丰富检察官参与暴恐案件审讯，引导侦查机关取证，确保案件捕得了、诉得出、判得下"。该院还将每起案件的情况及时向州院侦查监督处汇报，并加强联系沟通，争取上级院的积极指导。参见梁三贵：《新疆玛纳斯县检察院主动介入暴恐案件侦查》，载 http：//www. spp. gov. cn/dfjcdt/201406/t20140623_ 75238. shtml，访问日期：2015 年 1 月 20 日。

立重大、疑难案件侦查机关听取检察机关意见和建议的制度。建立对公安派出所刑事侦查活动监督机制"。① 2015 年、2016 年连续两年，最高人民检察院在全国人民代表大会上所作的工作报告也都明确提出，为"增强对司法活动监督的针对性和有效性"，检察机关应积极探索"建立重大、疑难案件侦查机关听取检察机关意见建议制度"。② 2017 年，许多地区检察机关为使监督重心下移，在派出所派驻检察室或检察官③及在一系列重特大案件中提前介入侦查、引导取证的做法也被直接写入最高人民检察院工作报告中，足以体现取证引导机制在我国检察改革实践中的重要性。

立法先增后删的审慎态度与取证引导实践开展得如火如荼的现状形成反差，也促动笔者进一步检讨和反思此项改革本身可能存在的误区与不足。且伴随着取证引导机制改革实施过程的不断深入，理论界有关取证引导机制的讨论也逐步增多，对其赞成者有之，批评者亦不乏其人。论者们的观点主要集中在以下三个层面：其一，检察机关引导侦查取证所履行的是监督职能还是控诉职能；其二，

---

① 最高人民检察院：《关于深化检察改革的意见（2013～2017 年工作规划）》（2015 年修订版），载 http：//www.spp.gov.cn/jjtp/201502/t20150225_91556.shtml，访问日期：2015 年 2 月 26 日。

② 详见 2015 年最高人民检察院工作报告中"2015 年主要任务"部分，载 http：//www.spp.gov.cn/gzbg/201503/t20150324_93812.shtml，访问日期：2015 年 3 月 24 日；2016 年最高人民检察院工作报告中"2016 年主要任务"部分，载 http：//www.china.com.cn/legal/2016 - 03/21/content_38072760.htm，访问日期：2016 年 4 月 10 日。

③ 2017 年最高人民检察院工作报告"2016 年工作回顾"部分提到，"山西、宁夏、河北等地检察机关探索在派出所派驻检察室或检察官，监督重心下移"；"内蒙古、甘肃、辽宁等地检察机关对艾汪全等 74 人故意杀人伪造矿难骗取赔偿金系列案、甘蒙'8·05'系列强奸杀人案、营口运钞车被劫案等重大案件，及时介入侦查、引导取证，依法批捕起诉"；"北京、浙江、广东检察机关提前介入侦查，及时批捕起诉袁智维等 116 人、罗兆隆等 108 人、崔培明等 129 人特大跨国电信网络诈骗案"，载 http：//news.sina.com.cn/c/nd/2017 - 03 - 12/doc - ifychhus0814992.shtml，浏览日期：2017 年 3 月 12 日。

检察机关在侦查取证过程中如何实现"指导而不指挥、建议而不干预"的柔性指导；其三，检察引导侦查取证改革背后所体现的司法理念和价值取向的选择。值得检讨的是，在这场讨论中，作为被引导方和侦查取证主体的公安机关参与度却不高。这种集体失语背后隐藏的是公安机关对此项改革的顺应还是抵制？是积极支持还是消极应对？更重要的是，这次引导侦查取证的改革在多大程度上影响和改变了我国公安机关以往的侦查取证行为方式？其在实践中是否彰显和促进了侦查取证行为的合法化及取证能力的提高？国内目前尚未有学者进行此方面的调查与研究。

此外，笔者注意到，这项由检察机关实务部门发起的引导侦查取证的改革，虽触发了学术界的广泛讨论，但讨论内容和角度多局限于理论思辨和价值层面，少有对这项改革实践运作更为基础的、类型化的实证调查（笔者掌握的现有资料中，仅有三篇文献①针对取证引导机制改革进行了实证研究：一是在基层检察院侦查监督部门工作的检察官梅玫对逮捕程序中检察机关引导侦查的情况进行过实证调查；② 二是在呼和浩特市玉泉检察院公诉科工作的检察官武晓勇针对公诉阶段的取证引导所做的实证研究；③ 三是左卫民教授等在考察侦查监督制度的过程中对取证引导机制所做的部分实证调查④）。毫无疑问，面对取证引导机制这一实践性极强的课题，仅仅依靠理论分析和逻辑推理是远远不够的，它更需要我们借助直接观察，发现该机制运行的实然状态，进而比较其"制度表达"和

---

① 尽管笔者对这三篇文章中的部分观点和结论持有议异，但三篇文章的作者研究取证引导机制的方法极大地开阔了笔者的研究思路，所采集的实证资料亦被笔者多次引用，在此致以诚挚的感谢。

② 梅玫：《检察引导侦查实证研究——以逮捕程序为中心》，西南政法大学 2010 年在职攻读硕士学位论文，优秀博士硕士论文库。

③ 武晓勇：《公诉引导侦查之实证研究——以地方检察院的改革实验为视角》，内蒙古大学 2011 年硕士学位论文，优秀博士硕士论文库。

④ 左卫民、赵开年：《侦查监督制度的考察与反思——一种基于实证的研究》，载《现代法学》2006 年第 6 期。

"实践效果"之间可能存在的差距。①

基于上述三方面的动因，笔者决定以取证引导机制的形成和发展为研究对象，在观察视角的选取上，注重引导方与被引导方双向视角的交叉，特别是从被引导方的视角，对这一改革举措的形成机理和运作过程进行实证调查，以丰富现有学术讨论的研究素材和方法。

二、研究思路及内容编排

全书分为上下两篇。上篇内容更为宏观和整体化，其立足于取证引导机制，采用规范分析、经验研究和理论反思三位一体的思路，遵循现状描述——解释分析——模式设计的研究路径，对取证引导机制进行系统、立体、全景式的描摹和分析。如取证引导机制的理论纷争部分，主要采用规范分析法。在统计现有文献的基础上，梳理取证引导机制的确立和形成过程，厘清不同概念背后所隐藏的有关取证引导的目的和法律依据的不同。同时，通过对两种主要的取证引导模式的比较，提出取证引导机制理论研究层面所涉及的司法改革理念与价值选择问题。在取证引导机制的实践运作和评析部分，针对引导方和被引导方两类不同的调查对象，通过问卷调查和长时间的准结构化访谈的方式，考察和分析取证引导机制的启动过程、运行过程以及引导的结果和效力问题。有关取证引导域外模式的借鉴与反思部分，主要采用比较研究的方法。由于无论是我国学者提出的检警一体化，还是检察实务部门践行的检察引导侦查，在检警关系的调整和设计上都或多或少地体现出法律制度西学东渐的移植倾向，笔者对我国取证引导现存问题更深层次的原因剖析，也将从解读各国特别是与我国诉讼体制相似的国家的检警关系开始，并通过对大陆法系国家和英美法系国家检警关系的对照式研究，系统还原和比较我国现有检警关系与其他国家可能存在的

---

① ［美］艾尔·巴比：《社会研究方法（第十一版）》，邱泽奇译，华夏出版社 2009 年版，第 13 页。

差异。

此外，为揭示其他国家侦查程序中检警关系的实然状态，笔者也尽可能吸纳国外学者所做的相关实证调查成果，并在此基础上将其法律规定与实践运作形成对比。重构取证引导机制的建议部分，其研究方法可以说是历史分析、逻辑演绎与实证方法的结合。考虑到检察机关提出取证引导机制改革的初衷，是为实现提高公诉质量和加强法律监督的双重目的，笔者对取证引导机制的改造和重构也将围绕这两大目的而展开：一方面，在比较公诉引导侦查与公安机关预审提前介入的基础上，寻求适合我国国情的取证引导模式；另一方面，在检察机关法律监督权威重建的基础上，寻求更为理性的侦查取证监督机制。

一言以蔽之，上篇取证引导机制实证研究部分，笔者力求既注重取证引导机制理论层面的规范表达，也关注其实践层面的具体运作，并通过规范表达与实践运作间的流转反复，最大程度上勾勒出取证引导机制的真实面貌，在此基础上反思其存在的问题，并最终提出有利于侦查取证法治化、合理化的改革路径。

本书下篇内容则主要聚焦于侦查取证的微观层面。由于侦查活动的直接目的就是获取证据，即公安机关的所有侦查工作其实都与取证相关，从这个角度上讲，笔者在有限的时间内力求系统地研究所有侦查取证行为是不切实际的。因此，在具体侦查取证行为研究部分，笔者并没有对公安机关整个侦查取证行为进行宏观架构，而是采用三个分报告的形式，试图透过某些具体而微观的侦查取证行为映射出侦查取证的整体运行状态，就像一滴水往往可以折射出整个天空一样。借助这些具体的取证措施，发现和揭示公安机关在侦查取证过程中存在的现实问题，并寻求具有现实合理性的解决途径，以力求局部的深入。

目　录

下篇　具体侦查取证行为研究报告

附　录

上篇　取证引导机制实证研究

　　由于检察机关实施的引导公安机关侦查取证的改革尝试，最初发端于基层检察院，随后才逐步推广至全国各地检察机关，这种自下而上的改革方式，使其在不同地区、不同时期，对取证引导的提法也不尽相同。如有些地区的检察机关称其为"检察引导侦查"；也有些地区的检察机关称其为"公诉引导侦查"；有学者研究称其为"检警一体化"；也有论者将其表述为"侦诉一体化"。不仅如此，笔者发现，这些不同称谓之下，检察机关引导公安机关侦查取证的方式、具体内容和价值选择也存在偏差。为防止挂一漏万，笔者将这些具有相似功能的改革模式统一概括为"取证引导机制"。

　　笔者之所以将其概括为"取证引导"，而不是"侦查引导"或者"引导侦查"，主要是考虑到此项改革的核心内容集中体现在检察机关对公安机关取证方向和取证质量的引导上，并不是对公安机关所有侦查活动的全方位引导。[①] 因此，用"取证引导"来概括其内容可能更为准确、贴切。

---

　　① 不少检察机关在实施此项改革时都明确指出：引导侦查的重点在于"取证"，而不是所有侦查活动。"侦查包括专门调查工作和所采取的强制措施，引导侦查取证的重点是专门调查工作中的收集证据工作。因为相对而言，检察官的优势在于其对证据标准的把握以及审查和运用证据的能力，而侦查人员的优势是侦查谋略、侦查技术和技能。"检察机关只有将引导的重点放在"取证"上，才能各取所长，发挥各自的优势。参见乌海市人民检察院：《公诉介入侦查引导取证问题研究》，载 http://jcy. wuhai. gov. cn/jianchall/415. jhtml，访问日期：2013 年 5 月 17 日。

而选用"机制"对取证引导加以限定，没有将其称为"取证引导制度"或"取证引导体制"，主要是基于以下两点考虑：

其一，笔者借鉴了《最高人民检察院工作报告》中的相关提法，即自 2002 年改革之初，最高人民检察院在其工作报告中就已明确提出要"深化侦查监督和公诉工作改革，建立和规范适时介入侦查、引导侦查取证、强化侦查监督的工作机制"，表明取证引导改革在性质上应属于工作机制，而非司法体制层面的改革和创新。其二，笔者更希望自身对取证引导机制改革的研究，能突破现有学术研究过于注重制度设计和价值分析的局限，更多关注取证引导机制作为协调侦查过程中检警关系的新的运行方式的合理性和有效性问题。故本书对检察机关取证引导行为的研究将更多地体现在机制运行层面，而不仅仅是理论制度层面的分析。当然，笔者对这一机制的研究，将不会脱离我国司法机关职权设置及相互关系的现有框架，即研究过程中会充分考虑到我国司法体制的特殊性问题。因此，在充分考察"机制"、"体制"和"制度"三者的不同①及

---

① 机制与体制、制度，看似一字之差，但在社会科学领域其内涵和外延却往往存在很大的差别。机制原指机器的构造和工作原理。在社会学领域，机制指协调事物各个部分的关系使其有序作用完成整体目标和实现整体功能的运行方式。与机制不同，体制是指"组织的职能与其组织内岗位权责的调整与配置的状态"，如我国的政治体制即国家政府的组织结构和管理体制；司法体制即指一个国家有关司法机关的设置、各司法机关之间的职权划分和相互关系的体系、制度、形式和活动原则。相较于体制和机制，制度的内涵则更为宽泛，其最一般的含义是要求大家共同遵守的办事规程或行动准则。制度按照其性质和范围的不同总体可分为根本制度、基本制度与具体规章制度三个基本层次。根本制度是同生产力发展阶段相适应的经济基础和上层建筑的统一体，如我国政治制度、经济制度和文化制度等；基本制度是社会的具体组织机构，如我国的司法制度；具体规章制度是各种社会组织和具体工作部门规定的行为模式和办事程序规则规范，如检察机关与公安机关联合制定的引导侦查制度。

相互关系①的基础上，笔者认为"机制"最能准确表达取证引导改革的性质和状态。

简言之，本书所研究的取证引导机制，是指检察机关通过参与公安机关的侦查活动，对公安机关的证据收集、提取、固定以及侦查取证的方向，提出意见和建议的工作机制。其在实践层面是对我国检察机关实施的一系列旨在规范侦查取证行为的引导方式的总体描述。

由于对机制的理解和运用需要把握好两个层面：一是认识构成机制存在基础的事物以及事物的各个组成部分；二是掌握事物及各个部分之间得以协调运行并发挥作用的运作方式。因此，对取证引导机制的研究，也需要我们一方面充分认识引导方检察机关和被引导方公安机关各自的性质功能；另一方面全面考察引导方与被引导方之间通过何种方式和途径，才能彼此协调运行并发挥作用。

需要补充说明的是，为集中研讨检察机关引导公安机关侦查取证中存在的问题，本书所研究的取证引导机制中的"取证"，也仅指公安机关的侦查取证行为，既不包括公安机关在治安案件等其他行政案件中的取证行为，也不包括其他侦查主体如检察机

---

① 机制、制度与体制三者之间既相互区别，又有着紧密的关联性。一项机制的建立和运行，其背后往往有与之匹配的体制和制度要素作支撑。即"机制正是在与之相关的体制和制度建立之后，在实践的运行中逐步形成的"。具体参见邵静野：《中国社会治理协同机制建设研究》，吉林大学 2014 年博士学位论文，中国优秀博士硕士论文库。因此，从系统论的角度看，体制与制度都是机制建立和运行的刚性框架基础，体制和制度的调整与配置，无疑会制约影响着机制的运行及作用的发挥；另外，机制运行方式的不断改革和创新，反过来也会促动体制和制度的相应变革。

关、海关、监狱部门等在各自职权范围内的侦查取证活动。① 相应地，本书所提及的被引导的侦查机关，也限指我国现行具备侦查权的公安机关；侦查人员仅指我国公安机关具有侦查权的警察，这其中既包括了公安机关专职履行刑事职权的刑警，也包括了其他具有一定刑事侦查权的治安警察，如我国基层公安派出所的警察。

① 实践中，检察机关实施的引导侦查取证的改革包括检察机关自侦部门所办理的职务犯罪案件侦查，具体内容可参见陈燕倩：《加强"侦诉一体化"建设，保障侦查证据合法性》，载《广西法治日报》2012 年 12 月 4 日第 005 法治论坛版；卢金增、胡金华：《变"单兵作战"为"责任捆绑"——山东沂南：探索侦诉一体化机制提高办案质量和效率》，载《检察日报》2012 年 6 月 18 日第 002 综合新闻版。尽管本书只集中研讨检察机关引导公安机关侦查取证中存在的问题，但所检讨的内容和得出的观点，在许多方面也同样适用于检察机关对自侦部门的取证引导。

第一章　取证引导机制基本理论问题

第一节　取证引导机制的缘起

通过对现有文献资料的梳理，笔者大致归纳出我国侦查取证引导机制产生、形成和发展所经历的四个阶段。

一、取证引导机制的孕育

有学者考证，取证引导机制的前身源于我国第一次"严打"时期我国检察机关提出的"提前介入"制度。即取证引导机制的雏形，可以追溯到 20 世纪 80 年代初期在检察机关和公安机关内部建立起来的"检察提前介入案件"的工作机制。[①] 在第一次"严打"时期，检察机关就已开始尝试提前介入。为了适应从重从快打击犯罪的需要，当时遇有重大刑事案件时，批捕或起诉部门的检察官会应公安机关的邀请，参加到案件的侦查过程之中，认真听取公安侦查人员的案情介绍，两家共同分析案情，为公安侦查人员指明侦查方向。[②] 可见，提前介入可以让检察机关提前了解案情，缩短审查批捕和审查起诉的期限，增强公安机关和检察机关打击犯罪的合力，这无疑满足了当时国家从重从快打击犯罪的刑事政策

---

① 李平煜、丁文俊：《检察机关提前介入公安机关侦查活动初探》，载《山东法学》1990 年第 2 期；武延平、张凤阁：《试论检察机关的提前介入》，载《政法论坛》1991 年第 2 期；但伟、姜涛：《侦查监督制度研究——兼论检察引导侦查的基本理论问题》，载《中国法学》2003 年第 2 期。

② 但伟、姜涛：《侦查监督制度研究——兼论检察引导侦查的基本理论问题》，载《中国法学》2003 年第 2 期。

要求。不仅如此，由于提前介入机制一定程度上提高了侦查办案的质量和效率，其在实践中也得到了公安侦查人员的欢迎。第一次"严打"之后，这种检察机关与公安机关之间建立起的"非常规"联系制度，也因部分满足了实践办案工作的需要而被坚持了下来，并在立法层面得到了体现。1996 年修改的《刑事诉讼法》第 66 条规定，对于公安机关的提请逮捕，在"必要的时候，人民检察院可以派人参加公安机关对于重大案件的讨论"。且第 107 条规定"人民检察院审查案件的时候，对公安机关的勘验、检查，认为需要复验、复查时，可以要求公安机关复验、复查，并且可以派检察人员参加"。

二、取证引导机制的萌芽

1999 年，河南省周口市人民检察院进行了一项调整检察机关内部相关部门关系的实验性改革，即在办理职务犯罪案件时实行"三三制"的办案机制。所谓"三三制"，是指检察机关不同部门间要实现三个延伸，实行三项跟踪，并明确三段责任。[①] 具体而言，"三个延伸"，是指批捕部门向前延伸至自侦部门的立案环节，起诉部门向前延伸至审查逮捕和侦查预审环节；"三项跟踪"，是指检察院侦查人员对自侦案件跟踪至批捕、起诉、审判环节；明确"三段责任"，是指侦查部门负责立案准确，批捕部门负责批捕准确，起诉部门负责起诉准确。在实施改革的检察机关看来，"公诉部门、侦查监督部门向前延伸的目的，是早了解案情，监督侦查活动是否合法的同时引导取证工作；侦查部门跟踪的目的，是协助侦查监督部门、公诉部门更好地理解案情，并根据需要提供必要的案

---

① 秦炯天、蔡永彤：《"检察引导侦查"机制的反思与展望》，载《中南大学学报（社会科学版）》2009 年第 6 期。

件材料"。① 不难看出，"三三制"的办案机制旨在强化检察机关自侦案件中侦查与起诉的衔接问题，侦查监督部门和公诉部门可借此对自侦部门案件办理过程中证据的收集、固定和完善以及法律适用等，从审查逮捕和出庭公诉的角度提出意见和建议。为此，"三三制"在当时也被称作"检察指导侦查"的新机制。②

很快，这一新机制也被扩展至公安机关侦查领域。2000 年 4 月，河南省周口市检察院开始了"检察引导侦查取证"的探索，并先后在公安机关派驻引导侦查室 11 个。③ 此次改革既是对检察机关内部实行的"三三制"原有使用范围的扩大，也使侦查阶段检察机关与公安机关"非常规"联系变得更为常规化和制度化。周口市检察院和周口市公安局还联合下发了《关于在全市公安机关设立引导侦查室的决定》及《关于检察引导侦查工作的暂行规定》，将"引导侦查取证"具体表述为：引导公安机关以公诉为标准，依法收集、固定和完善证据，并对侦查活动进行监督，保证办案质量，赢得公正和效率。建立指导侦查工作制度，将监督关口前移，变事后性、被动式的监督为事前事中监督、主动监督，检察机关对公安机关的侦查活动既监督又配合，使检察机关的法律监督职能充分发挥。

---

① 洛阳市检察院检察长牛学理表示："延伸和跟踪工作的重点是把握好度，做到参与而不干预，讨论而不定论。"为解决这一问题，该检察院还制定了《办理直接受理立案侦查的职务犯罪案件实行"三三制"的规定》，对延伸和跟踪工作作了详细规定。参见《洛阳："三三制"办案规则见成效》，载《检察日报》官网，http://www.jcrb.com/n1/jcrb846/ca441540.htm，访问日期：2013 年 7 月 20 日。

② 秦炯天、蔡永彤：《"检察引导侦查"机制的反思与展望》，载《中南大学学报（社会科学版）》2009 年第 6 期。

③ 李和仁、王治国：《引导侦查取证：周口的实践与理论碰撞》，载《检察日报》2002 年 8 月 15 日，转引自正义网 http://review.jcrb.com.cn/ournews/asp/readNews.asp? id＝104938，访问日期：2012 年 5 月 12 日。

三、取证引导机制的发展

2000 年 8 月，最高人民检察院召开了"全国检察机关公诉改革会议"，会议中根据公诉改革要"在公正和效率间找到一个最佳的结合点"，以实现办案质量与办案效率共同提高的要求，其所提出的八项改革措施之一即"建立与公安机关加强工作联系的新机制，通过加强侦查工作和起诉工作的联系，在一定程度上实现公诉工作引导侦查工作，使证据依法得到巩固，追求达到完善公诉效果的价值取向"，力争做到"弹无虚发"。[①]这次会议的召开，使引导侦查取证从河南周口检察院的地方试点工作推广成全国性的公诉改革。

同一时间，最高人民检察院审查批捕厅、审查起诉厅和公安部刑事侦查局联合下发了《关于公安机关刑侦部门、检察机关批捕部门、起诉部门加强工作联系的通知》，其中第 2 条规定："重大案件的发、破案等情况，刑侦部门应及时向批捕、起诉部门通报，认为需要批捕部门提前介入的，应及时通知批捕部门，其中对犯罪嫌疑人执行逮捕后，要尽快通知起诉部门及时介入。批捕、起诉部门接到刑侦部门要求出现场或参加案件讨论的通知后，应及时派员参加，参加的检察人员在充分了解案情的基础上，应当对侦查活动提出积极的建议。"[②]

2000 年 9 月，最高人民检察院在召开的"全国检察机关第一次侦查监督会议"上，也提出"全面履行职责，加强配合，强化

---

① 王松苗：《公诉改革：能否两全其美？——关于公诉工作改革重心的采访与思考》，载《人民检察》2000 年第 10 期；张晓英：《我国补充侦查制度存在的问题与完善初探》，载福建省人民检察院官网，http：//www. fj. jcy. gov. cn/Article. aspx？NewsID＝3bd03963－b3c2－4ef2－a56e－c161bd2100a0，访问日期：2013 年 7 月 6 日。

② 陈云龙、彭志刚：《检察机关侦查指引权及其实现机制》，载《中国刑事法杂志》2009 年第 9 期。

监督，引导侦查"是侦查监督工作改革的总方向。① 引导侦查也成为检察机关加强侦查监督的一项十分重要的工作措施。

2001 年 8 月 16 日，最高人民检察院和公安部联合发布的《关于依法适用逮捕措施有关问题的规定》也相应指出，"公安机关认为需要人民检察院派员参加重大案件讨论的，应当及时通知人民检察院，人民检察院接到通知后，应当及时派员参加。参加的检察人员在充分了解案情的基础上，应当对侦查活动提出意见和建议"。

上述检察改革会议的召开和一系列规范性文件的颁发，不仅加速了检察机关在全国推广引导侦查取证改革的进程，也表明了实践中检察机关建立与公安机关加强工作联系新机制的决心。

四、取证引导机制的确立

在 2002 年 3 月九届全国人大第五次会议上，最高人民检察院检察长在《最高人民检察院工作报告》中明确提出要"深化侦查监督和公诉工作改革，建立和规范适时介入侦查、引导侦查取证、强化侦查监督的工作机制"。② 同年 5 月，最高人民检察院召开了全国刑事检察工作会议，提出了坚持、巩固和完善"适时介入侦查、引导侦查取证、强化侦查监督"的工作机制，并将《人民检察院引导侦查取证试行办法》提交给与会代表进行了讨论和修改，

---

① 天津市北辰区人民检察院课题组：《检察机关"提前介入"问题研究》，载中国诉讼法律网，http://www.procedurallaw.cn/zh/node/1303，访问日期：2012 年 8 月 9 日。

② 吴晓东：《检察引导侦查研究》，苏州大学 2007 年硕士学位论文，优秀博士硕士论文库。

进一步细化了取证引导的时机和目的问题。① 可以说，最高人民检察院的工作报告和此次全国刑事检察工作会议的召开，标志着引导侦查取证作为一项全国检察机关的工作新机制被正式确立下来。取证引导也被全面纳入理论研究视野和司法实践流程之中，并逐步得到强化。

2005 年全国检察机关第二次侦查监督工作会议上，侦查监督厅厅长在工作报告中总结了引导侦查近五年的实践成果，指出"全国检察机关通过介入侦查、引导侦查取证，积极参加公安机关对重大案件的讨论，出席现场勘查，督促侦查机关及时全面收集和固定证据，为准确作出批捕决定奠定基础，共介入侦查活动151739 件"②。

2008 年 10 月，最高人民检察院发布的《人民检察院公诉工作操作规程》规定："公诉部门应当加强与侦查机关（部门）的联系和配合，完善相互协调机制，保证案件质量。根据办案工作需要，应侦查机关（部门）要求，经检察长批准，可以派员提前介入侦查活动，引导侦查取证。"③

2013 年 6 月，全国检察机关第四次侦查监督工作会议上，曹建明检察长在讲话中再次强调，"要强化立案和侦查活动监督，坚决监督纠正刑讯逼供等非法取证行为，规范和深化介入侦查、引导

---

① 柴春元、张安平：《以改革推动"严打"，在"严打"中深化改革——全国刑事检察工作会议综述》，载《检察日报》2002 年 7 月 17 日；《检察机关推行"检察引导侦查"工作机制概述》，载《法制日报》2002 年 7 月 16 日，正义网 http://review.jcrb.com.cn/ournews/asp/readNews.asp? id=99061，访问日期：2012 年 8 月 9 日。

② 2005 年全国检察机关第二次侦查监督工作会议侦查监督厅厅长杨振江工作报告，转引自印仕柏主编：《侦查活动监督重点与方法》，中国检察出版社 2014 年版，第 31 页。

③ 陈云龙、彭志刚：《检察机关侦查指引权及其实现机制》，载《中国刑事法杂志》2009 年第 9 期。

取证工作"①。

2015 年 2 月 15 日，最高人民检察院印发实施的《关于深化检察改革的意见（2013～2017 年工作规划)》（2015 年修订版）第 21 条明确规定，检察机关在未来几年的工作中，应继续"探索建立重大、疑难案件侦查机关听取检察机关意见和建议的制度。建立对公安派出所刑事侦查活动监督机制"②，足以体现取证引导在我国检察改革实践中的重要性。2015 年 3 月 12 日，最高人民检察院工作报告再次提出检察机关应探索建立取证引导机制，以"增强对司法活动监督的针对性和有效性"③。

可以说，自最高人民检察院召开全国刑事检察工作会议以来，引导侦查取证在全国范围内很快成为上至最高人民检察院下至基层检察机关改革工作的一个重要课题。各级检察部门纷纷将其作为检察工作的亮点工程，在引导侦查的工作制度、工作机构和工作流程等方面进行了各种尝试。引导侦查取证不再是检察机关某个职能部门的事，而成为检察机关许多职能部门全面参与的一项改革。

第二节　取证引导机制的概念

伴随着检察机关实施的引导侦查取证改革在我国实践进程中的不断深入，学术界与实务界提出的与这一改革相关的概念表述也颇

---

① 最高人民检察院曹建明检察长在全国检察机关第四次侦查监督工作会议上的讲话，转引自《曹建明：围绕平安中国法治中国建设全面加强改进侦查监督工作》，载 http：//www.spp.gov.cn/zdgz/201306/t20130624_ 59808.shtml。

② 最高人民检察院：《关于深化检察改革的意见（2013～2017 年工作规划)》（2015 年修订版），载 http：//www.spp.gov.cn/jjtp/201502/t20150225_ 91556.shtml，访问日期：2015 年 2 月 26 日。

③ 2015 年《最高人民检察院工作报告》在 2015 年主要任务部分的第三点提出，"增强对司法活动监督的针对性和有效性，推动建立重大、疑难案件侦查机关听取检察机关意见建议制度"，载 http：//news.ifeng.com/a/20150312/43325297_ 0.shtml，访问日期：2015 年 3 月 12 日。

为丰富，如"检察引导侦查""公诉引导侦查""检警一体化""侦诉一体化"等。截至 2014 年 12 月 7 日，笔者通过中国知网学术文献总库以"检察引导侦查"为关键词，搜索到 2009 年至 2014 年相关论文、报刊文章合计 146 篇；以"公诉引导侦查"为主题词搜索到论文共计 79 篇；以"检警一体化"为关键词搜索到论文共计 58 篇；以"侦诉一体化"为关键词搜索到相关文献 15 篇。（见上表 1－1）从所统计的研究论文总体数量上看，引导侦查取证无疑是当前我国学者们讨论的热点话题之一。

上表 1－1　取证引导机制相关文献统计　　　　　　单位：篇

关键词＼年份	2009	2010	2011	2012	2013	2014	合计
检察引导侦查	29	27	36	25	14	15	146
公诉引导侦查	16	9	15	16	10	13	79
检警一体化	14	13	16	9	4	2	58
侦诉一体化	3	2	4	3	3	0	15

　　在对文献内容进行归类整理和分析之后，笔者发现：多数论者对取证引导机制持赞成和肯定的态度，也有部分论者反对引导侦查的改革。但无论是赞成者还是质疑者，都认为检察引导侦查、公诉引导侦查、检警一体化、侦诉一体化等概念，特别是检察引导侦查与公诉引导侦查，仅仅是侦查取证引导机制的不同称谓而已，在论述时往往将其混同使用或同等看待。如有论者明确提出："公诉引导取证，细言之就是检察机关引导侦查取证。"① 还有不少论者基于公诉部门是检察机关内部的职能部门，将检察引导侦查直接等同于公诉引导侦查，或推导出公诉引导侦查是检察引导侦查之组成部分、检察引导侦查必然包括公诉引导侦查的结论。如有论者指出"公诉引导侦查是检察引导侦查的主体内容，检察引导侦查是公诉

---

① 　何鑫：《公诉引导侦查取证刍议》，载《法制与社会》2009 年第 23 期。

引导侦查的外部体现"。① 在笔者整理的上述文献中，尚未发现有论者将检察引导侦查、公诉引导侦查与检警一体化等相关概念加以明确区分。

另外，从研究者的学术背景和工作经历来看，尽管论者们并未对检察引导侦查和公诉引导侦查等诸多概念加以区分，但在论述时，对引导侦查的具体内容和价值选择却存在偏差。论述过程中对检察引导侦查抑或公诉引导侦查概念选用的偏好，在一定程度上也反映出作者不同的工作经历和研究专长。对上述文献的统计表明，采用"公诉引导侦查"表述的论者均为检察机关的实务工作者，并以检察机关公诉部门的检察官居多；而采用"检察引导侦查"表述的论者则多为理论研究者或检察机关侦查监督部门的检察官。且笔者所收集的文献中，鲜有论文出自公安机关的侦查人员。

从论文发表的时间维度上分析，检察引导侦查、公诉引导侦查、检警一体化等概念的提出和热议也有着一定的先后顺序，并体现出一种逐步进化和替代的过程。具体而言，自陈兴良教授和陈卫东教授分别发表《警检一体：诉讼结构的重塑与司法体制改革》②和《侦检一体化模式研究——兼论我国刑事司法体制改革的必要性》③始，有关检警一体化和侦检一体化的问题被最先提出和讨论。2000 年至 2005 年，与检警一体化相关的论文出现井喷式爆发。其间以 2000 年龙宗智教授发表的《评"检警一体化"兼论我国的检警关系》④ 和曾任河南省周口市人民检察院检察长的苏凌与

---

① 沈新康：《公诉引导侦查的探索与完善》，载《华东政法大学学报》2010 年第 5 期。

② 陈兴良：《警检一体：诉讼结构的重塑与司法体制改革》，载《中国律师》1998 年第 11 期。

③ 陈卫东等：《侦检一体化模式研究——兼论我国刑事司法体制改革的必要性》，载《法学研究》1999 年第 1 期。

④ 龙宗智：《评"检警一体化"兼论我国的检警关系》，载《法学研究》2000 年第 2 期。

冯保卫在 2002 年发表的《检警一体化与检察指导侦查机制比较研究》① 最具影响力。其后，在 2006 年至 2009 年，"公诉引导侦查"逐步取代"检警一体化"，成为有关取证引导机制讨论中的高频词汇。而 2009 年至今，"检察引导侦查"这一概念的使用频率逐步高于"公诉引导侦查"而更加凸显出来（见上图 1-1）。

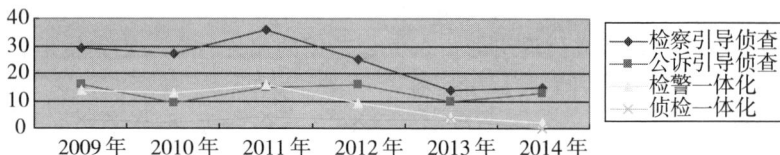

上图 1-1　取证引导现有文献研究趋势分析

概念是我们认识事物的基础和工具，如果说检察引导侦查与公诉引导侦查仅仅是同一事物的不同称谓，为何检察机关的实务工作者多采用"公诉引导侦查"的概念表述，而理论研究者更钟情于"检察引导侦查"的概念表述？检察引导侦查、公诉引导侦查及检警一体化等概念之间究竟有无区别？为解答这些疑问，笔者对近年来有关引导侦查的相关概念各自的内涵和外延进行了如下梳理，并从中寻找可能的答案。

一、取证引导相关概念提出

（一）检察引导侦查与公诉引导侦查

以"公诉引导侦查"为研究主题的论者们认为，所谓公诉引导侦查，指"检察机关根据提起公诉的需要，通过参与侦查机关对重大案件的侦查活动，对其侦查的方向和证据的收集、提取、固定提出意见和建议，行使取证引导权，达到侦查取证为公诉服务的

---

① 苏凌、冯保卫：《检警一体化与检察指导侦查机制比较研究》，载《国家检察官学院学报》2002 年第 5 期。

目的"。①

　　以"检察引导侦查"为研究主题的论者们认为，所谓检察引导侦查，是指"为充分发挥检察机关的法律监督作用，由检察机关行使的对侦查机关刑事案件受理、立案后的证据收集、侦查方向的确定等侦查活动提出建议和意见，并对侦查活动进行法律监督的诉讼活动"。②

　　从上述有关检察引导侦查与公诉引导侦查的概念描述上，我们不难看出，两者都强调检察机关对公安机关侦查取证过程的参与和指导，且指导的方式和内容都是就侦查方向和证据的收集、保全提出意见或建议。

　　（二）检警一体化与侦诉一体化

　　以"检警一体化"为研究主题的论者们认为，所谓检警一体化，是指为了有利于检察官行使控诉职能，检察官有权指挥刑事警察对案件进行侦查，警察机关在理论上只能被看作检察机关的辅助机关，无权对案件作出实体的处分。在检警一体的体制之下，检察机关集侦查职能与控诉职能于一身，是法定的侦查权主体，形式上的侦查机关；公安机关的任务就是协助检察机关侦查犯罪。显然，在侦查取证阶段，承担控诉职能的检察机关是主导和中心，检察机关不仅可以自行侦查，而且可以指挥、命令公安机关侦查犯罪。③

　　以"侦诉一体化"为研究主题的论者们，对侦诉一体化的理

────────────

　　①　任海：《公诉引导侦查应做到四个规范》，载《人民检察》2009 年第 13 期；张际枫：《从功能比较的视角对公诉引导侦查的几点思考》，载《法学杂志》2010 年第 1 期；类似论述还可参见何鑫：《公诉引导侦查刍议》，载《法制与社会》2009 年第 8 期；安凯明：《公诉引导侦查取证研究》，载《河北法学》2001 年第 6 期；谢敏仪：《公诉引导侦查制度之完善》，载《中国检察官》2009 年第 7 期。

　　②　陈京东：《检察引导侦查机制的实现途径》，载《中国检察官》2008 年第 10 期。

　　③　参见陈兴良：《检警一体：诉讼结构的重塑与司法体制的改革》，载《中国律师》1998 年第 11 期。

解与检警一体化颇为相似，其认为在刑事诉讼过程中，检察机关承担控诉职能，公安机关承担侦查职能，在定位侦查职能和控诉职能的关系时，控诉职能无疑应当处于主导地位，而侦查职能仅仅是对控诉职能起辅助作用的诉讼职能，侦控关系本质上是一种主从关系，侦查职能必须服从于控诉职能的指挥和领导。① 侦查和控诉职能的一体化，表现在警检关系上，即为检警一体化。

可见，检警一体化与侦诉一体化，都强调检察机关在侦查取证阶段的主导核心地位，并增强检察机关对侦查程序的监控力度，公安机关对刑事案件的调查、取证行为，都必须服从检察机关的领导、指挥和监督，从而使检察机关真正成为主导侦查和公诉程序进程的核心力量。在检警一体化或侦诉一体化之下，侦查机关的法定职能分工虽仍是侦查，但其性质已由完全独立的司法权力转变为依附于检察权的司法权力。

二、取证引导相关概念比较

（一）取证引导相关概念的共同点

从上述有关检察引导侦查、公诉引导侦查、检警一体化和侦诉一体化的概念表述上，我们可能很容易发现它们的相同之处：其一，都旨在界定刑事诉讼过程中公安机关与检察机关之间的关系问题；其二，都主张检察机关在刑事诉讼中提前介入和参与公安机关的侦查取证过程；其三，都强调检察机关对公安机关侦查取证行为的引导和指挥权；其四，检察机关对公安机关的取证引导和指挥，都通过两种方式体现出来：一是就具体案件提出侦查方向方面的建议；二是就证据的收集和保全提出意见或建议。如果我们再将这些共同点归结为一点，毫无疑问，"取证引导"将成为上述概念形成

---

① 陈卫东、郝银钟：《侦、检一体化模式研究——兼论我国刑事司法体制改革的必要性》，载《法学研究》1999年第1期；陈卫东、刘计划：《论检侦一体化改革与刑事审前程序之重构》，载陈兴良主编：《刑事法评论》第8卷，中国政法大学出版社2001年版。

共同的核心词汇。

也许正是基于这些共同点，众多研究者才会认为，检察引导侦查、公诉引导侦查、检警一体化和侦诉一体化等，仅仅是提法不同而已，在论述时可以混同使用或同等看待。但在对这些概念及其所属的论文进行深入的比较后，笔者发现，这些不同概念间其实具有"形似而神不似"的特点。即检察引导侦查、公诉引导侦查、检警一体化和侦诉一体化，尽管都强调对公安机关的侦查取证活动进行引导，但引导的初衷却各有不同，且这种不同在各自的概念表述上也得到了体现。

（二）取证引导相关概念的不同点

1. 重监督还是重配合

公诉引导侦查的概念中强调，引导"要根据公诉的需要"，体现出引导侦查取证的初衷，是增强检察机关的控诉职能。鉴于目前我国公安机关侦查人员尚无出庭作证义务，对法庭采纳证据的标准和依据没有感性认识，使得侦查人员在收集证据时其证据的质量、数量及与案件的关联性等方面可能存在诸多瑕疵。检察机关认为，通过公诉引导侦查取证的改革，可以使侦查人员与检察官在证据能否指控犯罪的最低标准方面，达成共识，突破诉讼阶段的限制，有针对性地提高取证质量。即公诉引导侦查突出和强调侦查过程中检察机关与公安机关的配合。因为相比而言，在侦查取证过程中，侦查人员的优势是灵活运用侦查谋略、刑事技术和技能，而公诉人员的优势在于其对证据标准的把握以及审查和运用证据的能力。公诉引导侦查，能更好地发挥双方的优势，引导侦查部门及时、全面、合法地获取证据。

与之不同，检察引导侦查提出的动因在于强化检察机关的侦查监督权。① 这是因为，尽管检察机关是我国宪法规定的法律监督机关，其有权对整个侦查活动运行的合法性进行监督，但目前司法实践中，检察机关对公安机关的侦查监督却面临诸多亟待解决的问题：在监督的范围上，重立案监督和审查逮捕，而轻侦查活动的监督；在监督时间选择上，重事后监督，而缺乏事前事中监督；在监督内容上，重侦查结果的监督，而缺乏对侦查取证过程的有效控制，无法在侦查过程中及时纠正公安机关的违法取证行为。为此，检察机关提出检察引导侦查，目的是通过检察机关提前介入侦查阶段，将以往的事后监督变成事前和事中的监督，突出监督的时效性。即检察引导侦查的重心应在于，通过对侦查人员如何收集、保全和取得证据的引导，及时纠正违法取证行为，实现对侦查取证活动动态化、过程化的监督。

可见，公诉引导侦查与检察引导侦查，虽都强调检察机关对公安机关侦查取证行为的引导，但显然在概念表述上，前者的引导侧重对公安机关侦查取证行为的配合，后者的引导注重对侦查取证行为的监督。

2. 取证引导还是取证一体化

尽管在制度的设计上，检警一体化和侦诉一体化，与检察引导

_____

① 国内有关侦查活动监督的概念，有广义和狭义之分。广义说，将侦查活动监督完全等同于侦查监督。而狭义说将侦查活动监督限定为侦查取证过程的监督，其与立案监督、审查批捕一起共同构成侦查监督的主要内容。本书采用狭义上的侦查活动监督概念，符合最高人民检察院有关侦查活动监督的界定。2000 年 9 月，最高人民检察院召开全国第一次侦查监督工作会议时，将侦查活动监督同审查逮捕、立案监督一起，确立为侦查监督部门的"三大职责"。即侦查活动监督是与逮捕监督和立案监督并列的侦查监督三大内容之一。此外，最高人民检察院还将侦查监督的这三项内容具体化成为"八大任务"，主要包括以下八个方面：一是全力维护社会稳定；二是刑事立案监督；三是适时介入侦查，参与重大案件的讨论；四是审查批准和决定逮捕；五是要求侦查机关开展补充侦查；六是要求侦查机关提供法庭审判必须的证据材料；七是对侦查活动进行监督；八是对强制措施执行情况开展监督。

侦查和公诉引导侦查一样，都突出强调检察机关在刑事诉讼中对公安机关侦查取证行为的引导和指挥。但相比后两者，检警一体化和侦诉一体化所体现出来的取证引导力和控制力更为彻底。因为一体化下的取证引导，不仅仅体现在职能分工，更多是对公安机关和检察机关人事管理制度的改造，其不仅要求对现行公安管理体制进行分流重组，采取司法警察与治安警察分离的制度，而且还要将承担侦查职能的司法警察划归检察机关领导和管理，实现对其侦查取证过程的绝对引导和支配权。

可见，检警一体化和侦诉一体化，与公诉引导侦查和检察引导侦查相比，虽也都强调对侦查取证行为的引导指挥权，但显然，后两者侧重诉讼程序上的引导与建议，而前两者是从根本上改变我国现有司法体制，实行检警"上命下从"式的一体化权力配置模式。

第三节　取证引导机制的目的和法律依据

一、取证引导的目的

（一）有关取证引导目的各种学说

与我国许多先有理论后有实践的司法改革不同，取证引导机制的改革是率先由实务部门自发形成和推动，而后才引发理论界的广泛探讨。依据 2002 年最高人民检察院工作报告所提出的"深化侦查监督和公诉工作改革，建立和规范适时介入侦查、引导侦查取证、强化侦查监督的工作机制"，引导侦查取证的改革，其目的包含两个方面：一方面是深化检察机关对侦查行为的法律监督职能；另一方面是加强检察机关对犯罪行为的控诉职能。由此，也形成了有关引导侦查取证改革目的的三种学说：

其一，法律监督说。笔者对现有文献的统计结果表明，持此观点的研究者认为，检察机关在引导侦查改革中的角色定位应为法律监督者，主张引导侦查的主要目的应是规范取证行为，使侦查行为合法进行。一方面，当前我国公安机关侦查取证行为尚存的诸多不足，使得实践中加强检察机关对侦查取证行为的法律监督与控制显得极为必要；① 另一方面，针对检察机关履行侦查监督职能的实现方式有些空泛的现状，许多学者将引导侦查取证的改革看作检察机关将抽象的侦查监督职能转化为具体的、可操作的监督制度的一条可行路径。② 对此，有不少论者指出"强化检察机关的法律监督，不仅应当完善检察机关法律监督的广度，而且应该针对各个诉讼环节的不同任务和特点，明确检察监督的深度；不仅应当注重对诉讼结果的监督，而且要注重对诉讼过程的监督；不仅要进行静态的监督，还要进行动态的监督。动态的、注重过程的、有深度的监督，在侦查活动中就体现为检察机关对侦查人员收集证据的合法性的监督"③。引导侦查是检察机关在不干预侦查人员独立收集证据的前提下，对侦查人员收集证据的形式、程序、手段等进行事先的引导和监督，以提前预防违法取证行为的发生。④ "检察引导侦查能够避免事后监督、被动监督的弊端，使检察机关把侦查的全过程纳入视野，能够改变检察机关对侦查活动法律监督的滞后性和被动性，有效弥补当前检察机关对侦查活动事前监督、全程动态监督的空

---

① 浙江省宁波市镇海区人民检察院规范刑事取证课题组认为，当前我国公安机关"在侦查取证过程中普遍存在笔录缺乏客观性、全面性的问题，侦查笔录抗辩性不强、取证不及时、勘验重点不突出、勘验不及时、侦查活动关注民生不够等"问题。具体内容参见浙江省宁波市镇海区人民检察院规范刑事取证课题组：《检察引导侦查取证之理论及实践问题分析》，载《政治与法律》2010 年第 1 期；相关论述另见刘娟娟：《检察机关应对案件取证质量问题的调研报告》，载《法制与社会》2012 年 6 月。

② 但伟、姜涛：《侦查监督制度研究——兼论检察引导侦查的基本理论问题》，载《中国法学》2003 年第 2 期；樊崇义：《简论法律监督与检察改革》，载《河南社会科学》2010 年第 3 期。

③ 孙宏岩：《检察机关侦查监督所存在的问题及完善建议》，吉林大学 2010 年硕士学位论文，优秀博士硕士论文库。

④ 吕继东：《检察引导侦查取证的程序构建》，载《国家检察官学院学报》2004 年第 2 期。

白，及时预防和纠正侦查活动中的违法行为，进一步保障犯罪嫌疑人及有关公民的合法权益。"①

简言之，持法律监督说的论者主张引导侦查取证的目的，应是强化检察官的客观义务和中立地位，使检察机关在我国特有司法体制之下，作为替代性司法审查机关，对违法侦查行为进行实质性审查。

其二，控诉职能说。与法律监督说不同，实务部门的检察官们在有关引导侦查目的的讨论中多认为，引导侦查取证主要是为满足公诉的需要。如有论者指出，公安机关在当前侦查过程中，"没有真正树立大控方观念，有罪判决意识不强，破案后、批捕后怠于侦查；将获取口供作为侦查工作中心，过分依赖言词证据，取证方式、获取证据种类单一，证据体系可变性大"②；还有如论者指出，尽管"检察引导侦查这项工作跟侦查监督权是有关系的"，但是"检察引导侦查的根本目的还是为了更有利于行使公诉职能，不能完全把它置于侦查监督权的一个下位概念来理解"③。检察机关根据提起公诉的需要，通过参与侦查机关对重大案件的侦查活动，行使取证引导权，及时有效地指导侦查机关收集证据，优化取证方案，从而建构一个高效、良好的侦查程序，使侦查取证符合提起公

① 刘妍：《侦查监督机制的构建与完善》，载《中国刑事法杂志》2009年第5期；于昆、任文松：《检察引导侦查机制的反思与重构》，载《河南社会科学》2014年第11期。

② 杨中立、张飞：《公诉引导侦查机制的探索和研究》，载张仲芳：《刑事司法指南》2008年第3集（总第35集），法律出版社2008年版，第90～93页。

③ 陈泽尧：《公诉权的合理延伸》，载《检察日报》2002年7月15日，第7版。

诉的要求，达到侦查取证为公诉服务的目的。①

持控诉职能说的论者认为检察机关引导侦查取证的目的，应是通过加强检察机关与侦查机关的紧密合作，形成大控方，以减少司法资源的内耗，增强侦查人员"把良好的证据带到法庭的能力"，进而最大限度地协调一致、追诉犯罪，避免因证据不足或取证严重违反程序而导致的"赢了侦查、输掉诉讼"的尴尬局面。

其三，综合说。在引导侦查取证的目的问题上，也有不少理论研究者和检察机关侦查监督部门的实务工作者采纳了综合说的观点，认为检察机关引导侦查的过程除了对侦查行为合法性进行监督外，还具有协助侦查机关取证，加大对犯罪行为的打击力度，提高侦查效率的功能。因此，检察机关实施引导侦查取证的目的和价值，也应定位为深化法律监督与加强控诉职能两者的结合。如有论者指出"检察引导侦查有利于提高案件质量，提高诉讼效率，及时打击犯罪"，同时举例说明某基层检察院在公安分局设立引导侦查的检察指导室后，"立案侦查的刑事案件侦破率提高了20%，批捕成功率提高了17%，退查率下降了40%，不捕率仅占5%，大大减少了疑难案件"②。显然，论者所指的案件侦破率和退查率，是基于检察机关控诉犯罪职能的角度，而批捕率和不捕率，则是检察机关法律监督职能的体现。

在综合说的论者看来，"中国的司法渊源和体制的独特性以及

---

① 李仁和、王治国：《引导侦查取证：周口的实践与理论的碰撞》，载《人民检察》2002年第8期；李俊杰、玄金华：《探索公诉引导侦查取证机制》，载《法制与社会》2010年3月（下）；张丽华：《浅议"检察引导侦查"机制运行的司法效应》，载《法制与社会》2010年6月（下）；谢敏仪：《公诉引导侦查制度之完善》，载《中国检察官》2009年第7期；任海：《公诉引导侦查应做到四个"规范"》，载《人民检察》2009年第13期；安凯明：《公诉引导侦查取证研究》，载《河北法学》2001年第6期；何鑫：《公诉引导侦查取证刍议》，载《法制与社会》2009年8月（中）；张亮：《对查办职务犯罪一体化机制中公诉引导侦查取证的几点思考》，载《中国检察官》2010年第2期。

② 程俊华：《检察引导侦查：从警察视角的分析》，载陈兴良主编：《刑事法判解（第6卷）》，法律出版社2003年版，第302页。

检察官的客观义务，决定了中国的检察官不能抛弃作为国家公诉人或法律监督者中的任何一个角色"①。"引导侦查取证应该具有双重的价值引领导向，既要保障我国侦查权合法运行，也要确保我国侦查权和检察权在打击犯罪上的有效性。"② 因此，持综合说的论者认为检察机关"在个案的引导侦查工作中，应当尽量采用公诉部门和侦监部门在立案以后、逮捕之前就共同介入的工作模式，以争取最佳效果"③。

而作为一项最先由实务部门发起和实施的改革举措，有关检察引导侦查的发展历程也足以证明这一点：2000 年召开的全国检察机关公诉改革会议，提出要建立与公安机关加强工作联系的新机制，实现公诉工作引导侦查工作，以使证据依法得到巩固，完善公诉效果。随后，在最高人民检察院召开的全国检察机关第一次侦查监督会议上，"强化监督，引导侦查" 又被作为了侦查监督工作改革的总方向。2002 年《最高人民检察院工作报告》明确表明检察机关应 "深化侦查监督和公诉工作改革，建立和规范适时介入侦查、引导侦查取证、强化侦查监督的工作机制"。可见，检察引导侦查取证的提出，试图满足强化侦查监督与深化公诉工作的双重需要。④

---

① 陈云龙、彭志刚：《检察机关侦查指引权及其实现机制》，载《中国刑事法杂志》2009 年第 9 期。

② 董邦俊、操宏均、秦新承：《检察引导侦查之应然方向》，载《法学》2010 年第 4 期。

③ 沈新康：《公诉引导侦查的探索与完善》，载《华东政法大学学报》2010 年第 5 期。

④ 改革者认为，具体可从以下三方面改善侦查监督部门和公诉部门在引导侦查工作中的分工配合问题：一是明确适用案件范围的分工。公诉部门引导侦查应当以重大、疑难、复杂案件为主，而其他案件的引导侦查工作可由侦监部门承担。二是明确工作内容的分工。公诉部门的工作重点应放在引导取证、补充证据和提高证据质量上，而侦监部门的工作重点则应放在对取证方法、侦查手段和强制措施的合法性、必要性、合理性的监督上。三是加强引导侦查的配合。在个案的引导侦查工作中，尽量采用公诉部门和侦监部门在立案以后、逮捕之前就共同介入的工作模式。

2002 年 5 月，最高人民检察院在全国刑事检察工作会议上所提出的"检察机关引导侦查取证，必须立足于监督，立足于配合，在配合中加强监督，在监督中体现配合"，也集中体现了综合说论者的观点。

（二）评价与小结

笔者所进行的文献统计数据发现，论者们有关引导侦查取证目的的认识，持折中观点的居多，主张引导侦查为强化法律监督的次之，明确主张引导侦查的目的是为公诉服务的却相对较少。也就是说，大部分论者都认为取证引导机制的建立，能实现监督职能与控诉职能并重、打击犯罪和保障人权并重的双重目的。

然而，在笔者看来，一项改革举措如果能带来多个部门的变革，并产生多方面的聚合效应，表明这项改革是成功的，但这种成功必须以改革的诸种目标相互补充为前提。倘若诸种改革目标间互为冲突，改革本身就容易陷入既卖矛又卖盾的窘境。对于侦查取证引导机制的改革目标而言，由于侦查监督体现检察机关的中立地位和客观义务，引导侦查若为加强侦查监督，无疑需要检察机关与侦查机关保持适度的张力；而公诉体现检察机关诉讼活动组织职能，引导侦查若为深化公诉工作，意味着检察机关与侦查机关应紧密配合，适度形成合力。因此，加强法律监督抑或深化公诉工作，两种改革目标和价值选择间的冲突性，注定了我们希冀检察机关在此项改革中，既与侦查机关紧密配合又能恪守客观义务的良好愿望将难以两全。最终，在强化法律监督抑或服务于公诉两种改革目标的选择中，以何种价值更为优先仍将是引导侦查改革必须直面的现实问题。因此，笔者认为综合说论者的观点仍是在两者兼顾的同时有所侧重。如有基层检察院在实施此项改革时强调"引导侦查取证的重点是按照出庭公诉要求的证据规格引导侦查人员收集和保全证据，这是引导侦查的第一要务；其次才是帮助自侦部门确定侦查方向、监督其侦查活动的合法性"[①]。还有综合说论者指出，"检察引

① 乌海市人民检察院：《公诉介入侦查引导取证问题研究》，载 http://jcy.wuhai.gov.cn/jianchall/415.jhtml，访问日期：2013 年 5 月 17 日。

导侦查在客观上虽然体现出检察机关在刑事司法活动中可以规范侦查行为，起到了强化侦查监督的作用，但实质上可能会出现这种情形，即检察有时为了与侦查形成合力不得不在某些侦查监督方面妥协让步"①。

二、取证引导的法律依据

（一）取证引导法律依据的不同观点

除了对引导侦查取证目的有不同认识外，论者们对此项改革的法律依据也有不同的理解。现有文献对引导侦查取证法律依据的援引也集中在两方面：一是法律有关检察机关法律监督地位的规定，如《宪法》第 129 条，2012 年《刑事诉讼法》第 8 条、第 98 条、第 111 条。二是法律有关公安机关与检察机关"分工负责、互相配合、互相制约"工作关系的规定，如《宪法》第 135 条，2012 年《刑事诉讼法》第 7 条、第 85 条和第 132 条。这使得论者们对取证引导机制建立的法律依据，也相应地形成三种观点。具体而言：

第一种观点认为，取证引导的依据是法律对检察机关专属法律监督权的认定。我国《宪法》第 129 条规定"中华人民共和国人民检察院是国家的法律监督机关"。作为宪法规定的法律监督机关，检察机关在刑事诉讼侦查阶段的监督权在 2012 年《刑事诉讼法》第 8 条、第 98 条、第 111 条也得到了具体体现：其第一章任务和基本原则部分之第 8 条规定"人民检察院依法对刑事诉讼实行法律监督"。其第六章强制措施部分之第 98 条规定"人民检察院在审查批准逮捕工作中，如果发现公安机关的侦查活动有违法情况，应当通知公安机关予以纠正，公安机关应当将纠正情况通知人民检察院"。其第二编第一章立案部分之第 111 条规定"人民检察院认为公安机关对应当立案侦查的案件而不立案侦查的，或者被害

---

① 董邦俊、操宏均、秦新承：《检察引导侦查之应然方向》，载《法学》2010 年第 4 期。

人认为公安机关应当立案侦查的案件而不立案侦查，向人民检察院提出的，人民检察院应当要求公安机关说明不立案的理由。人民检察院认为公安机关不立案理由不能成立的，应当通知公安机关立案，公安机关接到通知后应当立案"。

持此观点的论者认为，上述宪法和法律赋予检察机关的法律监督权，是取证引导机制形成和建立的重要法律依据。即引导侦查取证是在现有法律框架内丰富和强化检察机关侦查监督职能的一项机制创新。

第二种观点认为，取证引导的依据是宪法和法律对我国包括公安机关在内的司法机关之间平等制约关系的规定。我国《宪法》第 135 条明确规定"人民法院、人民检察院和公安机关办理刑事案件，应当分工负责，互相配合，互相制约，以保证准确有效地执行法律"。2012 年《刑事诉讼法》第一章任务和基本原则部分之第 7 条是对《宪法》第 135 条的重申。其第六章强制措施部分之第 85 条规定"公安机关要求逮捕犯罪嫌疑人的时候，应当写出提请批准逮捕书，连同案卷材料、证据，一并移送同级人民检察院审查批准。必要的时候，人民检察院可以派人参加公安机关对于重大案件的讨论"。其第二编第二章侦查部分之第 132 条规定"人民检察院审查案件的时候，对公安机关的勘验、检查，认为需要复验、复查时，可以要求公安机关复验、复查，并且可以派检察人员参加"。

可见，持此观点的论者多基于宪法规定的刑事诉讼过程中检察机关与公安机关之间双向平等制约关系，主张取证引导机制所强调的柔性指导恰是宪法和法律所规定的检警之间"相互配合、相互制约"关系的最好体现。

第三种观点是上述两种观点的结合。即认为无论是宪法和法律有关检察机关法律监督权的规定，还是有关检警之间配合、制约关系的规定，都应是取证引导机制提出和建立的法律依据。

（二）评价与小结

不难看出，上述三种有关取证引导法律依据的观点，与引导的目的之争相互对应。即若取证引导的目的是更好地行使检察机关的侦查监督职能，其所依据的便是宪法和法律有关法律监督的条款；若取证引导的目的是增加检察机关的控诉职能，形成大控方以提高打击犯罪的能力，其所依据的便是宪法和法律有关检警配合制约的条款。两种观点都各有其理。

但正如此前笔者指出的，有关取证引导机制的目的很难实现两全其美一样，在取证引导机制建立的法律依据问题上，由于第一种观点与第二种观点存在矛盾，很难如第三种观点的论者所期望的那样，实现两者的折中。如持第一种观点的学者中就有人明确指出，法律有关公安机关与检察机关"分工负责、互相配合、互相制约"工作关系的规定不应成为引导侦查取证的法律依据，并主张对《刑事诉讼法》第 7 条的内容作适当调整，废除检察机关与公安机关现有的双向平等制约关系。① 对此，笔者也认为，互相制约工作关系的确立，使侦查机关对检察机关和审判机关有反向制约的权力。若依此法律规定，作为被引导方的公安机关能够反向制约作为引导方的检察机关，反而为公安机关不接受检察机关的取证引导提供了法律依据，这恰恰是主张引导侦查取证旨在强化法律监督职能的改革者所不愿看到的。也就是说，如果取证引导机制建立的目的，是强化检察机关对公安机关的侦查监督，我国现行法律有关公安机关与检察机关相互制约关系的规定，就不仅不能成为取证引导机制建立的法律依据，反而还可能成为其受阻的法律条款。

第四节　取证引导机制的模式

对理论界有关取证引导机制建立的目的和法律依据之争进行梳理后，再回到与取证引导机制形成相关的概念表述上，不难发现，

---

① 秦炯天、蔡永彤：《"检察引导侦查"机制的反思与展望》，载《中南大学学报（社会科学版）》2009 年第 6 期。

被许多研究者混同使用的"检察引导侦查"和"公诉引导侦查"，恰恰体现出论者们对我国引导侦查取证改革目标和法律依据的不同理解。因此，从其制度设计的角度分析，检察引导侦查并不像一些论者所认为的那样，简单地等同或者包含了公诉引导侦查，两者无论是在取证引导的目的和法律依据方面，还是在实施主体方面都存在明显的差异性，应划归完全不同的两种取证引导模式。

一、检察引导侦查模式与公诉引导侦查模式

（一）检察引导侦查模式

在取证引导的目标确立上，检察引导侦查模式是检察机关侦查监督部门通过提前介入公安机关的侦查活动，对证据收集、提取、固定以及侦查取证的方向提出意见和建议的方式，对其实行法律监督。这是在全国范围内最先实施此项改革的河南省周口市人民检察院对检察引导侦查的理解与概括。检察引导侦查模式的基本内涵也因此包括两个层面：一是实施手段，即检察机关对公安机关进行侦查方向及相应证据收集方面的引导，二是实施目的，即对侦查活动进行监督。对侦查活动进行监督是检察引导侦查改革的重要内容，有关侦查方向及相应证据收集方面的引导，其目的仍是保障侦查活动依法进行，防止公民合法权益被恣意侵害。①

在引导主体的确立上，检察引导侦查的引导主体主要是检察机关的侦查监督部门。由检察院侦查监督科选派驻所检察官，以提前介入、引导侦查取证的方式，具体负责基层公安机关的侦查监督工作。驻所检察官的主要职责重在对侦查取证行为进行全程监督，全面、动态地掌握基层公安机关及派出所办理刑事案件的情况，及时向公安机关通报刑事案件在侦查过程中存在的问题，并提出纠正意见，对在工作中发现的可能存在的执法行为、执法程序上问题，通

---

① 但伟、姜涛：《侦查监督制度研究——兼论检察引导侦查的基本理论问题》，载《中国法学》2003 年第 2 期。

过书面执法预警的方式进行预警纠正。①

（二）公诉引导侦查模式

公诉引导侦查模式是检察机关的公诉部门在案件提起公诉前，引导侦查机关收集完善诉讼证据，以保障公诉成功的诉讼活动。② 鉴于现阶段公安机关在侦查取证过程中留下较多的证据瑕疵，难以满足公诉的需要，检察机关公诉部门实施引导侦查取证的改革，使检察官能及时指导侦查人员围绕公诉的需要来收集证据，最大限度地减少公诉部门和警务部门各行其是，而导致的补充侦查甚至无法提起公诉现象的发生。③ 可见，与检察引导侦查不同，公诉引导侦查的改革目的更为明确，旨在提高公诉的质量与效率，尽管在此过程中，公诉部门规范取证行为和提高取证质量的引导行为，客观上也起到了制约和防范公安机关违法取证行为发生的作用，但对违法取证行为进行制约和纠正的最终目的，仍是为保障公诉部门的胜诉率，所增强的也仍是检察机关的控诉职能。引导方式上主要以公诉部门和公安机关两部门间的配合为主，即公诉引导侦查的始发动因和最终目的是通过紧密检警关系，保证犯罪行为得到应有的法律追究。

就具体执行部门而言，公诉引导侦查与检察引导侦查也存在明显的差异性。其引导侦查取证的主体主要是检察机关的公诉部门，担负的职责主要是对一些突发的影响公共安全、引发公众关注的刑

---

① 汉阳检察院官网，载 http://www.wuhanhy.jcy.gov.cn/Publish/2010 - 10 - 13/2010 - 10 - 13582794.shtml，访问日期：2012 年 8 月 20 日。

② 任海：《公诉引导侦查应做到四个规范》，载《人民检察》2009 年第 13 期。张际枫：《从功能比较的视角对公诉引导侦查的几点思考》，载《法学杂志》2010 年第 1 期。类似论述见何鑫：《公诉引导侦查刍议》，载《法制与社会》2009 年第 23 期。安凯明：《公诉引导侦查取证研究》，载《河北法学》2001 年第 6 期。谢敏仪：《公诉引导侦查制度之完善》，载《中国检察官》2009 年第 7 期。

③ 潘金贵：《在权力与权利之间——刑事诉讼法再修正中侦查取证立法的基本构想》，载孙长永：《现代侦查取证程序》，中国检察出版社 2005 年版，第 312～313 页。

事案件提前参与。①

有关检察引导侦查与公诉引导侦查，在理论依据和制度设计上的不同，可用上表1-2加以简要对比。

上表1-2　两种取证引导模式的比较

		检察引导侦查	公诉引导侦查
引导目的		法律监督职能	追诉犯罪的控诉职能
法律依据	《宪法》	第129条	第135条
	《刑事诉讼法》	第8条：法律监督专门机关	第7条：互相配合，互相制约
		第98条：审查批准逮捕过程中的侦查监督	第85条：人民检察院可派人参加公安机关对于重大案件的讨论
		第111条：立案监督	第132条：对公安机关的勘验、检查，可要求公安机关复验复查，并派员参加②
		第132条：复验、复查	
引导主体		侦查监督部门、控申部门	公诉部门

二、取证引导模式的评价与分析

（一）取证引导制度设计背后的价值选择

如前所述，无论是基层检察机关还是最高人民检察院，在提出引导侦查取证的改革时，并未对检察引导侦查或公诉引导侦查加以区分。理论研究者也多认为检察引导侦查、公诉引导侦查、检警一体化、侦诉一体化等概念，仅仅是侦查取证引导机制形成过程中的不同称谓而已。然而，从研究者对检察引导侦查、公诉引导侦查和

---

① 沈新康：《公诉引导侦查的探索与完善》，载《华东政法大学学报》2010年第5期。

② 许多论者亦认为，2012年《刑事诉讼法》第85条和第132条既是侦查监督的体现，也是检察机关履行控诉职能的体现。

检警一体化具体内容的制度设计上看，尽管上述概念都强调在案件侦查过程中检察机关应加强对公安机关的取证引导，但不同概念背后却暴露出取证引导的目的、法律依据和价值选择上的极大差异。

论者们对取证引导机制目的和法律依据认识的不同，也最直接和集中地体现在检察引导侦查与公诉引导侦查两种具体改革模型的塑造上。在不考虑取证引导机制实践运行效果的情况下，单从制度设计的角度讲，检察引导侦查取证模式，旨在强化检察机关侦查监督职能；而公诉引导侦查取证模式，旨在增强检察机关的控诉职能。

（二）取证引导与当前司法改革理念的关系

自 2009 年后，检察引导侦查取证的模式越来越多地得到理论研究者青睐。前述文献统计已表明，检察引导侦查概念的使用频率正逐步地、明显地高于公诉引导侦查概念的使用频率。从价值层面解释，其重要原因之一，笔者认为可能是旨在强化侦查监督的检察引导侦查，与我国当前加强审前程序监督、注重保障人权的司法改革理念更为吻合。在此司法改革理念的影响下，无论是取证引导的理论研究者还是实际改革者，都希冀引导侦查取证改革的预期目标，在于强化对公安机关侦查活动的监督，以借此最大限度地保护侦查对象应有的各项权利。也就是说，引导侦查取证的应有价值不在于打击犯罪，而在于更好地保障处于弱势方的犯罪嫌疑人的人权，防止其受到侦查权的恣意损害。

与之相对应，从理论层面分析，笔者认为研究者们对公诉引导侦查概念使用的频率不断降低，可能更多是基于对公诉引导侦查旨在增强检察机关控诉职能的顾虑，担心这种取证引导模式再走上以往"从重从快打击犯罪"的老路。

但无论是检察引导侦查还是公诉引导侦查，现有关于侦查取证引导机制的研究，多是从引导的法律依据、书面规范及其价值角度对其进行论证，而难以形成公允的理论观点。基于侦查取证引导机制的改革，在我国最初是由基层检察机关提出和试行后，逐步总结并上升为理论成果的，对取证引导机制的深层理解，可能还需还原于改革实践自身，而不能仅仅局限于现有的规范分析和逻辑演绎。只有实地观察取证引导机制实践运行状态，并分析引导方和被引导方相互影响的具体情况，才能对取证引导机制改革的利弊作出更为客观全面的评价。

第二章 取证引导机制的实践运作

第一节 取证引导机制实证调查基本情况

一、调查目的和调查对象

（一）调查目的

就这场由检察实务部门自发实施的取证引导机制改革而言，现有关于改革效果的报道多认为，检察引导侦查取证使法律监督的关口前移了，强化了立案监督和侦查活动监督，纠正和防止了案件流失现象，并及时预防和纠正了侦查活动中的违法行为。①同时，检察机关认为引导侦查取证新机制的实施，使侦查机关办案质量和效率大大提高，审查批捕和审查起诉的时间明显缩短了。② 还有部分检察机关报道称，自实施引导侦查取证新机制以来，其案件"批

---

① 如有报道称："周口市检察机关两年来（2001 年至 2003 年，笔者注）共适时介入重特大案件 734 案 1319 人，追诉被遗漏的犯罪嫌疑人 200 余人，使 20 多个重大犯罪团伙被彻底摧毁。该市检察院与公安机关密切配合，及时引导侦查活动，围绕依法收集和固定证据，先后提出检察建议 90 余条，提出纠正违法意见 30 条，追捕 36 名遗漏罪犯，促使侦破悬案 20 起，纠正错案 3 起"，《两会法治连线：我国司法改革期待体制性突破》，载 http://www.southcn.com/news/china/china05/lh2004/lifaredian/zhongdian/sifatizhi/200403060411.htm，访问日期：2010 年 6 月 14 日。

② 有报道称，"周口市实行新机制以来，审查批捕时间由原来的平均 5 天缩短到现在的 2 天，实现了小案不过 1 天、大案不过 3 天；审查起诉时间也平均缩短了 7 天，所办理的案件无一超期"，《司法改革：期待体制性突破》，载中顾法律网，访问日期：2010 年 5 月 23 日。

捕准确率和起诉准确率已达到百分之百，平均办案周期比过去缩短了一半"。

但笔者以为，一方面，上述报道中，有关取证引导机制效果的评价，其评价的标准是否科学、引用的数据是否真实可能值得考证；另一方面，就引导侦查取证的改革效果而言，单有检察机关对取证引导改革效果的一面之词，难免有"王婆卖瓜"之嫌。据笔者统计，取证引导机制自实施以来，有关引导的内容及成效的报道几乎全部出自检察部门。与之形成鲜明对比的是，作为被引导方的公安机关，对这场改革得失却处于集体失语的状态。作为被引导方的侦查机关，自引导侦查取证改革以来，其究竟在哪些方面获益？何种具体违法取证行为得到了纠正？是某种或某类案件的批捕准确率提高了还是所有案件均得到了提高？警察部门侦查人员的法律素养和取证意识在改革后是否得到了增强？如果有，具体体现在哪些方面？"指导侦查室"或"引导侦查检察监督室"运作状态如何？面对检察引导侦查与公诉引导侦查两种具体的引导模式，侦查人员如何理解和对待检察官的引导行为？其在取证过程中与检察人员的相互关系如何？笔者认为，只有站在被引导方即侦查机关的角度客观地回答了上述问题，对取证引导机制改革得失的评价才能真正体现出完整性和真实性。

（二）调查对象

为客观真实地描述检察机关倡导的取证引导机制改革的实际运行过程，笔者开展了有关取证引导机制改革的实地调查。此次调查过程中，笔者将调查对象分成了两部分——对引导方检察机关的调查和被引导方侦查机关的调查。在引导方即检察机关的调查部分，注重体现公诉引导侦查与检察引导侦查两种取证引导模式的区别，以观察其各自在实践运行中的真实状态。

调查对象的另一部分是对被引导方侦查机关的调查。之所以将被引导方作为相对独立的调查对象，理由在于：其一，引导侦查取证改革本身非检察机关一方能够独立完成，尽管这项改革主要由检察机关发起，但毫无疑问，其需要作为被引导方的侦查机关的配合。对引导侦查取证改革优劣的评定，也当属作为受益方的侦查机关最有发言权。其二，笔者在前期的文献整理中注意到，我国特有的公安预审制度在公安部实行"侦审合一"刑侦改革之前，一直在侦查工作中发挥着证据审核的重要作用。且在"侦审分立"时期，学术界也曾展开过"预审提前介入侦查"①的理论探讨，主张预审部门在受理案件之前，派员参加侦查部门重大、特大案件的现场勘查，②并强调"预审人员提前参加侦查部门对重特大案件的现场勘查时，既不是代替，也不是监督，而是侦查部门统一领导和指挥下，了解现场勘查的情况，掌握第一手材料，为预审受案后的讯问和调查取证工作做好准备。既做到侦审分开，又侦审配合"。③将预审提前介入侦查与检察机关实施的引导侦查理论进行对照，两者在提前介入的内容设计方面有许多相似之处，也都试图将侦查取证事后、被动式审查变为事前或事中的、主动式的审查。预审提前介入侦查促动了其后公安机关实施的"侦审合一"改革实践，无独有偶，检察机关提出的引导侦查取证也曾引发理论界有关"检警一体化"的理论探讨。而当前，公安机关侦查与预审工作在"侦审合一"之后正经历着分中有合、合中有分的变革与反复。如何看待公安机关"侦审合一"后的预审工作？如何评价预审在侦查过程中曾经发挥的或正在消退的功能与作用？笔者期望通过观察分析公安预审工作运行现状，反思和对照当前引导侦查取证改革的利弊与得失。

---

① 毕惜茜主编：《预审学理论研究综述》，群众出版社1998年版，第37~40页。

② 曹文安：《预审制度研究》，中国检察出版社2006年版，第329~331页。

③ 刘方权：《侦审合并反思与预审制度的重构》，载郝宏奎主编：《侦查论坛（第一卷）》，中国人民公安大学出版社2002年版，第314页。

二、调查方法和调查地点

（一）调查方法

此次调查，笔者在前期文献研究的基础上主要采取了三种具体的调查方法：一是完成了两省 13 个区县级检察院和 15 个公安分局或派出所的调查问卷和数据分析；二是在其中的两个检察院和公安分局开展的小型调研会议；三是在问卷基础上与数名检察官和侦查人员进行的个案访谈。

调查初期，依据调查对象的不同，笔者从引导侦查的启动方式、运行过程以及实施的结果和效力等多个角度，针对两类不同的调查对象分别设计了取证引导机制改革调查问卷，即取证引导机制改革公安机关卷（A 卷）和取证引导机制改革检察机关卷（B卷）。同时，考虑到取证引导机制的改革并非公安机关和检察机关全局性和整体性的改革，在问卷发放上，笔者主要面向检察机关和公安机关内部与改革相关的职能部门进行发放，以避免与改革无关的职能部门（如检察机关行财科、公安机关治安大队等）因不知情而误答问卷，[①] 进而影响到此次调查的效度。[②] 具体而言，针对检察机关的问卷，笔者主要选择了侦查监督部门、公诉部门和监所检察部门；针对公安机关的问卷，笔者主要选择了刑侦部门、法制部门、派出所和公安机关内部执法执纪监督部门。此外，为尽可能完整而客观地反映每个具体职能部门开展引导侦查改革的实际运行

---

① 如在一个区公安分局进行问卷调查时，该分局共有在职民警 140 多人，如果笔者不加选择地要求全分局干警参与，可一次性获得 140 余份调查结果与数据，但如果只选择法制、刑警大队等引导侦查的相关职能部门参与，只能获得 5~6 份有效问卷，问卷数量虽大大减少，但保证了问卷质量。

② 相比其他社会研究方法，调查问卷的一般特征是有效度较低而可信度较高（Babbie, 1986）。而有效度低的实质是许多社会调查中的测量并不总是在测量它所真正想要测量的东西。风笑天：《现代社会调查方法》，华中科技大学出版社 2009 年版，第 118 页。

情况，笔者对检察机关和公安机关每个相关具体职能部门的问卷，也要求分别由一名该部门负责人和至少一名普通办案人员独立完成，即每个调查地点的每一具体职能部门至少形成两份至三份调查问卷。最终，笔者在湖北、河南两省（有关调查地区的选取及理由参见下文）向 13 个基层检察院相关职能部门的检察官（主要为公诉科和侦查监督科科长和主办检察官，少量监所检察科检察官）发放问卷 187 份，收回 185 份，其中有效问卷 184 份。在湖北、河南两省向 15 个基层公安分局及派出所的警察（主要为刑侦大队侦查人员、案审中队预审人员、派出所办理过刑事案件的警员、法制科科员及少量政工科人员）发放调查问卷 179 份，收回 173 份，其中有效问卷 171 份，尽可能保证了调查样本的代表性和广泛性。

除了对基层检察院和公安机关引导侦查改革现状进行问卷调查外，查阅民警和检察官日常办理的相关案件及档案资料，也是笔者开展此次调研的重要方式。档案材料使笔者能够进入调查对象所处的情境，进而厘清个案背后的深刻逻辑和隐性知识。此外，结合案卷材料，笔者还在部分调查地区与负责办理相关案件的侦查人员和检察官进行了一对一的访谈，以收集整理侦查人员在具体案件侦查取证过程中遇到的问题。访谈多采用面谈形式，并以电话访谈形式作为必要补充。

在研究中后期，笔者在前期问卷调查和个案访谈的基础上，又着重在四个基层单位（包括两个区检察院，一个派出所，一个公安分局）邀请检察官和侦查人员，就取证引导机制改革内容举行了专题座谈会，为尽可能贴近当地改革现状，① 笔者还对每次座谈会的主题进行了进一步的细化，包括"公诉引导侦查改革现状""检察引导侦查改革现状""预审机构设置及工作现状""侦查监督的拓展与完善"四个子专题。

（二）调查地点

基于调查时间和笔者个人能力的有限性，有关取证引导机制的问卷调查短时间内尚无法涉及全国各个地区的检察机关和公安机关。为此，笔者将调查问卷、召开专题调研会议及个案访谈的地点，都集中在了河南和湖北两省的区县检察院和基层公安分局及派出所，具体包括两省 13 个具有代表性的区检察院和 15 个公安分局或派出所，基本涵盖了两省公安机关和检察机关有关取证引导机制改革的各种具体情形。同时，在前期调查问卷的基础上，笔者又将河南省郑州市 A 区检察院和 B 公安分局及湖北省武汉市 C 区检察院和 D 派出所，作为了实地访谈和调查的重点。调查地点的选取主要考虑了以下三个方面的因素：

其一，所选各个地区分处河南和湖北两省，均属于地处我国中部、经济中等发达的地区，能够代表全国各地区法治发展的平均水平。且在改革时间上，这两省属于在全国范围内实施取证引导机制改革较早的地区，有较为丰富的改革经验，便于笔者作改革前后的纵向对比研究。

其二，两个地区在经济、政治和文化发展程度上的不同，也影

---

① 尽管取证引导机制改革在我国是先部分地区试点，再由最高人民检察院自上而上地推广到全国，但各地检察机关实施改革的具体名称、改革进度并不一致，这容易导致调查对象对所调查内容的误解误读。例如，调查初期，笔者曾在某地调查时询问检察机关是否进行了"检察引导侦查"改革，检察机关非常肯定地回答没有，但后来多次询问后才知道，该地其实一直实行重大案件公诉部门提前介入案件的工作机制，其虽不称作"检察引导侦查"，但也属于引导侦查的另一种改革模式。因此，笔者细化不同地区座谈会主题就是为避免取证引导改革在各地提法不同而带来的沟通障碍。

响着当地司法改革的进程。尽管两个地区的检察院均建立了取证引导机制，但形成的引导模式却各具特色：A 区检察院试行的公诉引导侦查模式，而 C 区检察院实施的是检察引导侦查模式，实行驻所检察官制度，主要由侦查监督部门检察官进驻引导侦查室。两个地区引导模式的不同，为笔者进行改革效果的横向比较提供了良好的条件。

其三，就近和便利原则，所调查的两省检察院和公安机关，对笔者而言，都具有地缘和调查资源优势，便于笔者开展长期的实地调查。

1. 郑州市 A 区检察院和 B 公安分局

郑州市作为河南省省会城市，其经济发达，交通便利，外来人口较多，治安状况比较复杂。A 区既是郑州市的行政区之一，也是省委、省政府所在地，全区下辖 17 个街道办事处，其经济繁荣，且汇集了中央部委和省、市所属大中专院校、科研机构等，也是河南省政治、经济、文化、金融、信息的中心地区。

笔者所调查的 A 区检察院曾连续三届被最高人民检察院评为"全国先进基层检察院"，并荣记"全国检察系统集体一等功"；被所在省委、政法委授予"全省执法规范化建设示范单位"。全院在编干警总人数 170 人，其中检察官 99 人，书记员 6 人，法警 6 人，其他人员 59 人。在专业和学历层次上，拥有硕士以上学历的在职干警 34 人（其中法学专业 32 人，非法学专业 2 人），本科 132 人（其中法学专业 120 人，非法学专业 12 人），大专及以下 4 人，整体法律素质较高。从该检察院内设机构和人员配备状况上看，侦查监督科有检察官 8 人，包括 4 名主办检察官和 4 名助手，公诉科有检察官 12 人，包括 6 名主诉检察官和 6 名助手（2013 年 A 区检察院内设机构和人员配备详细情况参见上表 2 - 1）。2012 年，A 区检察院侦查监督科办理和审结案件中，需审查批捕的人数达到 1560 人（2011 年为 1067 人，2010 年为 1081 人），其中批准逮捕 1275 人（2011 年为 818 人，2010 年为 782 人），不捕总人数 285 人（2011 年为 249 人，2010 年为 299 人）。2008 年至 2013 年上半年期间，无一起不捕案件公安机关要求复议、提请复核。

上表 2-1　2013 年 A 检察院内设机构和人员配备情况　　单位：人

内设机构名称	总人数	检察官人数	书记员人数	法警人数
办公室	21	7	0	1
政治处	9	3	0	0
侦监科	11	8	0	0
公诉科	18	12	0	0
反贪局	23	13	2	0
渎检局	13	7	1	0
监所科	7	5	0	0
民行科	6	4	0	0
控申科	7	4	0	0
预防局	7	5	1	0
技术科	8	6	0	0
研究室	3	2	0	0
案管中心	7	4	1	1
法警队	7	1	0	4
未检科	5	2	0	0
监察科	3	2	0	0

由于河南省公安机关为实现警力下沉，自 2010 年进行了相应的警务机制改革，郑州市公安局的 124 个公安分局、派出所整合为 29 个派出所，其中 A 区由两个公安分局组成，笔者所调查的 B 公安分局即是其中之一，其与派出所实行合署办公模式，共有在职民警 143 人。

2. 湖北省武汉市 C 区检察院和 D 派出所

湖北省武汉市位于江汉平原东部，长江中游，是湖北省省会城市，也是国家区域中心城市。武汉市 C 区检察院 2007 年被评为"全国十佳基层检察院"，并被最高人民检察院授予"全国一级规范化检察室""全国文明接待室"等称号。C 区检察院现有工作人员 83 人，其中包括检察员 51 人、助理检察员 12 人。

　　C 区检察院采用的是驻所检察官工作模式，2010 年以来，C 区检察院在永丰街、洲头街、翠微街、月湖街 4 家基层派出所设立了"驻所检察官办公室"，由检察院侦查监督科选派检察官负责办公室工作。检察官每半个月在试点派出所工作半天，了解该所的立案、刑拘、延长羁押、在逃人员、取保候审等情况。试点派出所指定 1 名联络人员与检察官专门联系，保持 24 小时信息畅通。驻所检察官的主要工作职责设定为四个方面：一是全面、动态地掌握试点派出所办理刑事案件的情况，对侦查活动实行同步监督。二是对试点派出所办理的重大、疑难、复杂及适用法律有争议等刑事案件及时介入侦查，引导其合法、及时、全面地收集证据。三是及时向试点派出所通报刑事案件在侦查过程中存在的问题，并采用书面执法预警的方式进行预警纠正。四是定期就审查逮捕、审查起诉过程中发现的影响刑事诉讼顺利进行的侦查取证不规范行为向试点派出所通报，并共商解决对策和采取纠正措施。通过驻所检察官工作模式，C 区检察院在工作中尝试建立了案件信息通报机制、建立联席会议机制、要案引导侦查机制、个案跟踪监督机制、瑕疵案件执法预警机制五项机制。① 2010 年至 2013 年间，C 区检察院侦查监督部门通报，其已对 4 家派出所共启动法律监督调查机制 11 起，发书面纠正违法通知书 4 件，发口头纠正意见 10 件，发执法预警函 2 件。在对另案处理、在逃人员的跟踪监督过程中追逃犯罪嫌疑人 30 人，就基层派出所案件中的普遍性问题发检察建议 8 件。

　　D 派出所是 C 区检察院实施驻所检察官工作模式的试点派出所之一，其管辖辖区面积 1.9 平方公里，有 4.5 万人常住人口、2.7

---

　　① 具体内容还可参见该检察院网站，http://www.wuhanhy.jcy.gov.cn/news/2013418/n84112786.html。

万人暂住人口。全所在职民警 56 名。2012 年，全所民警破获各类刑事案件 210 起，刑事拘留 45 人；查处治安案件 360 起，强制戒毒 74 人，治安拘留 63 人，被公安部授予"全国公安优秀基层单位"。在 D 派出所公安警务信息综合应用平台上，驻所检察官具有相应的登录权限，可通过平台查询到案件信息和派出所案件台账、案卷，对公安机关的立案和执法情况进行监督，发现问题后，检察官会口头纠正或向派出所发执法预警函。

第二节 检察机关引导侦查取证的实践运行

一、引导侦查取证的启动过程

（一）引导侦查的启动主体

调查结果显示（参见上表 2 - 2），实践中引导侦查的主体，既包括公诉部门，也包括侦查监督部门。许多地区实行公诉部门和侦查监督部门共同引导的模式。且所调查区域内，侦查监督部门作为取证引导主体的比例最高。

上表 2 - 2 引导侦查的主要部门 单位：人，%

A2①	选项	回答人次	百分率	个案百分比
有效回答	公诉部门	76	41.3	73.1
	侦查监督部门	96	52.2	92.3
	渎职侦查部门	0	0	0.0
	监所检察部门	4	2.2	3.8
	以上部门都参与，但以公诉和侦监的引导为主	8	4.3	7.7
	合计	184	100.0	176.9

---

① A2 即指《侦查取证行为调查问卷 A 卷》第 2 题，以下类同。

（二）引导侦查的启动时机

引导侦查过程中，检察机关介入时间主要集中在三个时间段：立案前后、抓获犯罪嫌疑人后的审查批捕阶段和审查起诉阶段（参见上表2－3）。其中，抓获犯罪嫌疑人后的审查批捕阶段是检察机关介入侦查取证最为集中的时间段，所占比例为41.9%，其次是审查起诉阶段。这一调查结果与河南省检察院侦查监督厅有关侦查监督工作情况内部统计数据相吻合，该省某市检察院在2007年1月至2008年12月共审查批捕案件1435件，在审查批捕阶段提前介入侦查的案件就达736件，提前介入率达到了51.3%。另据北京市检察机关的统计数据表明，在2006年至2011年间北京市检察机关实施引导侦查，提前介入参加公安机关重大案件讨论的数量中，审查批捕环节占有绝对的比重，每年均在140件以上，而审查起诉环节的数量年平均不到10件，2009年甚至全年无一起在审查起诉环节由检察机关提前介入参与案件讨论的案件，而同时期审查批捕环节检察机关提前介入参与案件讨论的数量达到160件（参见上表2－4）。

上表2－3　介入侦查取证的时间　　　单位：人，%

A3	选项	回答人次	百分率	个案百分比
有效回答	立案前后	13	7.0	11.5
	抓获犯罪嫌疑人后的审查批捕阶段	77	41.9	69.2
	批捕后，案件侦查终结移交审查起诉时	60	32.6	53.8
	以上几个阶段都有，且以＿＿＿阶段居多	21	11.6	19.2
	任何阶段，只要公安机关有需要均可申请引导	13	7.0	11.5
	合计	184	100.0	165.4

上表 2 - 4 2005~2011 年北京市检察机关
参加重大案件讨论的数量① 单位：件

年份	2005	2006	2007	2008	2009	2010	2011
审查批捕环节	0	177	160	146	160	151	170
审查起诉环节	0	3	12	9	0	2	7
合计	0	180	172	155	160	153	177

此外，刑事案件立案前后，检察机关也会提前介入公安机关的侦查活动，引导其侦查取证。这是由于，实践中公安机关内部规定有立案就要有破案，且与公安民警的考核相联系，因此，在不能确定是否构成犯罪的情况下，公安机关会先要求检察机关提前介入，在有把握的情况下再进行立案，这就形成了立案前的引导侦查。一些案件由于社会影响较大，检察机关也会主动在案发后、犯罪嫌疑人尚未抓获的情况下，就指派检察官提前介入侦破工作。如某地凌晨发生麦当劳餐厅流浪者刺死服务员案件经网络报道后引发广泛关注，被害人家属也在闹市区聚集。该检察院的公诉部门负责人注意到网络舆情后，立即联系区公安分局刑侦部门了解案件侦破的进展情况，在犯罪嫌疑人未到案的情况下即指派检察官提前介入侦破工作，提出取证建议。②

（三）引导侦查的启动途径

从制度设计上讲，引导侦查的启动方式包括两种：一种是公安机关提请检察机关引导，另一种是检察机关依职权主动进行引导。有趣的是，尽管各地检察机关在制度规范层面都积极倡导和推动取证引导机制的建立，但实践中取证引导机制的启动却多因公安机关

① 数据来源于张翠松：《侦查监督制度理论与实践》，中国人民公安大学出版社 2012 年版，第 183 页。

② 案件来源上海市人民检察院第一分院：《公诉引导侦查的实践探索与对策完善》，载 http://www.yfshanghai.jcy.gov.cn/docs/201010/d_2235088106.html，访问日期：2012 年 8 月 11 日。

提请，而非检察机关的主动介入。上表 2 - 5 显示，依公安机关提出申请的比例为 61.5%，除引导侦查文件规定需要主动介入外，多依公安机关申请的比例为 7.7%，两者相加，公安机关主动联系检察机关引导侦查的比例达 69.2%。

上表 2 - 5　引导侦查取证的启动方式　　　　单位：人，%

A4	选项	回答人次	百分率	有效百分率
有效回答	主要是公安机关提出申请	113	61.5	69.6
	主要是检察机关主动介入	35	19.2	21.7
	依照引导侦查的文件规定，文件规定的案件我们会主动介入，除此之外我们一般不会与公安机关主动联系	15	7.7	8.7
	其他	0	0.0	0.0
	合计	163	88.5	100.0
缺失（系统界定的遗漏值）		21	11.5	
合计		184	100.0	

　　分析检察机关之所以极少依职权主动引导侦查的原因，可能主要有以下三个方面：其一，对于重特大案件、社会影响较大的案件，公安机关往往会在第一时间通知检察机关提前介入，检察机关没有主动介入的必要和机会。其二，检察官针对公安机关申请的案件进行取证引导，已需要做大量的工作，根本不可能有更多的精力放在主动介入上。以 A 区检察院为例，其侦查监督部门 4 名主办检察官，加上 4 名助手，每年大概办理审查批捕的人数为 1500 人，即每个主办检察官平均每年查阅案件并审查批捕 375 人，其不可能再有时间和精力主动介入公安机关其他案件的侦查取证工作。其三，引导侦查的工作量并未纳入检察官的绩效考核范围，检察官也就不可能把工作重心放在主动介入、引导侦查取证上。

（四）引导侦查取证的案件范围

实践中引导侦查取证的案件类型主要有哪些呢？在 A 区检察院与当地公安机关签订的《关于公诉引导侦查取证工作的规定》中，引导侦查的案件范围主要限定为故意犯罪致人死亡的案件，包括故意杀人、故意伤害致人死亡、抢劫致人死亡、强奸致人死亡、绑架致人死亡等。但具体操作过程中，案件范围远远超过了上述限定范围。所调查的 C 区检察院将引导侦查案件范围界定为：一是可能判处死刑或死刑缓期执行、无期徒刑的案件；二是集团犯罪案件；三是证据不是很充分或事实不是很清楚的案件材料；四是信访类案件；五是受害人为年幼或者精神障碍的人；六是其他比较复杂的案件。此外，据笔者收集的相关内部资料显示，重庆市检察院将引导侦查的案件范围规定为：黑恶势力犯罪及其他有组织犯罪案件，涉及外国人犯罪案件；企业改制、征地、环境污染及违反金融管理法规等引发的群体性、突发性事件中涉及的犯罪案件；对适用法律和证据有争议的案件等。① 湖南省人民检察院在《湖南省检察机关引导侦查取证试行办法》中规定，"检察机关重点对下列案件适时介入侦查、引导侦查取证：严重危害社会治安的暴力犯罪案件；涉嫌黑社会性质组织犯罪案件；集团犯罪案件；严重破坏社会主义市场经济秩序犯罪案件；通知侦查机关立案侦查的案件；其他重大犯罪案件"。

可见，尽管上述检察院在引导侦查取证的具体案件类型上并不

---

① 经由法院判决的黑恶势力案件均由侦查监督部门进行过引导侦查，公安侦查人员也大多认同没有检察机关的引导，黑恶势力案件难以攻破。从公安机关的实际侦查情况来看，对于认定黑社会性质犯罪和恶势力团伙犯罪，突出的困难是如何收集合法有效的证据来认定其性质，公安机关的侦查职能决定了它重点关注的是抓获成员、查清事实，而对于把握犯罪构成上没有检察官到位，检察官通过引导侦查人员围绕犯罪构成、犯罪性质特征收集证据，摧毁黑恶势力的经济基础，查清支撑黑恶势力的经济来源，以此提高了证明标准，准确打击了犯罪。

完全相同，但大致都包括了两类案件：一类是罪行严重的重特大案件、社会影响面较大的案件，另一类是取证困难、证据难以固定、证明标准难以把握的案件。从上表 2-6 中可以看出，辖区内有重大影响、社会反应强烈的案件是检察机关引导侦查取证最为集中的案件类型，所占比例为 32.6%，其次是公安机关侦查取证有难度或者适用法律有难度的案件，占 28.3%，犯罪嫌疑人可能判无期徒刑、死刑的重大要案，占 19.6%。

上表 2-6　引导侦查取证的主要案件类型　　　单位：人，%

A5	选项	回答人次	百分率	个案百分比
有效回答	故意犯罪致人死亡案件	28	15.2	26.9
	本辖区内社会反应强烈的案件	60	32.6	57.7
	可能判无期徒刑、死刑的重大要案	36	19.6	34.6
	没有严格限定，只要公安机关侦查有难度或者适用法律有难度、自己无法把握的案件均进行了引导	52	28.3	50.0
	其他	8	4.3	7.7
	合计	184	100.0	176.9

二、引导侦查取证的运行过程

（一）引导侦查的主要方式

实践中引导侦查的方式有听取公安机关案情介绍、查阅证据材料、参与案件讨论、参与现场勘查、在派出所设立引导侦查室进行定期指导等多种方式。上表 2-7 的调查结果表明，除在派出所设立引导侦查室这种引导方式运用较少之外，其他几种方式在引导侦查实践中均较为常见。主诉检察官在引导侦查取证的过程中，享有参与部分侦查活动权、侦查取证建议权和纠正违法权，取证建议包括口头建议或制发书面检察建议、提供法庭证据意见书、退补提纲、纠正违法通知书、引导取证意见书等法律文书等。①

上表 2 - 7　引导侦查取证方式　　　　单位：人，%

A6	选项	回答人次	百分率	个案百分比
有效回答	听取公安机关案情介绍	135	18.8	73.1
	查阅证据材料	99	13.9	53.8
	参加案件讨论	149	20.8	80.8
	参与现场勘查	141	19.8	76.9
	提出取证意见	163	22.8	88.5
	在派出所设立引导侦查室，定期指导	28	4.0	15.4
	合计	715	100.0	388.5

以 A 区检察院与 B 公安分局为例，依据其上级检察院与市公安局联合下发的有关引导侦查的规定，A 区检察院与 B 公安分局在取证引导的过程中，其具体引导方式可归纳为以下三个方面：

取证引导的方式之一，是参与部分案件的侦查活动，如参与勘查犯罪现场、讯问犯罪嫌疑人、询问被害人、重要证人等。按检察机关的说法，改革本身是希望检察机关从以往象征性地莅临作案现场及参与重大案件讨论，发展到共同参与勘查犯罪现场、讯问犯罪嫌疑人、询问被害人、询问重要证人等活动，更强调对犯罪实况的亲历性与直观性，并适时开展引导侦查取证工作。依文件规定，对辖区内发生的故意犯罪致人死亡的案件，要求在案发后，公安机关均应及时通知公诉科检察官出席现场，及时了解案情，参与公安机关的勘验、检查。检察官出席现场的主要任务是了解案情、参与案件讨论，从运用证据证实犯罪的角度，围绕证据的合法性、全面性

---

①　乌海市人民检察院：《公诉介入侦查引导取证问题研究》，载 http：// jcy. wuhai. gov. cn/jianchall/415. jhtml，访问日期：2013 年 5 月 17 日。

和稳定性，提出收集、固定和完善证据的意见。"检察官在介入侦查活动的过程中，不能代行侦查取证，不得在有关侦查文书和侦查取证材料上签名，不得妨碍侦查部门的侦查工作"①。但即便是在故意犯罪致人死亡的案件中，Ａ区检察院的检察官直接参与勘查现场的也很少。这一方面是由于勘查现场强调时效性，大多需要在案发后立即到现场进行勘查，取证引导机制的运行涉及公安机关和检察院两个不同机关，通知检察院相关人员到场需要一定时间，检察官很难在有限时间内到达犯罪现场；另一方面是现场勘查属于公安机关常用的侦查措施之一，且技术性较强，在此方面侦查人员往往比检察官更有经验，检察官难以提供技术上的指导。

取证引导的方式之二，是就具体个案提供取证建议。如依规定，Ａ区检察院公诉部门在收到侦查机关报送审查的犯罪嫌疑人笔录及同步录音录像、证人证言、被害人陈述、现场勘验检查笔录、鉴定结论等相关证据后，应在７日内出具《引导侦查案件审查意见书》，经分管科长和主管检察长审批后，送达侦查机关。《引导侦查案件审查意见书》一方面要认定侦查机关案件定性及取证方向是否准确，证据的收集、固定是否及时、全面，并对侦查机关进一步侦查取证提出建议；另一方面还要检查侦查机关强制措施的适用是否适当，取证程序是否合法规范，对违法取证行为提出具体的纠正意见。即检察机关对公安机关的取证引导，既要保证取证方向的正确性和全面性，又要保证取证程序和取证行为的合法性。

但实际操作中，检察机关出具的取证引导意见，往往更注重对取证方向的正确性和取证内容的充分性进行引导，少有针对违法取证行为的具体纠正。以下是Ａ区检察院公诉科检察官在一起席某某等人涉嫌非法吸收公众存款案中，出具的引导侦查案件审查意见书。

---

① 《河南省某市中级人民法院、某市人民检察院、某市公安局关于死刑案件办理工作的若干规定》之第三章，为引导侦查的专章内容。

××市××区人民检察院
提供法庭审判所需证据材料意见书

××市公安局××第一分局：

本院作出批准逮捕决定的犯罪嫌疑人席某甲等人涉嫌非法吸收公众存款一案，为有效指控犯罪，根据《中华人民共和国刑事诉讼法》第一百四十条第一款的规定，请在继续侦查过程中注意收集下列证据：

1. 注意区分单位犯罪和自然人犯罪，查清欧陆担保公司有无合法经营。

2. 查清买全平的行为，并调取欧陆公司向买全平转账 1800 万的凭证，追赃款。

3. 查清张某甲、孙某甲（张某乙）张某乙、高某某、李某某、耿某某以及其他客户经理、公司高管等人的行为、数额。

4. 河南欧陆与增奇钢铁公司的关系？席某甲、席某乙、席某丙与席某丁的关系？

5. 欧陆公司付给翟同朝的 600 万元应予追索。

6. 调取向欧陆公司借款企业的证人证言及借款协议。

7. 调取席某甲与席某丁签订的经营权转让协议。

8. 根据席某甲的供述，其以公司或个人名义向靳某某等人借款，调取证言，追赃款。

9. 按照闫某某、许某某进入公司的时间确认二人的犯罪数额，在审计报告中应体现。

10. 查明资金去向，查明融资款打入以其个人为法人的公司的用款情况。

11. 调取其向社会公众发放的传单。

12. 卷中复印件应注明来源，证人信息应在公安网下载并注明来源。

13. 调取嫌疑人的原始户籍。

14. 查明几名犯罪嫌疑人是否有犯罪前科，如无，需向其原籍派出所电话核实制作电话查询记录；应注意查清史某某的多个身份。

2012 年 8 月 6 日

从该《引导侦查案件审查意见书》中，我们不难发现，检察官出具的 14 条取证意见中，除第 12 条外，全部为提出侦查取证方向的意见，以保证对犯罪嫌疑人的指控证据充分。第 12 条是对证据适格性的补充意见，也不涉及对公安机关违法取证行为的纠正。可以说，这份《引导侦查案件审查意见书》在整体内容上更接近于检察机关所出具的《补充侦查提纲》①。因此，从这份《引导侦查案件审查意见书》的内容上看，检察机关在引导侦查取证的过程中，对自身控诉职能的关注度远远高于对侦查取证违法性的监督。

取证引导的方式之三，是与公安部门召开联席会议，将个案指导上升为类案总结。上表 2 - 8 显示，所调查的大部分地区的检察机关在引导侦查取证过程中，都会与公安机关的各个具体侦查部门如刑警大队、经侦大队、派出所及法制科定期或不定期召开联席会议，会议的内容既可能是复杂、疑难的个案讨论，也可能涉及侦查人员办案中存在的共性问题，对常见的、多发性违法侦查行为进行集中探讨，如现场勘验、扣押时侦查人员普遍不请见证人到场、签字等情形；再如《刑事诉讼法》重新修改实施后，侦查取证程序有哪些变化；以及检察院审查起诉时案件的接收标准（鉴于有些

---

① 《补充侦查提纲》是检察机关将公安机关办理的案件退回补充侦查时经常用到的。主要内容包括指出侦查中哪些该收集的证据没有收集；证人证言的收集不符合法律程序；犯罪主观动机方面缺少必要的证据；赃款赃物去向不明；鉴定结论的制作不符合规定；没有形成完整的证据链条。《提供法庭审判所需证据材料意见书》一般有检察机关侦监部门制作，是批捕后按照公诉标准发出的补充证据意见。但是，侦查人员收到此文书后会有疑问，是不是按照这份文书的要求补充侦查就可以达到审查起诉的标准。由于该份文书是为公诉服务的，所以，公诉部门更有发言权，侦监部门最好要求公诉部门参加，共同制作这份法律文书。

检察院有轻刑批捕率的考核问题，轻刑批捕率过高，影响到检察院的考核，检察院会在联席会议上说明哪些案件报捕会审查批准，哪些建议公安机关直接取保候审）。联席会议一般由检察院提出召集，其目的是统一认识，引导公安机关的侦查人员以庭审要求对待办案中的证据收集工作。联席会议召开的频次，取决于当地公安机关与检察机关日常工作关系是否紧密与融洽。在笔者所调查的基层检察院中，大部分地区检察院与公安分局召开联席会议的次数较少，有些甚至一年只有一次。

上表 2 - 8　与当地公安机关召开联席会议情况　　单位：人,%

A7	选项	回答人次	百分率	有效百分率
有效回答	没有	43	23.1	24.0
	有，很少	78	42.3	44.0
	经常，但不定期，双方有需要就组织	49	26.9	28.0
	经常且定期，一般每月一次	7	3.8	4.0
	合计	177	96.2	100.0
缺失（系统界定的遗漏值）		7	3.8	
合计		184	100.0	

　　除上述三种主要的取证引导方式外，有些地区的检察院还与公安机关建立了信息通报制度，共同掌握案件发展的整体动态，以避免在出庭公诉时因案件事实或证据发生重大变化而导致公诉不利的局面。一旦发现案件事实证据发生重大变化，公诉部门要在第一时间主动与侦查部门联系，及时共同进行补充侦查活动。① 但在笔者所调查的区域，此引导方式尚未得以开展。

---

　　①　乌海市人民检察院：《公诉介入侦查引导取证问题研究》，载 http：// jcy. wuhai. gov. cn/jianchall/415. jhtml，访问日期：2013 年 5 月 17 日。

（二）引导侦查的内容

总体而言，引导侦查的内容包括审查侦查机关拘留、逮捕是否符合法律规定、审查案件是否符合逮捕以及起诉的证据标准，对侦查机关的立案情况进行监督等。可以说，引导侦查的内容几乎涵盖了公诉部门和侦查监督部门全部的业务工作范围。但从上表2-9中我们不难看出，尽管检察机关会对公安机关立案、适用强制措施是否合法等侦查过程进行监督，但审查案件收集的证据是否符合逮捕犯罪嫌疑人的标准，以及案件是否符合提起公诉的证据标准，仍是引导侦查过程中最为重要的内容。

上表 2-9　引导侦查的重点　　　　　单位：人，%

A8	选项	回答人次	百分率	个案百分比
有效回答	审查侦查机关应当立案的是否立案	69	13.2	37.5
	审查侦查机关拘留、逮捕是否符合法律规定	54	10.3	29.2
	接受犯罪嫌疑人的申诉和控告	14	7.4	20.8
	审查侦查中可能出现的程序违法现象	69	13.2	37.5
	审查案件是否符合逮捕的证据标准	153	29.4	83.3
	审查案件是否符合起诉的证据标准	123	23.5	66.7
	其他	15	2.9	8.3
	合计	497	100.0	283.3

三、引导侦查取证的结果与效力

（一）引导行为是否具有强制力

检察机关引导侦查的行为是否对公安机关具有约束力并能

产生实际的效果？曾有学者认为，引导侦查的效力应分情况而定：对于强制措施的审批、违法侦查行为的审查，检察机关的具体职能部门作出的决定和处分应该是强制性的，公安机关必须接受；对于涉及侦查策略、取证方案的设定等问题的引导，检察机关可以提出建议，供侦查机关参考，不具有强制性。①但实践中，由于引导侦查取证在引导的方式和内容上，并没有将提供取证建议和纠正违法侦查行为等明确分开，无论是检察机关的检察官还是公安机关的侦查人员，都很难说清哪些引导侦查的行为具有或应当具有强制效力，哪些行为没有或不应具有强制效力。

（二）公安机关配合程度

由于检察机关对公安机关的引导没有明确授权的约束力，且法律上检察机关与公安机关之间不存在上下级般的命令与服从关系，使引导侦查取证的效果在很大程度上取决于公安机关的配合程度。调查结果表明，检警配合程度在不同地区和不同部门差异明显。对此，有学者曾解释认为取证引导机制的建立更像是地方检察机关与公安机关签订的"行政合同"，合同能否签订及效力如何取决于当地检察机关与公安机关日常的工作关系。②上表 2－10 显示，在笔者所调查的区域，检察机关认为引导过程中公安机关很配合的，占 4.5%，认为公安机关一般都能接受的，占 59.1%，认为公安机关在某些方面不配合的，占 36.4%，在一定程度上显示出检察机关对公安机关不服从引导意见时的无奈。

①　但伟、姜涛：《侦查监督制度研究——兼论检察引导侦查的基本理论问题》，载《中国法学》2003 年第 2 期。

②　宋鹏举：《完善检察引导侦查机制的思考》，载《河北法学》2011年第 9 期。

上表 2 - 10　公安机关配合程度　　　　单位：人，%

A9	选项	回答人次	百分率	有效百分率
有效回答	很配合	7	3.8	4.5
	一般都能接受	92	50.0	59.1
	某些方面不配合	57	30.8	36.4
	不配合	0	0.0	0.0
	合计	156	84.6	100.0
缺失（系统界定的遗漏值）		28	15.4	
合计		184	100.0	

　　事实上，这一调查结果与其后访谈中检察官的回答基本吻合。正如一名检察官所说，取证引导机制建立之后，"应该说两方关系处理得还不错。公安部门的侦查人员总的来说素质还是比较高的，但他们涉及的面太广，没有我们这么专业，所以在法律的运用上还是稍逊于我们的，不过他们年轻、比较谦虚，也很认可和相信我们，毕竟他们按我们说的去做错不到哪里去，当然我们也是要负责任的"。尤其是在审查逮捕阶段，引导侦查取证往往能够获得公安机关最大程度的配合。这与我国当前基层公安机关考核目标之一，仍是打击违法犯罪人数（批准逮捕率和移送起诉率）有关，硬性的考核指标决定了侦查人员更为关心提请逮捕的案件是否批准逮捕和是否起诉，使得案件提请逮捕过程中检察官的引导意见最受关注。即便此时的引导是以检察官口头说明为主，公安机关的侦查人员也会按照检察官的要求，尽快补充批捕所需的证据材料，使案件最终得以顺利批捕。检察院批捕率总处在很高的水平上，也就不足为奇了。例如，从上表 2 - 11 近些年 A 区检察院侦查监督部门办理案件的情况可以看出，2008 年该院审查批捕犯罪嫌疑人 2632 人中，作出批捕决定的高达 2296 人，批捕率高达 87%；不批捕的案件中，因为证据不足不批捕的犯罪嫌疑人 164 人，只占该院全年审查批捕总人数的 6%。且 2008～2012 年，该检察院侦查监督科所

办理的案件中，即便是不捕的案件，也无一起公安机关要求复议或提请复核的情况。

上表 2－11　A 区检察院侦查监督科办理案件情况　　单位：人

年度		2012 年	2011 年	2010 年	2009 年	2008 年
审结案件		1560	1067	1081	1820	2632
批捕		1275	818	782	1478	2296
不捕	不构成犯罪	57	37	27	45	66
	证据不足	99	123	119	99	164
	无逮捕必要	129	89	153	198	106
	合计	285	249	299	342	336
公安机关撤回		8	8	9	6	12

但正如上表 2－10 所示，引导侦查取证过程中，还有 36.4% 的检察官认为，公安机关在某些方面并不配合。笔者其后的访谈进一步揭示了公安机关对取证引导不配合的原因所在。如公诉部门的检察官认为，犯罪嫌疑人批捕后案件移送至公诉部门，相比审查批捕时的取证引导，公诉部门取证引导的效果并不尽如人意。访谈中，许多检察官也提到，我国检察机关除批捕权以外，并没有多少能对公安机关的侦查取证活动进行约束和控制的权力。对一些犯罪嫌疑人已被逮捕但证据材料存在漏洞的案件，公诉部门从审查起诉、定罪量刑的角度出发，要求侦查机关补充、补强相关证据，公安机关则片面认为能批捕就能起诉，在被动接受批捕部门提出的补充证据的要求后，不积极查清就直接将案件提交检察机关起诉部门。正如 A 区检察院一名公诉科检察官所说，"公安往往满足于案件能逮捕即可，绝大多数案件在捕后的侦查羁押期间和审查起诉期间，公安基本不再做任何取证工作，故检方公诉部门引导侦查取证基本没有力度"。此外，其他学者的相关实证调查结果也表明，对于检察机关作出不批捕特别是证据不足不批捕决定后的案件，尽管

检察机关一般都会说明不批捕的理由并制作《不予批准逮捕案件补充侦查提纲》，但实践中 90% 的证据不足不捕案件，最终都没有重新提捕或者直接起诉。① 此时，公安机关大多基于证据灭失等原因，没有对这些案件继续进行侦查取证，因此检察机关作出不批捕决定后，引导侦查取证的效果也不明显。

（三）引导侦查取证对检警关系的影响

正如前所述，引导侦查取证的效果如何，在很大程度上取决于公安机关的认可、配合和重视程度，而这种配合既受检察机关与公安机关以往工作关系是否良好的影响；反过来又潜移默化地影响着检察机关与公安机关工作关系的发展。调查过程中，笔者发现 54.2% 的检察官认为，取证引导机制建立后，其与公安机关的联系明显增多了，但主要还是工作关系；也有 12.5% 的检察官认为，取证引导机制建立前，与公安机关的关系就比较好，甚至私下里也会经常联系，方便工作；甚至还有 16.7% 的检察官认为，取证引导机制建立后，自己与公安机关的联系太多太紧，感觉自己快成公安机关的成员了。将这三项数据累加后发现，认为取证引导机制强化了检察机关与公安机关日常工作联系的总比例，达到 83.3%（参见上表 2 - 12）。

上表 2 - 12　引导侦查取证对检警关系的影响　　单位：人，%

A10	选项	回答人次	百分率	有效百分率
有效回答	一般工作关系，引导侦查后也没什么变化	28	15.4	16.7
	一般工作关系，引导侦查后联系增多了，但主要还是工作关系	92	50.0	54.2
	关系比较好，私下里也会经常联系，方便工作	22	11.5	12.5

① 梅玫：《检察引导侦查实证研究——以逮捕程序为中心》，西南政法大学 2010 年在职攻读硕士学位论文，第 12 页。

续表

A10	选项	回答人次	百分率	有效百分率
有效回答	联系的太多太紧，感觉自己快成为侦查人员了	28	15.4	16.7
	合计	170	92.3	100.0
缺失（系统界定的遗漏值）		14	7.7	
合计		184	100.0	

（四）检察官对引导侦查取证的认知和执行态度

除公安机关配合程度外，笔者认为检察官对取证引导机制本身的认知是否深刻，执行态度如何，在一定程度上也影响着取证引导机制的改革效果。为此，在调查问卷的开头部分，笔者设计了一道问题，即"您是否了解引导侦查取证这项改革举措？"结果显示，有 23.1% 的检察官竟回答不了解，还有 23.1% 的检察官回答了解，但认为这项改革措施是自 1996 年《刑事诉讼法》修改以来一直有的，因为该法已明确规定，人民检察院可派人参加公安机关对于重大案件的讨论，对公安机关的勘验、检查，检察机关可派员提前介入，并要求公安机关复验复查。检察官们多认为，参与重大案件讨论即是引导侦查取证的全部内容。此外，还有 53.8% 的检察官认为，侦查取证引导机制是在 2002 年以后建立和实施的（参见上表 2-13）。

上表 2-13　检察官对引导侦查取证的认知程度　　单位：人,%

A1	选项	回答人次	百分率	有效百分率
有效回答	不了解	43	23.1	23.1
	有了解，这项措施自 1996 年《刑事诉讼法》修改以来一直有	43	23.1	23.1
	有了解，是 2002 年以后实施的	98	53.8	53.8
	合计	184	100.0	100.0

　　这也就是说，只有稍过半成的检察官，明确知道自 2002 开始最高人民检察院在全国范围内倡导实施的取证引导机制改革，近 1/4 的检察官完全不了解此项改革，另还有 1/4 的检察官，将取证引导简单等同于在侦查阶段检察机关参与重大案件讨论机制。什么是引导侦查取证、引导的目的以及如何实施引导，对检察机关特别是工作在基层的检察官而言，都尚未形成完整和清晰的认识，也不可避免地影响到此次取证引导机制改革的效果。访谈中，有几位检察官也曾提道，"虽然检察院和公安机关联合下了文，但从目前看，检察官也并不想做这个事情，也没有足够的人力来做，况且没有相应的硬性规定，又无考核奖励机制"。在笔者所调查的基层检察院中，尚无任何一家检察院明确将引导侦查取证的工作作为绩效考评的重要指标。相比检察官业务考评中的考评错案（无罪判决率）与案件质量不高（撤回起诉率）等硬性指标[①]而言，引导侦查取证工作，既不量化成检察官的工作业绩，也不影响整个检察院的工作排名。

　　（五）取证引导对公安机关侦查取证现状的影响

　　引导侦查改革提出的动因，是因为当前公安机关在侦查取证过程中，存在诸多违法取证的情形而影响诉讼效率。实践中，检察官是如何看待当前公安机关的侦查取证工作的呢？上表 2－14 显示，29.5% 的检察官认为，公安机关侦查人员整体来说取证还是较规范的；有 27.3% 的检察官认为，技术条件和侦查人员的法律素质对案件取证影响较大；还有 22.7% 的检察官认为，公安机关对不同

---

　　①　以某检察院制定的绩效考核指标为例，最为重要的就是考评错案（无罪判决率）与案件质量不高（撤回起诉率），并细化为具体的量化指标。规定无罪判决率在 2% 以下的，每 0.2% 减 0.1 分；超过 2% 的，每 0.2% 减 0.2 分，被确认为错案的，每出现 1 件减 1 分；撤回起诉率在 2% 以下的，每 0.5% 减 0.1 分，超过比率的，每 0.5% 减 0.2 分。左卫民等：《中国刑事诉讼运行机制实证研究——以审前程序为重心（二）》，法律出版社 2009 年版，第 173 页。

案件的重视程度，影响到不同案件取证质量水平参差不齐，同一地区不同类型案件区别较大。如经侦案件取证水平较差，传统的重大案件如故意犯罪致人死亡的案件取证水平较高。此外，18.2%的检察官认为，公安机关侦查人员责任心不强，影响取证质量。访谈中，不少检察官提到，"公安机关在办案过程中仍然存在重破案、轻调查的问题"。不仅如此，"由于公安工作主动性较强，通常公安部门通过诸如'严打'、'四严一创'（严厉打击、严密防范、严格执法、严格管理、平安创建）等活动考量业绩，存在追求数量、不管质量的现象，取证水平停留在满足逮捕条件即可"。

上表 2-14　对当前公安机关侦查取证工作的评价　　单位：人，%

A13	选项	回答人次	百分率	个案百分比
有效回答	总体来说还是比较规范的	100	29.5	54.2
	责任心不强，如遗失物证等，所以要加强引导和规范	61	18.2	33.3
	同一地区不同类型案件区别较大，如经侦案件水平较差，重大案件（如死刑案件）水平较高	77	22.7	41.7
	技术条件和侦查人员素质对案件取证影响较大	92	27.3	50.0
	其他	8	2.3	4.2
	合计	338	100.0	183.3

实施引导侦查改革后，检察机关又是如何看待自己工作变化及对侦查取证的影响的呢？上表 2-15 中，21.8%的检察官认为，引导侦查后审查起诉的效率明显提高了；39.1%的检察官认为，侦查机关办案证据质量明显提高了；还有 26.1%的检察官认为，公安机关取证过程中违反法律程序的行为减少了。即大部分检察官认为，取证引导机制的建立，在提高自身诉讼效率的同时，对公安机关侦查取证质量的提高有一定促进作用。

上表 2 – 15　引导侦查改革给检察机关自身工作带来的变化　　单位：人，%

A12	选项	回答人次	百分率	有效百分率
有效回答	没什么变化	21	11.5	13.0
	审查起诉效率明显提高了	35	19.2	21.8
	侦查机关办案证据质量明显提高了	64	34.6	39.1
	取证过程中违反法律程序的行为减少	43	23.1	26.1
	合计	163	88.5	100.0
缺失（系统界定的遗漏值）		21	11.5	
合计		184	100	

　　但笔者在其后的访谈中发现，检察官之所以认为引导侦查提高了公安机关侦查取证质量，并降低了侦查取证过程中违反法律程序的行为，仅仅是就侦查结果所形成的卷宗材料而言的。也就是说，这种取证质量表面上的提高，并不代表检察机关对公安机关在侦查过程中的执法质量和违法取证行为，做到了实际的控制。从检察官的角度讲，无论是审查批捕的案卷，还是审查起诉的案卷，取证引导机制建立后，侦查取证质量的提高，仅仅意味着原本需要公安机关补充完整的证据材料，现在尽可能完整了。

第三节　公安机关对取证引导的认知和执行

　　站在引导方检察机关的立场上，实施取证引导机制改革是为了提高公安机关侦查取证的质量和诉讼效率。那么，站在被引导方公安机关的立场上，其侦查取证过程中是否确实遇到或存在一些现实问题而制约了取证质量的提高呢？取证引导的过程中侦查人员又是如何理解和对待检察官的引导行为？其在取证过程中与检察人员的相互关系究竟如何？

一、预审功能弱化对侦查取证的影响

公安预审是指公安机关依据刑事诉讼法规定，对有证据证明有犯罪事实的案件所收集、调取的证据材料予以核实的一种诉讼活动。公安预审制度属于我国特有的预审制度，其与英美及大陆法系国家的检察院或法院实施的庭前审查式的预审制度有着本质的区别，因而被学者们称为"中国式预审制度"①。

（一）立法设定公安预审是侦查程序中的重要环节

我国自 1979 年《刑事诉讼法》起始，就有关于公安预审的明确法律规定，且这些规定在《刑事诉讼法》的历次修改中均得到传承。1996 年和 2012 年修订的《刑事诉讼法》第 3 条在有关公检法三机关的职权原则中，均规定："对刑事案件的侦查、拘留、执行逮捕、预审，由公安机关负责。"1996 年《刑事诉讼法》第 90 条和 2012 年《刑事诉讼法》第 114 条在侦查的一般要求中，也都规定"公安机关经过侦查，对有证据证明有犯罪事实的案件，应当进行预审，对收集、调取的证据材料予以核实"。

从刑事诉讼法的立法精神上看，我国预审的主体是公安机关。就预审的性质而言，其不仅属于侦查的范畴，而且是侦查取证过程中不可缺少的证据核实环节。但不少学者认为，从《刑事诉讼法》将预审与侦查并列的规定来看，预审应当是独立于侦查的一个程序，而我国刑事诉讼的五大程序即立案、侦查、起诉、审判和执行中并不包括预审，因此认为我国预审制度的立法设置存在逻辑不清、规定不明等问题，公安预审在制度层面上缺乏严密的、系统的法律规定。② 对此，笔者认为，《刑事诉讼法》第 3 条的相关规定并无不妥。理由在于，表面上看法律规定刑事案件的侦查和预审由

---

① 曹文安：《预审制度研究》，中国检察出版社 2006 年版，第 306 ~ 343 页。

② 曹文安：《预审制度研究》，中国检察出版社 2006 年版，第 341 ~ 342 页。

公安机关负责，好像是将侦查与预审予以并列，预审成为独立于侦查的一个诉讼环节；但完整地理解该法条会发现，法律在规定对刑事案件的侦查、预审由公安机关负责的同时，规定拘留、执行逮捕也由公安机负责，即法律是将侦查、拘留、执行逮捕、预审，这四项侦查中的重要环节予以并列。拘留和逮捕是侦查过程中限制犯罪嫌疑人人身自由的两种刑事强制措施，均属于案件侦查程序中的重要环节，《刑事诉讼法》法条虽将侦查与拘留、执行逮捕并列，却从未有学者据此提出拘留和执行逮捕是独立于侦查的两个诉讼环节，或质疑有关侦查、拘留和执行逮捕的立法设置存在逻辑矛盾。因此，我们不能对该法条中的"侦查"作扩大解释，将法条中与"拘留、执行逮捕、预审"并列的"侦查"等同于作为刑事诉讼五大程序之一的整个"侦查"程序，即法条中与"拘留、执行逮捕、预审"并列的"侦查"，仅指公安机关在拘留、执行逮捕和预审之外的、其他侦查行为，如讯问和现场勘查等。也就是说，法律规定将侦查与预审并列，并非说明预审不属于整个侦查程序中的重要环节，就像法条中将侦查与拘留并列，并非将拘留独立于侦查程序之外一样。不仅如此，法律将侦查、拘留、执行逮捕、预审并列，指明这些侦查工作由公安机关负责，也恰恰是为强调这些工作在整个侦查程序中的重要性。立法有关公安预审制度的设置本身，并不存在逻辑不清的问题。

但应当承认，相比拘留、逮捕等侦查措施的立法设置，《刑事诉讼法》有关预审制度的法律规定，确实显得较为粗疏，加之我国理论研究者也多将目光聚集在如何对我国预审制度实行英美式的制度改造上，[①] 致使实践中我国特有的公安预审制度从其立法设置

---

① 早有学者在《刑事诉讼法》修改时提出重构我国的预审制度，将预审重新定位为人民法院对人民检察院提起的公诉案件进行庭前审查的一项制度，其目的是"保证公诉质量、提高诉讼效率、保障诉讼公正"。参见徐静村等：《中国刑事诉讼法（第二修正案）学者拟制稿及立法理由》，法律出版社2005年版，第213～221页。

时起，就在"存与废"、"侦审合一"还是"侦审分立"的不断争议中艰难前行。

（二）侦审分立状态下预审的多重职责与作用

侦查实践中，预审在我国公安机关侦查办案过程中曾发挥着以下两方面的职能和作用：一方面，绝大部分经过侦查的刑事案件都需要进行预审，通过完善侦查中获取证据的形式，处理侦查取证程序中有瑕疵的案件，甚至有些错案通过预审程序予以纠正，这使得预审在一定程度上承担着类似于司法审查的功能；另一方面，侦查中大量取证不完备的案件也交由预审部门补充取证，且在讯问相对专业化的特定背景下，对前期侦查阶段没有发现的同案犯、犯罪嫌疑人隐瞒的其他犯罪事实以及其他犯罪线索进行深挖，以破获大量的积案和隐案，最终由预审部门决定侦查终结，提出起诉意见并移送审查起诉，这使得预审同时兼具了继续侦查的作用。也就是说，在侦审分设的侦查体制中，我国预审既承担着前期侦查行为控诉犯罪的职责，同时又担负着对前期侦查获取的证据材料进行审核把关的职责，保证公安机关刑事案件的办案质量，以最大限度地减少冤假错案的发生。

（三）侦审合一后预审功能的弱化

自 1997 年 6 月公安部刑侦改革实行"侦审合一"后，十多年的时间里，我国的公安预审制度和预审工作也经历着由合到分、由分到合、合中有分的不断变化，各地公安机关预审部门的设置也呈现出多元化格局。① 目前全国大部分公安机关撤销了独立的预审部门，由法制部门对强制措施的采用、移送起诉等侦查行为，进行书面审核把关。另有一部分公安机关撤销独立的预审机构，在刑侦部

---

① 云山城：《我国〈刑事诉讼法〉中"预审"问题研究》，载《贵州警官职业学院学报》2005 年第 3 期。

门内部设置案审大队、中队，配备少量专职案审人员。① 还有少数公安机关始终没有实行侦审合一，仍然坚持侦审分开。② 此外，还有一些公安机关在实施了侦审合一之后，又重新恢复已撤销的独立的预审机构。③ 而预审之所以有如此强的生命力，就在于它在刑事诉讼中起着承上启下的作用，是侦查环节不可或缺的一项基础工作。这项工作若做不好，直接影响后续起诉和审判工作的顺利进行。

公安机关实施侦审合一的改革，虽然有助于提高侦查工作的效率，但由于预审所具有的多重职能被减弱甚至消失，也使实践中的侦查工作面临许多亟待解决的问题。一方面，侦查工作局限于就案办案的状态，深挖犯罪的力度减弱。而深挖犯罪是侦审分立状态下预审部门的一项重要职能。侦审合一改革后，许多地方的预审人员被分派到各刑警队，分散了预审力量，预审的整体优势得不到发挥。不仅如此，原来的预审人员

---

① 例如，湖北省武汉市公安局 1997 年 7 月在刑侦处（现改为刑侦局）下设预审办案大队，该大队成立之初，除了预审一般刑事案件外，还预审国保、经侦、禁毒等其他侦查部门移送的刑事案件。目前武汉市公安局汉阳区分局、武昌区分局刑侦大队、河南郑州市金水区公安分局等还成立有预审中队。

② 例如，广东省广州市公安局预审监管支队、深圳市公安局预审监管支队以及广西壮族自治区南宁市公安局预审监管支队，仍然坚持侦审分开。

③ 例如，北京市公安局 2000 年 9 月实行侦审合一，原预审处整建制划归刑侦总队，但预审处人、财、物独立。2005 年 8 月实行侦审分开，市公安局及各分局成立了独立的预审处。又如，天津市公安局 1997 年 9 月实行侦审合一，2004 年 6 月实行侦审分开，市公安局成立预审监所管理局，各分县局成立预审支队。再如，1997 年 6 月公安部作出侦审合一的决定后，广西壮族自治区公安机关除南宁市公安局始终坚持侦审分开外，其他公安机关相继实行侦审合一。2006 年 7 月，自治区公安厅党委作出了关于恢复预审工作的决定，各市、县相继成立了独立的预审监管支队、预审大队或预审监管大队或预审科或预审股等。

由于有时间和精力研究探索讯问的规律、特点、技巧和方法，在深挖团伙犯罪、破获积案、隐案方面大有可为。但侦审合一后，侦查人员不再是专职的预审人员，往往是忙于审结一个案件，尽快移送起诉后，紧接着就转入另一个案件，既无时间也无精力就单个案件深挖余罪。

另一方面，更为重要的是，侦审合一后，由于原来对保证公安机关办理刑事案件的质量及顺利移送起诉起到重要监督和把关作用的预审部门被取消，刑事案件由侦查部门或基层派出所等办案单位"一竿插到底"，其他保证刑事案件办案质量的机制和措施没有跟上，公安机关侦查取证过程中其内部监督机制大大减弱。虽然一些地区刑事案件在审查批捕和移送起诉前，还会由公安法制部门审核把关，但法制部门只是书面审查，既不讯问犯罪嫌疑人，又不参与调查取证，难以保证案件质量，致使案件质量下降成为侦审合一后各地公安机关普遍存在的突出问题，侦查人员的法律素质也面临严峻考验。① 在笔者所调查的区域，有48%的检察官都认为公安机关取消自身的预审部门后，其取证质量明显不如以前了（参见上表2－16）。犯罪嫌疑人的批准逮捕率和移送起诉率随之降低，退回补充侦查比例上升。造成检察机关不批捕或者要求公安机关退查的主要原因包括：公安机关侦查过程中案件事实不清，证据不足；案件定性定罪不准确，包括是否构成犯罪，构成什么罪，是否需要起诉等问题；法律文书制作不规范，包括案卷材料的整理装订错误，各种文书不符合法律要求

---

① "破案容易，办案难"是一线民警的共同感受。有学者举例实践中即便破一个简单的盗窃案，光填写各种材料就要重复十五六次，加上办案的时间总是交错在侦查破案的时间里，刑警只有1/5 的时间是用来侦查破案，还有4/5 的精力被牵扯于办理卷宗材料，侦查员难免"重破案、轻办案"，从而导致案件的质量下降。参见云山城、曹晓宝：《侦审合一后的预审工作研究》，载《湖北警官学院学报》2009 年第 5 期。

等。① 而这些问题本都是公安预审部门监督把关的内容。

上表 2 - 16　公安预审取消对侦查取证的影响　单位：人，%

B14	选项	回答人次	百分率	有效百分率
有效回答	没感觉	40	23.1	24.0
	有，但不明显，办案质量和以前差不多	46	26.9	28.0
	有，很明显，办案质量不如以前了	79	46.2	48.0
	合计	165	96.2	100.0
缺失（系统界定的遗漏值）		6	3.8	
合计		171	100.0	

　　此外，侦审合一后，公安机关在刑事案件办理过程中出现"多头"送检局面，与检察机关的工作协调不畅。由于公安机关内部具有刑事案件管辖权的部门较多，包括国内安全保卫、刑侦、经侦、禁毒、治安、交通、消防等，在侦审机构分立时，这些部门受理的各类刑事案件经侦查之后，其案卷和犯罪嫌疑人都会移交至预审部门，转由预审部门负责查清全部案件事实，收集证据，最后将各类应起诉的刑事案件统一向检察机关提出起诉意见，并将案卷移交给检察机关。这使得检察机关有关刑事案件的逮捕、起诉等工作主要与公安机关预审部门联系即可。侦审合一后，公安机关各部门侦查取证后直接与检察机关联系，而各个部门在证据收集和认定标准上难免水平参差不齐，无疑加大了检察机关审查批捕和起诉的工作难度。

---

　　① 云山城、曹晓宝：《侦审合一后的预审工作研究》，载《湖北警官学院学报》2009 年第 5 期。

（四）侦审合一对侦查取证的消极影响

自公安机关在全国范围内实施"侦审合一"改革后，由于预审部门被取消，原预审部门所承担的证据审核和进一步查实犯罪的功能也随之弱化，这使得公安机关的侦查人员特别是基层派出所民警，在侦查取证过程中确实出现了许多短时间内难以克服和解决的问题。

以下笔者将以 B 区公安分局为例，具体说明警察在侦查取证过程中存在的问题及其产生的原因。该分局相比全国其他地区的公安分局而言，不仅经历了全国性的"侦审合一"的刑侦体制改革，而且在这场改革后，该分局所属的市公安局还针对预审取消所出现的侦查取证中的问题以及自身实践的需要，进行了多次警务改革，包括成立特别勤务队、改组案审队，实行警力下沉，将全市所有公安分局与派出所整合为 29 个大派出所，即公安分局与派出所实行合署办公模式。因此，剖析该公安分局侦查取证过程中遇到的问题，在一定程度上更能代表全国其他基层公安机关当前侦查取证过程中出现的矛盾和问题。

1998 年 4 月 1 日，B 区公安分局实行了侦审合一的改革，此后预审人员全部收归到经侦大队。据侦查人员介绍，侦审合一之前，刑事案件犯罪嫌疑人审查批捕率、移送起诉率都非常高，案件退查率很低。但侦审合一改革后，从犯罪嫌疑人抓获到审查批捕和移送起诉，中间不再有预审环节，由此带来的后果是，一方面，基层民警大部分时间忙于破案抓获犯罪嫌疑人，根本无暇顾及案件证据的审核和抓获犯罪嫌疑人后的深挖余罪；另一方面，一些民警没有证据整理和收集的意识，使得案件办理超期情况严重，以致 80% 的案卷批捕都出现困难。即便犯罪嫌疑人被批捕了，许多民警在批捕后再没有增加任何案卷材料，其也没有时间和精力对案件继续进行侦查，因为还需要腾出时间去寻找和抓获大量其他案件的犯罪嫌疑人，以致侦审合一后案卷质量下滑严重。

鉴于此种情况，2000 年年初，该地公安机关在刑侦大队下成立特别勤务队（以下简称特勤队），但特勤队的职责只是负责管理文书，起不到任何证据收集和整理的作用。原特勤队的一名干警讲述了当时的一起案件：1999 年 6 月 1 日当地发生的一起重大故意杀人案件，一个犯罪嫌疑人连杀了三个人，案件很快告破，办案民警都立功受奖，但案件却最终压在了检察院，检察院认为案件虽然破获，但案卷尤其是讯问笔录中引导性问话太多，检察院不予认定，导致案件证据不足而无法起诉，这个案件一拖就是 4 年多，直到 2004 年，该案件还一直因为侦查取证存在不足和过失而未能结案。

为规范侦查程序和提高侦查取证质量，2001 年 11 月，当地公安机关针对当时侦查取证中出现的问题再次改组特勤队，将"侦审合一"后申请批准逮捕、移送起诉、对犯罪嫌疑人刑事拘留时的二次讯问笔录、开具犯罪嫌疑人户籍证明、开具犯罪嫌疑人前科证明等，这些本已交由普通民警负责的侦查取证工作再次收归特勤队负责完成，由特勤队统一整理和报送案卷。

2005 年 3 月，特勤队改名为案件侦办大队下设的案审中队，且由于网上办案系统的使用，案审队不再负责对犯罪嫌疑人刑事拘留时的二次讯问笔录，只有对犯罪嫌疑人宣布逮捕时的笔录，仍由案审中队把关，这使得案审中队所担负的原预审部门的职责也在逐步弱化，原预审所具有的证据查证和深挖余罪的功能基本没有了。一位从警 17 年的老预审员向笔者成员描述了预审部门取消后，侦查人员讯问犯罪嫌疑人时存在的客观问题："预审部门取消后，犯罪嫌疑人由原来的在预审室里讯问，改成了全部在看守所里讯问，但实际上在看守所里讯问犯罪嫌疑人很不方便，看守所中午休息，侦查人员只能在工作时间里讯问，而分局或派出所离看守所都有近 20 多公里路，即便民警早上 8 点多钟出发去看守所，9 点到达看守所，再花些时间排队等着提审犯罪嫌疑人，讯问还不到 2 小时，看守所 11 点半就又要午饭了，要保证犯罪嫌疑人正常吃饭时间，讯问就得结束。所以案件的侦破现在都是单案，往往批捕了、起诉了就算结束了。"事实上，从对民警考核的角度讲，由于逮捕率和起诉率是侦查人员最为重要的考核指标，对公安机关的侦查人员来说，只要犯罪嫌疑人批捕了，案件移送起诉了，考核任务就算完成了，对犯罪嫌疑人深挖犯罪和进一步审核证据就缺乏足够的关心。

2010 年 11 月 5 日，B 区公安分局又进行了新的警务改革，案件侦办大队下设的案审中队被取消。案审中队被取消后，普通办案民警都感觉连最起码的取证引导都没有了。对此，该分局执法执纪监督室主任颇有感触："侦审合一后，每警改一次，基层警察侦查办案过程就阵痛一次，对执法质量就冲击一次。特别是基层派出所的治安警察，有些完全没办过刑事案件，有些警察即使办过，也都只是办理过一些很简单的刑事案件，遇到稍复杂些的案件，连法律手续如何操作都理不清楚，案件办理超期现象也较严重。"

按照《刑事诉讼法》（无论是 1996 年还是 2012 年《刑事诉讼法》）的规定，预审本是公安机关侦查过程中最后一道工序，但公安机关刑侦改革把预审部门取消后，原有的预审工作全部压给了侦查人员，而基层民警特别是派出所民警，无论从时间、精力，还是从自身积累的证据审核经验上讲，都无法完全胜任原有的预审工作，刑事案件取证质量严重下降。一名老预审人员的讲述也许能更直白地说明这一问题："以往我们预审人员也经常会到基层派出所去办案，觉得下面民警做得不好，就想直接自己上，检察院可能也有这种心情，在审查批捕或审查起诉过程中觉得民警执法办案水平确实有问题，希望能自己参与，引导他们如何规范取证，及时解决取证过程中存在的问题。"也正是在这种情形下，检察机关为保证刑事案件公诉质量和效率，提出对公安机关侦查取证进行介入和引导，以弥补公安预审部门取消后取证质量下滑的消极影响。

二、取证引导运行中公安机关的主导地位

与考察检察机关如何引导侦查相对应，笔者同时在调研地点就公安机关如何接受检察机关的引导进行了调查问卷和访谈，由于前述已对检察机关如何引导侦查的实际运行过程进行了详细描述，为避免行文上的拖沓，笔者不再将公安机关侦查人员对问卷中每个问题的回答予以逐项列明，而是着重将取证引导在公安机关的实际运行与检察机关取证引导的具体制度设计加以横向对照，并综合成上表 2－17 和上表 2－18，借以对比说明公安机关如何接受取证引导的整体运行状态。

上表 2－17 B 公安分局取证引导实际运行状态

<table>
<tr><td colspan="2"></td><td>文件规定①</td><td>实际运行状态</td></tr>
<tr><td rowspan="5">启动途径</td><td>主体</td><td>公诉部门</td><td>侦查监督部门和公诉部门</td></tr>
<tr><td>时机</td><td>公安机关立案并抓获犯罪嫌疑人后适时进行</td><td>立案后的任何阶段</td></tr>
<tr><td>方式</td><td>提请介入：侦查机关应当在公诉部门介入后七日内将犯罪嫌疑人的供述笔录及同步录音录像、证人证言、被害人陈述、现场勘查检查笔录、鉴定结论等相关证据向公诉一处报送审查。公诉一处收到相关案件材料后由专人对证据进行审查，于七日内出具《引导侦查案件审查意见书》，经分管处长和主管检察长审批后，送达侦查机关</td><td>检察机关依申请介入与依职权主动介入并存</td></tr>
</table>

① 文件规定指《×市人民检察院、×市公安局关于加强故意犯罪致人死亡案件公诉引导侦查取证工作的实施意见》（×检会〔2011〕1号），尽管这是一份由实务部门联合发布的规范性文件，但其制度化的设计与其实践操作也仍存在一定的差距。

		文件规定	实际运行状态
运行过程	目的和原则	1. 严格遵守刑事诉讼法规定的分工负责、互相配合、互相制约原则，介入侦查不是指挥侦查，更不能替代侦查 2. 坚持打击犯罪与保障人权并重 3. 做到依法、适时、适度	更多的是柔性指导
	内容与权限	1. 参与部分侦查活动权① 2. 侦查建议权② 3. 列席侦查机关对于案件的讨论，并提出继续侦查和取证的建议 4. 纠正违法权③	1. 案件定性及取证方向是否准确，证据的收集、固定是否及时、全面 2. 强制措施的适用是否适当，取证程序是否合法规范
	案件范围	集中于故意犯罪致人死亡案件，包括故意杀人、故意伤害致人死亡、抢劫致人死亡、强奸致人死亡、绑架致人死亡等	没有严格的案件范围限制
结果与效力	是否具有强制力	公安机关应给予配合，取证违反程序的，检察机关可要求公安机关改正或重新取证，情节严重的，经检察长批准，向侦查机关发出《纠正违法通知书》后，应当在十五日以内落实纠正意见，并书面回复发出通知的人民检察院。对违法违纪的办案人员，检察机关有权向上级公安机关建议对其进行处理，上级公安机关如果不接受建议，必须向检察机关说明理由	不具有强制力，引导意见侦查人员可采纳也可不采纳 公安机关不接受引导时，无具体处置措施

① 参与部分侦查活动权指检察官参加现场勘查、讯问犯罪嫌疑人、询问被害人、询问重要证人等活动。

② 侦查建议权指检察官对案件性质、侦查方向及证据的收集、固定、保全的合法性提出意见和建议，指导侦查机关以录音、录像等手段固定证据。

③ 纠正违法权指检察官在发现侦查机关有违法现象或不适当侦查行为时，可提出纠正意见。

续表

		文件规定	实际运行状态
	目标考核	未纳入检察院和公安局的绩效考核范围	检察院和公安局均无相关评优奖惩措施

上表 2－18　F 公安分局取证引导实际运行状态

		文件规定①	实际运行状态
启动途径	主体	公诉部门	公诉与侦查监督部门都参与
	时机	公安机关破案后对嫌疑人采取强制措施进行第一次讯问时	公安机关需要的任何阶段
	方式	公安机关通知公诉部门提前介入	通知检察机关提前介入
运行过程	目的和原则	1. 加强公诉部门与侦查机关的配合与协作，规范公诉对侦查取证工作的引导，提高诉讼效率，确保案件质量 2. 公诉人员通过提前介入侦查及早熟悉案情，掌握侦查进展情况，按照庭审证据的要求，提出收集、固定、完善证据的建议和方案。做到引导而不指挥，配合而不联合，协助而不包办，并充分发挥监督职能	公安机关与公诉部门的配合，服务于公诉
	内容与权限	1. 审查犯罪嫌疑人的供述和辩解，特别是其无罪的辩解和要求收集对其有利的证据的意见 2. 对案件主要事实和证据以及适用法律提出具体要求和意见	按照法庭举证的具体要求，对收集、固定证据以及完善证据体系等提出具体意见

---

① 《E 人民检察院、F 公安局关于公诉引导侦查取证工作的规定》（×检发〔2005〕15 号）。

续表

		文件规定	实际运行状态
		3. 立足法庭举证的具体要求，对收集、固定证据以及完善证据体系等提出具体意见 4. 对侦查人员讯问、询问及其他取证活动是否合法实施监督，对非法言词证据及时排除	
	案件范围	对可能判处死刑的涉毒案件和命案（不含交通肇事案）；对于其他重大、疑难和团伙案件，公安机关要求介入的，公诉部门可提前介入	1. 重大复杂疑难案件①；2. 突发性案件②；3. 有争议的案件；4. 边缘案件③
结果与效力	是否具有强制力	没有及时通知公安机关提前介入而造成案件证据流失延误呈捕起诉的，由主办案件的侦查机关负责人及案件承办人负主要责任 对于检察机关退回公安机关补充侦查的案件，侦查机关接到补充侦查意见书后应在限定期限内侦查完毕。如果没有及时侦查补证人为造成证据流失导致案件不能正常提请逮捕、移送起诉的，依照有关规定追究案件承办单位主要负责人及承办人责任	不具有强制力，引导意见侦查人员可采纳也可不采纳，但公安机关一般较为配合 公安机关不接受引导时，无具体处置措施，改革以来，尚未追究过案件承办单位主要负责人及承办人的责任
	目标考核	未纳入检察院和公安机关的绩效考核范围	无评优考核奖惩机制

---

① 重大复杂疑难案件指本辖区内发生的杀人、伤害致死、重大抢劫、投毒、放火、爆炸、劫持人质、重特大事故等重大复杂恶性案件以及一些新罪名案件。案发后，公安机关应及时通知检察人员出席现场。

② 实践中此类案件往往要求快捕快诉，以求警示作用。

③ 对边缘数额、边缘年龄可捕可不捕的案件，案件虽小，但处理较棘手，通过取证引导机制可在批捕前将证据收集固定，避免以后的扯皮现象。

调查中，也有基层公安派出所民警反映，检察机关提前介入、实施引导侦查取证的案件量其实非常少，只有重特大案件（所谓的重特大案件并无具体标准，一般限定于刑法规定的严重暴力犯罪或犯罪数额巨大、社会影响恶劣的案件），且存在证据不足或者有证据但属于孤证而无法形成完整的证据链，但侦查人员通过前期侦查、凭自身职业敏感性判定所抓获的犯罪嫌疑人应是作案人的案件，公安机关会主动申请检察机关提前介入，且公安机关一般都会通知检察院审查批捕科的检察官进行取证引导。有些地区检察机关甚至实行捕诉合一，案件批捕后再由负责批捕的检察官负责起诉，通知了批捕科的检察官也就相当于通知了起诉科的检察官提前介入。

引导侦查取证的具体介入时间，一般是在犯罪嫌疑人抓获后第一次讯问时。通常检察官会全程观看此次讯问，亲历侦查人员获取犯罪嫌疑人有罪供述的过程。同时，侦查人员亦认为第一次讯问时有检察官在场，侦查所取得的口供信赖程度得以提高，从程序上也保证了犯罪嫌疑人口供的真实性问题，正所谓眼见为实，检察官对讯问过程的见证，无疑对日后的审查批捕犯罪嫌疑人起到很大推动作用。

引导侦查的方式既有采取口头形式的，也有采取书面形式的，后者如出具《引导侦查审查意见书》。但相比而言，以检察机关的口头引导居多。特别是在案发后的立案阶段，若民警对刑事案件定性存在疑问，如依据何种罪名对犯罪嫌疑人进行刑事拘留等，则主要通过私人关系和检察官进行口头商讨。此时，由于案件还不可能形成完整证据材料，警察一般通过电话与检察官交流，或带着前期收集的零散的证据材料，请检察院审查批捕科的检察官帮忙查阅，并给出取证方面的意见。即在立案阶段的引导，检察院多以口头形式做出，不会也不需要出具任何正式的函件或手续。

在未实行引导侦查取证改革前，案件按正常程序提请批捕至检察院，检察院如果同意对犯罪嫌疑人批准逮捕，会出具《法庭所需证据材料意见书》，如果对犯罪嫌疑人作出不批捕的决定，会提供《补充侦查通知书》。案件移送到起诉科时，如果检察官认为证据有问题，就会退补侦查，同时附上退补侦查提纲。引导侦查取证改革后，检察官有时也会出具引导侦查取证的提纲，但该提纲与退补侦查提纲一样，只是从案件证据形成的角度对取证行为进行引导，而非引导侦查人员如何破案或者如何抓获案件其他犯罪嫌疑人。且无论是实施引导侦查取证改革前还是引导侦查取证改革后，检察院都很少通过下达《纠正违法通知书》的形式，来认定公安机关侦查过程中的执法过错。① 在公安机关看来，如果检察机关给自己下达《纠正违法通知书》，就说明自身侦查取证中存在重大问题，其直接关系着公安机关民警的执法考核。一旦案件办理过程中，检察院下达了《纠正违法通知书》，办案民警考核就面临着执法过错中的一票否决，所以公安机关一般都会协调其与检察院的关系，在检察院下达《纠正违法通知书》之前，纠正取证过程中存在的问题。

综上，站在公安机关的立场上看，整个引导侦查取证的过程检警配合成分多于侦查监督的比重：在取证引导的受案范围上，申请取证引导多因案件存在证据不足或者有证据但属于孤证而无法形成完整的证据链，即案件存在取证困难，需要检察机关的引导和帮助。在介入时机和方式上，公安机关抓获犯罪嫌疑人后，若检察官能提前介入并见证第一次讯问过程，对公安机关而言，能极大提升犯罪嫌疑人口供的信赖程度，有利于其后的审查批捕和审查起诉。因此，公安机关对检察机关批捕前的介入均表示欢迎。在引导方式上，口头引导的便捷和非正式性，使公安机关侦查人员更易获取检

---

① 另有论者指出《纠正违法通知书》、《补充侦查提纲》和《提供法庭审判所需证据材料意见书》三种法律文书是检察引导侦查过程中运用最广泛的法律文书。但目前检察机关对《纠正违法通知书》认识并不充分，实践中往往是"口头通知就草草了事"，没有发挥法律文书应有的作用。齐越：《论检察引导侦查制度》，山东大学 2014 年硕士学位论文，中国优秀博士硕士论文库。

察官的认同和帮助，且这种私下交流的增多，也使《纠正违法通知书》等对公安机关具有执法监督约束力的公函，在实践中形同虚设。

三、取证引导的实际作用和责任承担

公安机关侦查人员多认为，在自身预审部门被取消后，引导侦查机制的建立对重大案件的侦办能起到一定推动作用，有助于案件准确定性、确定侦查方向，更重要的是有助于其后的审查批捕和审查起诉工作的顺利进行。B区公安分局一民警曾向笔者讲述，在一起严重暴力犯罪案件中，犯罪嫌疑人捅了被害人34刀，致被害人死亡，分局民警在侦查初期认为犯罪嫌疑人的行为，属故意伤害致人死亡的行为。但检察院在审查批捕阶段提前介入后，建议以故意杀人而非故意伤害致人死亡呈报批捕和起诉，公安机关采纳了检察院的建议，犯罪嫌疑人很快被批捕，案件也得以顺利起诉。但同时，许多基层公安机关的侦查人员在访谈中也提到，引导侦查取证基本还是靠警察与检察官的私人关系，在基层公安机关对于普通刑事案件的侦查取证工作帮助并不大。调查中，许多地区侦查人员还认为检察院由于人员有限，对于此项改革基本忙于应付，并没有过多的时间和精力参与和引导公安机关的侦查取证过程。

就引导侦查取证中公安机关与检察机关的配合程度而言，由于多数情况下引导侦查是依公安机关申请，所以引导过程中公安机关都能积极配合检察机关的引导。但有些情况下，双方的立场可能有所不同，检察官偏重于执法层面，公安机关更偏重于具体侦查手段的运用，交流后认识上可能仍然存在一些偏差，在此情况下，侦查人员时常不会完全按照检察官的指导进行侦查。即实践中，公安机关往往是选择性地接受检察官的取证引导。对此，公安机关的解释是，检察官引导侦查后并不承担引导失误的责任，即引导侦查取证出现问题，最终结果还是由公安机关侦查人员自己承担，责任承担的转移也使引导侦查取证过程中对取证意见的最终决定权随之转移了。

第三章　取证引导机制的实践评析

在实证调查的基础上，综合分析检察机关引导侦查取证的实践运行状态和公安机关对取证引导机制的认知和执行状态，应当说，取证引导机制的实施在提高公安机关侦查取证效率、弥补公安机关"侦审合一"改革后侦查取证质量下滑的消极影响、改变检察机关出庭公诉时的被动局面，提高胜诉率等方面具有积极意义。被引导方公安机关对取证引导机制实施的态度，也从最初实施时的消极抵制转变为积极欢迎。但笔者以为，这种态度的转变，也从一个侧面暴露出取证引导机制在实践运行中所存在的问题和面临的现实困境。

第一节　取证引导机制运行效果评价

一、取证引导机制运行的正效应

（一）缩短了侦查取证时间，减少了案件退补退查的次数

调查结果表明，公安机关对取证引导机制表示欢迎的重要原因就在于，这一机制的运行极大地缩短了原有的审查批捕和审查起诉的时间，减少了案件因证据不足被检察机关退补退查的次数。[①] 也

---

① 有数据调查显示，北京市顺义区人民检察院 2001 年共受理侦查移送起诉案件 468 件，其中退补案件 95 件（一次退补案件 78 件，二次退补案件 17 件），占案件总量的 22.9%；2002 年共受理侦查部门移送审查起诉案件 611 件，其中退补案件 187 件（一次退补案件 148 件，二次退补案件 39 件），占案件总量的 30.5%。退补率、二次退补率的居高不下成为刑事案件拖延办案期限最为严重的一个环节。参见北京市顺义区人民检察院卢桂荣、郭小峰：《从退补情况析公诉引导侦查取证机制》，载北大法律信息网 http：//law. law - star. com/txtcac/lwk/027/ lwk027s729. txt. htm，访问日期：2013 年 8 月 20 日。

就是说，检察机关提前介入侦查活动，有利于及早统一定罪标准，及时融合侦查和诉讼不同阶段的分歧，梳理分类原始证据，提高讯问、调查的准确性和针对性，从而减少案件的退查次数。

不仅如此，取证引导机制实施以前，公安机关侦查过程中如遇到"吃不透"案情、"定不准"罪名的案件，为防止后续报捕和审查起诉时检察机关退回补充侦查，通常采取由检察机关和公安机关各自的领导出面协调，由办案人员进行汇报，共同协商的方式。且在是否提请检察机关参与协调讨论之前，"公安机关内部还有繁复的汇报和请示环节，办案的侦查人员无法直接与检察官沟通，而需通过层层请示取得上级同意，并由公安局长甚至政法委书记去联系与检察机关讨论案件的工作"①。取证引导机制的实施，减少了办案人员反复制作案件报告和层层请示上级意见的繁杂的中间环节，消除了阻碍侦查员与检察官及时交换意见的多重关卡，当然也有助于侦查效率的提高。

另外，取证引导机制的建立，使检察官熟悉案件的时间提前至侦查甚至立案阶段，即其在案件报捕前就已了解相关事实和证据的查证情况，甚至所获取的证据规格也是在检察院建议下补充和完善的，后续审查批捕和审查起诉的时间大为缩短、成功率大幅度提高也就不足为奇了。取证引导机制实施以来，各地报道检察机关所取得效果的统计数据基本都体现出这一点。如河南省淮阳县检察院报道，其实施取证引导机制改革后，由于检察机关提前介入案件，使得公安机关平均20日便可完成一件批准逮捕案件的侦查工作，比法定两个月的期限提前了40天。② 另有统计，江苏省无锡市开发区检察院实施取证引导机制改革后，平均2日内

---

① 乌海市人民检察院：《公诉介入侦查引导取证问题研究》，载 http://jcy. wuhai. gov. cn/jianchall/415. jhtml，访问日期：2013 年 5 月 17 日。

② 魏新建、朱德润：《河南淮阳检察引导侦查获办案质量和效率双丰收》，载《检察日报》2002 年 1 月 28 日。

审结一起批捕案件，一些复杂案件审查批捕时间仅用 1 天，平均 5 日内审结一起起诉案件。① 笔者在湖北、河南两省进行实地调查时，虽未获取引导侦查对诉讼效率影响的准确数据，但在问卷中问及"引导侦查改革给其工作带来的变化及对侦查取证的影响"时，60.9% 的检察官认为"公安机关办案证据质量明显提高了""审查起诉的效率明显提高了"（参见上表 2－16），83% 的侦查人员认为"重大、复杂、疑难案件的办案质量提高了""提请批捕和移送审查起诉时案件被退查的少了"。访谈中，多数检察官和公安机关侦查人员都表达了同样的看法，即凡是检察机关提前介入、引导侦查取证过的案件，公安机关后续办理审查批捕和审查起诉手续，用时都相对缩短，过程也都较为顺畅。

（二）有助于改变检察机关出庭公诉时的被动局面，提高胜诉率

可以说，检察机关实施取证引导机制的改革，在很大程度上就是为适应法院庭审方式的改革所产生的一系列变化。庭审方式改革后控辩双方对抗性的加强，对检察官出庭公诉提出了更高的要求。但由于公安机关的侦查取证工作远离法庭审判活动，对庭审质证过程缺乏切身体会，对法官最终据以定罪量刑的证据规格和标准也就缺乏认知，在收集证据时，难免容易出现取证不全、证据之间相互矛盾、证据缺乏证明力等问题，而庭审中一旦出现公安机关收集证据不全、不合法或证据发生变化却未通知检察机关的情况，就会使检察机关的公诉工作陷入极为被动局面，并因此承担败诉的风险。

取证引导机制实施后，检察机关提前介入整个侦查取证过程，与侦查人员就案情、定性、证据等交换意见，既能帮助侦查人员参

---

① 李明耀、何莹、陈飞雪：《无锡开发区侦查监督从静到动》，载《检察日报》2005 年 3 月 24 日。

照逮捕、起诉的事实和证据规格全面地收集和固定证据，又能使检察官随时根据证据变化的情况取舍和补充控诉材料，从而在证据体系上确保了刑事案件的办理"立得住、诉得出、判得了"①。这一点可以从实施了此项改革的基层检察院的相关报道中得到辅证。如《法制日报》曾报道，山东省枣庄市人民检察院自2005年年初实行取证引导机制以来，截至2006年9月，检察官引导侦查取证的案件有170余起，提出引导取证意见150多份，这期间案件批捕、起诉准确率均达到100%，没有无罪判决案件。② 还有基层检察院总结，取证引导机制的运用使刑事案件的办理明显呈现出"三降低、三升高"趋势。"三降低"即退回补充侦查率、撤回起诉率和案件不起诉率明显降低；"三升高"即法定期限内结案率、案件起诉率和有罪判决率明显升高。③

（三）有助于弥补"侦审合一"改革后侦查取证质量下滑的消极影响

取证引导机制的建立和运行，能够在一定程度上弥补公安机关取消预审部门、实行"侦审合一"所带来的消极影响，这无论是对检察机关还是公安机关来说，都是件利好之事。侦审合一后公安机关侦查取证过程中的最后一道工序被取消，原有的预审工作全部压给了基层民警。但对许多基层民警特别是派出所民警而言，其多半没有独自侦办刑事案件的经验，即便有，也只是办理过一些简单的刑事案件，无论是从时间、精力还是从审核

---

① 赵珂：《从检察"提前介入"到"检察引导侦查"——"检警关系"改革新论》，2007年四川大学硕士学位论文，优秀博士硕士论文库。

② 李晓波：《枣庄：在公安机关设侦查监督联络室》，载《法制日报》2006年9月1日，访问日期：2012年8月1日；另见法制网：《山东枣庄尝试"检察引导侦查"批捕准确率100%》，载 http：//www.sd.xinhuanet.com/sdzfwq/2006-09/01/content_7932557.htm，访问日期：2012年8月1日。

③ 乌海市人民检察院：《公诉介入侦查引导取证问题研究》，载 http：//jcy.wuhai.gov.cn/jianchall/415.jhtml，访问日期：2013年5月17日。

证据的能力上来讲，都很难胜任原有的预审工作，势必带来刑事案件取证质量的严重下降（如笔者所调查的 B 区公安分局在1998 年侦审合一后案卷质量下滑严重，侦查终结移送起诉后案件退查率居高）。取证引导机制的建立，使基层民警在侦办刑事案件时重新找到了审查和规范证据材料的"拐杖"。

对检察机关来说，通过提前介入侦查，引导侦查人员及时补充证据、完善证据体系，有助于使公安机关"侦审合一"改革后取证质量整体下滑且水平不一的现状得到及时控制。但值得注意的是，前述实地调查的结果也已表明，检察机关认为取证引导机制的建立提高了公安机关侦查取证质量，并降低了侦查取证过程中违反法律程序的行为，仅仅是就侦查结果所形成的卷宗材料而言的，即原本需要公安机关补充完整的证据材料，现在尽可能完整了，但规范的证据材料既不代表公安机关取证能力和方法的实质性改善，也不代表检察机关对公安机关在侦查过程中的执法质量和违法取证行为，做到了实际的控制。

二、取证引导机制运行的负效应

取证引导机制的建立和运行虽有助于提高公安机关侦查效率、增强检察机关控诉能力，但笔者认为检验这项改革成功与否的关键还在于取证引导机制的运行是否实现了改革最初的目的。本书第一章已详细阐述取证引导机制建立的目的，在我国理论研究中一直存在争论，并形成"法律监督说"、"控诉职能说"和"折中说"三种观点，且随着改革的不断深入，取证引导旨在强化检察机关法律监督职能的观点正逐步成为理论界的主流观点（具体论证过程可参见本书第一章第一节和第三节的内容）。2015 年 2 月 15 日最高人民检察院印发实施的《关于深化检察改革的意见（2013～2017

年工作规划)》第21条有关取证引导机制的规定,① 即"探索建立重大、疑难案件侦查机关听取检察机关意见和建议的制度",从该条款在整个工作规划中所处的位置上看,取证引导机制也已被最高人民检察院作为了检察机关强化和完善侦查监督制度的重要内容。但从该机制运行的实践效果来看,取证引导过程中引导方式存在的"无限度"和"软效力"问题,使该机制的运行难以实现侦查监督的目的。

(一)取证引导方式的"无限度"与"软效力"

尽管检察机关在取证引导机制建立之初就强调检察官"引导"而不"领导""指挥""干预""替代"侦查取证的基本原则,② 但在实践中要实现这一原则,真正做到"引导"的同时"不替代"

---

① 《关于深化检察改革的意见(2013~2017年工作规划)》提出了检察改革的六个重点方向,第一项是完善保障依法独立公正行使检察权的体制机制;第二项是建立符合职业特点的检察人员管理制度;第三项是健全检察权运行机制;第四项是健全反腐败法律监督机制,提高查办和预防职务犯罪的法治化水平;第五项是强化法律监督职能,完善检察机关行使监督权的法律制度,加强对刑事诉讼、民事诉讼、行政诉讼的法律监督;第六项是强化对检察权运行的监督制约。六个重点方向的改革具体包括了42项具体任务,其中第五项强化法律监督职能分别对应第21项至第34项具体任务。第21项具体内容为"完善侦查监督机制。探索建立重大、疑难案件侦查机关听取检察机关意见和建议的制度。建立对公安派出所刑事侦查活动监督机制。"

② 如基层检察院在实施取证引导改革时,一般都会强调:"'引导'不是领导、指挥,也不是干扰、代替;参与不是联合,职能的一体化不是组织的一体化,不是夺权,不是取而代之。工作中,切忌角色不清,喧宾夺主,代替侦查。公诉人员充分尊重侦查机关的法律地位及依法享有的侦查权、报捕权和复议复核权,做到分工负责,互不干涉;应严格把握引导侦查的工作范围和职权的行使方法,不可因此混乱了权责关系。公诉人员应是审查者、监督者,主要作用在于指明侦查方向,而不能指挥侦查,具体安排侦查活动。对侦查讯问、询问、取证、鉴定等诉讼活动应由侦查人员进行,绝不可越俎代庖,包办代替。"乌海市人民检察院:《公诉介入侦查引导取证问题研究》,载 http://jcy.wuhai.gov.cn/jiancha11/415.jhtml,访问日期:2013年5月17日。

"不联合"却存相当大的难度。

笔者实证调查的结果已表明，当前取证引导的启动方式主要有两种：一种是检察机关主动介入，另一种是依公安机关邀请，且实践中以检察机关受邀请介入居多。引导取证的案件范围主要体现在两大类：一类是罪行严重的重特大案件、社会影响面较大的案件，另一类是取证困难、证据难以固定、证明标准难以把握的案件，且实践中以后一类案件实施取证引导居多。而取证是否困难、证明标准是否清楚，往往取决于公安机关的意志，即只要公安机关在侦查过程中认为案件存在取证困难，无论案件性质如何，均可提出取证引导的请求，也使得取证引导的案件范围在实践中被无限扩大（参见第二章表 2-16 中 B 公安分局取证引导实践运行状态部分）。有检察官甚至对此做了一个比喻："公安机关好比一个行动不便的人，最初（取证引导机制的建立相当于）我们扶了他一把，然后我们又递给他一副拐杖，到如今他连拐杖也不想要了，一心想着坐轮椅，直接由我们推着他行走。"[1] 尽管这个比喻可能过分夸大了公安机关对检察机关取证引导的依赖，但在一定程度上也暴露出取证引导案件范围在实践中的无底线状态。

就引导的效力而言，检察官一方面要提前介入，甚至是主动引导公安机关的侦查取证行为，另一方面却不要求公安机关听从引导，更不愿意承担引导失误责任。即无论是公安机关还是检察机关都认可取证引导机制中公安机关侦查取证的主导地位[2]，使取证引导的效果在实践中失之过"软"（笔者将在下一节取证引导机制面

---

[1] 梅玫：《检察引导侦查实证研究——以逮捕程序为中心》，2010 年西南政法大学在职攻读硕士学位论文，第 18 页。

[2] 与笔者实地调查结果相吻合，基层检察机关在取证引导机制建立和运行过程中一般都会强调，其在"工作中应以出庭公诉要求的证据规格、证据证明力进行指导，提出收集、固定、补充、完善证据的意见建议，侦查机关仍处于取证的主导地位，对整个侦查活动负全责"。具体内容参见乌海市人民检察院：《公诉介入侦查引导取证问题研究》，载 http://jcy. wuhai. gov. cn/jianchall/ 415. jhtml，访问日期：2013 年 5 月 17 日。

临的现实困境中具体阐述和分析取证引导机制的"软效力"问题)。

综上，检察机关引导侦查取证过程中引导行为的"度"在实践中很难把握。引导的力度过大，容易使检察官角色不清，喧宾夺主，有代替公安机关的侦查取证行为之嫌；引导的力度不足，又会使公安机关对引导意见置之不理，起不到任何实际效用。

（二）取证引导难以实现侦查监督的目的

事实上，检察机关取证引导的"软效力"也决定了其在监督控制公安机关违法取证行为方面，难以有所作为。在此，笔者将以最高人民检察院 2015 年 3 月刚公布的一起审查批捕阶段引导侦查取证的案件①为例来具体分析这一问题。而笔者之所以选取该案，一是考虑案件发生时间不久，能代表当前检察机关实施取证引导机制的最新发展状态；二是该案已被最高人民检察院作为其依法履行侦查监督职责，以减少冤假错案的经典案例予以推广，在全国检察系统内具有示范意义，能反映出取证引导与检察机关侦查监督的现实关系。

该案相关案情简要介绍如下：2014 年 2 月 18 日晚，河北省保定市顺平县白云乡北朝阳村村民王伟，疑被他人用钝器打击头部致颅脑损伤死亡。顺平县公安局认为报案人王玉雷有作案时间，并在侦查过程中存在撒谎行为，具有重大作案嫌疑。2014 年 3 月 8 日，顺平县公安局对王玉雷刑事拘留，并于 3 月 15 日提请检察院审查逮捕。然而，顺平县检察院侦查监督科检察官在审查批捕过程中发现案件证据不足且疑点重重：其一，现场勘查提取到一个手套、三个烟头和部分血迹都没有相应的检测报告，无法作为审查批捕的直接证据；其二，犯罪嫌疑人王玉雷所作的四次有罪供述中，先后供述了三种不同的作案工具（偏刃深色钢制斧头、锤子、刨锛），无一被警方提取，且均与被害人伤口凹陷形状不符；其三，犯罪嫌疑

---

① 具体案情分析参见《今日说法两会特别报道——小撒探会：第六次笔录》，载 http://news.cntv.cn/2015/03/07/VIDE1425709682932541.shtml，访问日期：2015 年 3 月 8 日。

人王玉雷所作的九次供述中，前五次均否认自己的杀人行为，直到公安机关对其进行了高强度讯问后（3月6日晚21：30，王玉雷进入顺平县公安局集中办案中心接受讯问至3月8日凌晨1：05，其被审讯时间超过24小时），王玉雷才做出有罪供认，但对作案过程一直描述不清，口供前后矛盾；其四，检察官到看守所讯问犯罪嫌疑人的第一时间就发现其"左胳膊打着吊瓶，右胳膊被石膏固定"，调查得知其被警察传唤前并没有伤，胳膊骨折是讯问期间形成的。

上述疑点不仅足以证明对犯罪嫌疑人批捕证据不足，而且也使检察官内心确信在这起案件侦查过程中公安机关存在非法取证行为。① 但即便如此，侦查监督科的检察官还是迫于案件种种压力（一方面是基于社会稳定、案件不侦破易激发社会矛盾的压力；另一方面也有对检警关系处理的顾虑），不敢依法直接作出不批捕的决定，而是将案件层层上报至保定市人民检察院。保定市人民检察院进行案情分析后，在明知证据无法满足逮捕条件的情况下，还努力尝试对其作出"附条件逮捕"的决定，该市人民检察院副检察长的话道出了检察机关在这起案件审查批捕中所处的两难境地："这个案子明显达不到逮捕的证据要求。可是按照《刑事诉讼法》的规定，如果不逮捕，就必须放人，谁也不敢轻易说出这个'放'字。"②

---

① 负责侦查监督的检察官蔡文凯在接受采访时说：尽管作为检察官到看守所提审犯罪嫌疑人是一件再平常不过的事情，但一进审讯室看到王玉雷左胳膊打着吊瓶，右胳膊被石膏固定，目光呆滞，反应迟钝，检察官的心里还是咯噔了一下。随后针对讯问时间和作案工具的调查中，检察官也多次表示该案"可能存在非法取证问题"。《今日说法两会特别报道——小撒探会：第六次笔录》，载ht-tp：//news. cntv. cn/2015/03/07/VIDE 1425709682932541. shtml，访问日期：2015年3月8日。

② 保定市人民检察院副检察长彭少勇就本案在接受央视记者采访时的原话。《今日说法两会特别报道——小撒探会：第六次笔录》，载http：// news. cntv. cn/2015/03/07/VIDE1425709682932541. shtml，访问日期：2015年3月8日。

为此，检察院针对该案迅速启动引导侦查机制，就案件证据搜集和取证方向向公安机关提出了九条建议，"其中最核心的两点，一是用尽一切的检测手段，对遗留在现场的手套进行鉴定，二是适当扩大排查范围，追查真凶"。[①] 引导侦查取证的九条建议中，并未有追查或纠正侦查人员刑讯逼供或暴力取证的相关内容。

反思该案，尽管检察机关最终对王玉雷作出了不予批捕的决定，真正的作案人也得以查明，防止了一起冤假错案的发生，但笔者以为，面对一起证据不足且明显存在非法取证行为的案件，检察机关在审查批捕过程中所表现出的种种顾虑，以及引导侦查过程中明知公安机关存在非法取证行为却并不予以及时纠正的做法，值得我们检讨取证引导机制是否有助于强化检察机关侦查监督职能的深层次问题。

这正如北京市人民检察院第二分院一位检察官实证调查结果所证明的那样，当前引导侦查取证所发挥的侦查监督功能有限。"检察机关无论是主动还是应邀介入侦查，主要目的都不是侦查监督，而是协助侦查机关及时查清犯罪事实，通过分析案情，提供侦查取证的建议，协助、引导侦查机关取证，以保证案件能够及时审理，提高效率。"[②] 正如该检察官所说，一方面，对于侦查机关邀请介入侦查的案件，检察机关很难实现侦查监督的效果。因为侦查机关若有重大侦查违法嫌疑，就不会主动邀请检察机关介入，毕竟"自投罗网"的事情不符合常理；另一方面，介入侦查的方式目前最主要的还是参与公安机关案件的讨论，其对案件中一些深层次的问题仍很难及时发现，使得引导侦查取证中监督违法侦查流于形

---

① 本案有关检察机关引导侦查取证的具体内容，参见《今日说法两会特别报道——小撒探会：第六次笔录》，载 http：//news. cntv. cn/2015/03/07/VIDE1425709682932541. shtml，访问日期：2015 年 3 月 8 日。

② 张翠松：《侦查监督制度理论与实践》，中国人民公安大学出版社2012 年版，第 184 页。

式。① 因此，当前实践中检察机关介入侦查、引导侦查取证的主要功能"并不在于侦查监督"，且取证引导的改革现状"没有也不会随着检察机关不断强化诉讼监督大环境的改变而有所变化"。

第二节　取证引导机制的现实困境

为进一步剖析取证引导机制实践运作中所存在的现实问题，笔者在实地调查的基础上，将引导方即检察机关有关引导侦查取证的实践过程，与被引导方公安机关对取证引导的认识和执行态度进行对比，并参照其他学者有关侦查取证的部分实证成果和调研数据，具体揭示取证引导机制在引导主体、引导标准、引导过程和引导结果方面所面临的现实困境。

一、引导主体：公诉部门与侦查监督部门职能混同

尽管许多基层检察院与公安机关在联合发文中明确提出的是"公诉引导侦查"，但在实践运作时，其引导的主体却往往采取公诉部门与侦查监督部门共同引导或轮流引导的形式。② 不仅如此，由于侦查监督部门负责对刑事案件审查批捕工作，其在刑事案件办理过程中，也是最早与公安机关建立联系的检察机关职能部门，使侦查监督部门作为引导主体更易受公安机关的青睐。也就是说，虽然"检察引导侦查"和"公诉引导侦查"具有完全不同的引导目的和法律依据，本属于两种不同的取证引导模式，也理应由检察机

---

① 张翠松：《侦查监督制度理论与实践》，中国人民公安大学出版社2012 年版，第 185 页。

② 目前，已有不少实务部门的检察官认识到引导侦查主体存在的问题。如有检察官指出"司法实践中，检察机关的侦查监督部门及公诉部门都参与引导侦查活动，两部门引导的阶段不同，侦查监督部门在提请批准逮捕阶段进行引导，而公诉部门则在案件移送起诉阶段进行引导，但是两者引导内容的界限尚不明确"。参见于昆、任文松：《检察引导侦查机制的反思与重构》，载《河南社会科学》2014 年第 11 期。

关的不同部门负责实施，但在实践操作过程中，两种引导模式的主体却均采用公诉部门与侦查监督部门共同引导或轮流引导的形式。不仅如此，针对当前侦查监督和公诉部门轮流或共同引导时所出现的信息不畅的新问题，一些基层检察院甚至在取证引导的过程中采用捕诉联动的工作方式，具体包括："一、由侦监部门单独介入侦查活动，捕后再将信息反馈给公诉部门。公诉部门根据案件情况介入引导侦查；二、侦监部门邀请公诉部门，两部门共同至侦查机关介入引导。三、应侦监部门要求，公诉参与研究批捕案件。四、批捕案件和建议补充证据的案件，侦监部门将信息反馈给公诉部门，公诉部门继续跟踪案件。五、公诉部门认为有必要介入侦查和批捕工作的，通知侦查、侦监部门共同或单独介入。"① 还有基层检察院提出，"检察机关应当根据自身情况成立独立或者临时性的引导侦查机构，以检察机关的名义开展引导侦查工作，如此可以实现侦查监督与公诉程序中对引导侦查工作的无缝衔接，有效防止侦查监督部门或者公诉部门因沟通不畅导致引导意见相左情况的发生，保障检察引导侦查制度的严肃性"。②

而在被引导方公安机关看来，无论是侦查监督部门、监所管理部门，还是公诉部门，既然都是检察机关内部职能部门，那么侦查过程中具体由谁来引导取证，其效果都会是一样的。因此，在邀请检察机关提前介入时，对主体的选择往往只考虑自己与检察机关具体部门平日的关系，并表现出较大的随意性。

二、引导标准：审查起诉标准等同于审查逮捕标准

依照我国相关法律法规的规定，侦查监督部门负责案件审查批

---

① 张忠平、孙松俊：《科学构建检察机关捕诉衔接机制》，载《法制与社会》2011 年第 22 期；齐越：《论检察引导侦查制度》，山东大学 2014 年硕士学位论文，中国优秀博士硕士论文库。

② 参见于昆、任文松：《检察引导侦查机制的反思与重构》，载《河南社会科学》2014 年第 11 期。

捕，公诉部门负责案件审查起诉，两部门审查证据的标准并不相同。具体来说，逮捕仅仅是限制犯罪嫌疑人人身自由的一种强制措施，其实施的证据标准是"有证据证明有犯罪事实"，虽然也要求证明犯罪嫌疑人实施犯罪行为的证据已查证属实，但这种证明可以是犯罪嫌疑人实施的数个犯罪行为中的一个。相比而言，检察机关公诉部门的证据标准是，犯罪嫌疑人的犯罪事实全部查清，证据确实、充分。显然，批捕的证据标准低于公诉的证据标准。不仅如此，案件侦破的过程实际上是重构事实真相的过程，随着案件侦查的深入，侦查人员的主观认识也会随之改变，一些案件提起公诉时的罪名和报捕时的罪名不一致，即可说明这一点。

也就是说，从理论上讲，引导侦查取证若实行侦查监督部门和公诉部门共同引导的模式，即检察机关内部两个部门以不同的标准进行引导，从不同的角度提出取证意见，势必会造成某些情况下侦查机关无所适从，进而影响检察机关引导行为的统一性。但令人诧异的是，尽管理论上公诉和侦查监督部门的职责和审查证据标准不同，实践中两部门在引导侦查取证过程中所持的证据标准和角度却很容易实现一致。以笔者所调查的 A 区检察院为例，该院在 2005年实行了捕诉合一的改革，即检察院内部侦查监督部门和公诉部门两个职能部门合并，实行一套人马，两套班子，原来各自独立的审查批捕、审查起诉工作也统一起来，一般案件从批捕到审查起诉、再到出庭支持公诉都由一个主诉检察官全程负责，主诉检察官在做出批捕决定的同时，就通过《提供法庭审判所需证据材料建议书》列明公安机关应着重侦查、补充的事项，为公安机关后续侦查取证工作指明方向。该检察院认为，捕诉合一的改革加大了主诉检察官的办案压力和责任，促使其在批捕环节就吃透案情、严把证据关，将公诉引导侦查取证工作前移，变审查起诉时的被动退补为审查批捕时的主动引导。捕诉合一的改革使审查批捕时的证据标准完全等同于审查起诉时的证据标准，正如访谈时一名检察官所说，"犯罪嫌疑人审查批捕后，最终目的还是要提起公诉，我们的工作是推动整个诉讼流程向前走，审查批捕和起诉目标是一致的"。在随后对被引导方公安机关的调查中，侦查人员对检察院侦查监督部门和公诉部门共同引导的情况也做出了类似的描述："按说检察院的侦监科与公诉科是两个重要的业务部门，主要职责也不一样，所处的环节也不一样，要求也不一样，但我们一般在案发后与检察院联系时会把两个部门都通知了，也是为了侦查监督部门和公诉部门更好地步调一致，不至于公诉的表态了侦查监督部门却不同意批捕，或者侦查监督部门表态了，公诉的又不同意起诉。而且侦查监督和公诉都是检察机关的职能部门，它们之间关系比较好协调。"

可见，实践中许多检察机关和公安机关，在引导侦查过程中将审查批捕时的证据标准混同于了审查起诉时的证据标准。与笔者调研结果相同，在此方面上海市检察机关与上海市公安局共同制定的常见犯罪的证据标准也均系逮捕标准，而非公诉标准。且由于公诉和侦查监督部门共同介入，在分工上以批准逮捕为节点划分侦查监督和公诉部门的引导职责，也不符合侦查活动的客观需要。① 引导侦查取证本是为提高侦查机关的取证质量，但由于引导主体即检察机关公诉和侦查监督部门的联合，以及审查起诉和批准逮捕证据标准的同一化，却可能引发与取证引导预期完全背道而驰的不良后果：一方面，公安机关认为自己此前已和公诉部门沟通过，进而在对犯罪嫌疑人办理了逮捕手续后就不再做任何后续取证工作；另一方面，捕诉合一后，检察官由于在批捕环节已全面介入案件，在审查起诉时先入为主，怠于收集、补充和完善相关证据。事实上，实行捕诉合一的 A 区检察院也已发现了这一问题，并于 2011 年将合并后的侦查监督与公诉部门再次分开，引导侦查的主体也由此前的侦查监督和公诉部门共同引导，转为由侦查监督部门负责，但案件审查批捕后却仍由侦查监督部门依据出庭公诉的证据标准出具

---

① 沈新康：《公诉引导侦查的探索与完善》，载《华东政法大学学报》2010 年第 5 期。

《提供法庭审判所需证据材料建议书》①，使得引导证据标准究竟是提起公诉标准还是逮捕标准，仍然存在极大的模糊性。而类似"侦捕诉一体化"建设的提法，在我国基层检察院和公安机关有关检察引导侦查的实施意见中至今仍随处可见。例如，2011 年 1 月 1 日实施的宁夏回族自治区人民检察院、公安厅《关于公安派出所设立检察官监督办公室的实施意见》第 8 条规定：检察机关在引导侦查的过程中，"对有争议案件的定性、证据补充等提出引导取证意见或建议，加强侦捕诉一体化建设"。

三、引导过程：检察机关引导行为的角色错位

无论是从被引导方公安机关的角度，还是从引导方检察机关的角度，取证引导都过于注重检察机关与公安机关之间的配合，而缺乏对侦查取证行为的适时监督。可以说，这种配合体现在了取证引导机制整体运行过程的每个环节和方方面面，并在以下几方面尤为凸显：

其一，引导侦查的案件类型集中在两大类：一类是案件取证困难、存在证据不足，或者有证据但属于孤证而无法形成完整的证据链的案件；另一类是案情重大、社会反应强烈的案件。对于前者，在取证困难的情况下，公安机关要求检察机关提前介入，毫无疑问是为寻求检察官法律技术层面的帮助，即只有在检察机关的支持和配合下，这些证据不太充分的案件才能最终得以解决，而不至于被存疑搁置。对于案情重大、社会反应强烈的案件，如网络舆情或群体性事件、多年控申告状上访的案件，检查机关若加以取证引导，

---

① 实践中，《提供法庭审判所需证据材料意见书》本是由检察机关侦监部门制作，作为批捕后按照公诉标准发出的补充证据意见。但具体操作过程中，公安机关侦查人员收到此文书后经常会有疑问，是不是按照这份文书的要求补充侦查就可以达到审查起诉的标准？其认为既然该份文书是为公诉服务的，公诉部门应更有发言权，侦监部门最好要求公诉部门参加，共同制作这份法律文书。

其中配合侦查的成分更昭然若揭了。有些情况下，对于社会影响面较大的案件，在案发后多采取公安机关、检察院和法院集体讨论的形式，讨论过程中各方会尽力规避自身的责任和风险，检察院征求法院的意见，问其是否能判，若能判就起诉；公安机关则征求检察院的意见，问其能否起诉，若能起诉就实施逮捕。姑且不说这类案件引导过程中是否掺杂了政治因素，单就这种引导或经过集体讨论的方式而言，足以说明公、检、法三机关办案过程中配合的紧密程度。

其二，引导侦查取证过程中检察机关介入最为集中的时间段，是犯罪嫌疑人抓获后的审查批捕阶段。一些地区检察官在此阶段介入后，还会全程参与观看第一次讯问犯罪嫌疑人的过程。尽管讯问犯罪嫌疑人时，检察官在场客观上起到了规范公安机关侦查取证行为的作用，但对于公安机关而言，此时检察机关介入侦查有更为重要的意义。即有了检察官在场见证，犯罪嫌疑人口供的信赖程度能得到极大提升，侦查人员其后到检察院申请审查批捕时，相关工作完成起来也会更加顺利。取证引导另一较为集中的介入时间段是立案前阶段，在公安机关不能确定犯罪嫌疑人的行为是否构成犯罪的情况下，要求检察机关提前介入案件侦破工作，有较大把握后再进行立案，其间检察机关与公安机关配合的紧密程度，更是显而易见。

需要说明的是，在公安机关对取证引导的认知和配合程度问题上，曾有部分论者担心取证引导机制由于忽视了公安机关对引导行为的接受程度，在实践中可能容易引起公安机关的抵触和反感，进而导致检警关系的紧张。① 还有论者认为取证引导机制在运行效果上不可能得到公安机关积极配合的重要原因在于，引导属于检察机关一厢情愿的做法。因为如果站在被引导方公安机关的角度来看，引导侦查似乎是"建立在公安机关侦查无能和需要检察机关帮助

---

① 潘金贵：《公诉制度改革研究：理念重塑与制度重构》，中国检察出版社 2008 年版，第 62 页。

的错误假设之上的。即公安机关的刑事侦查工作存在着严重的质量与水平问题，需要靠检察机关引导侦查才能解决"①。简言之，部分论者认为取证引导机制对公安机关取证能力的贬低，容易引发公安机关的抵触情绪。但笔者实地调查结果表明，在许多情况下特别是在立案阶段和审查批捕阶段，公安机关对检察机关实施的取证引导表示欢迎且配合紧密。即在公安机关看来，检察机关的引导在性质上属于对自身侦查取证工作的帮助行为，与监督无关。

其三，在引导方式上，尽管部分地区检察机关会出具《引导侦查取证意见书》，以书面形式对公安机关取证行为加以引导，但少有检察机关会使用《纠正违法通知书》等对公安机关具有强制执法监督约束力的公函，来纠正侦查取证中的过错行为。且就整体情况而言，实践中检察机关的口头取证引导，仍是当前引导侦查取证最为主要的方式，而口头引导的便捷和非正式性，使公安机关更易获取检察官的认同和帮助，且这种私下交流的增多，从某种程度上讲，甚至使公安机关有些过分依赖检察机关的取证引导，侦查中遇到的问题，不论大小都去请教检察官。以致取证引导机制建立以来，部分检察官甚至感叹公安机关若过分依赖检察机关的取证引导，或者干脆把介入的检察官当成侦查力量调用，事无巨细都向检察官请示意见，这无疑给原本紧张的检察力量增添了更多的工作负担。

四、引导结果：引导方与被引导方权责分离

一方面，在权力配置上，由于检察机关对公安机关的取证引导，没有明确授权的约束力，法律上两机关之间也是分工负责、相互配合制约的关系，这使得检察机关的取证引导行为缺乏强制力。

---

① 黄龙：《关于"检察引导侦查"的冷思考》，载孙谦、张智辉主编：《检察论丛》（第六卷），法律出版社 2003 年版，第 138 页。

如果公安机关不服从检察机关的引导，检察机关对其也无可奈何。① "没有公安机关的配合，检察机关根本无法进行引导。如果公安机关对检察机关提出的意见，存有不同的看法时怎么办呢？实践中建立了一种协商机制，遇有复杂情况和重大问题，检察人员和侦查人员之间不能解决或者不能达成共识的，应各自向本单位领导汇报，由处、科长与总支队长、队长之间进行协调，或由分管检察长与分管局长协调。如仍不能达成统一认识的，按分工负责的原则予以处理。"② 可见，引导侦查的效果，很大程度上取决于公安机关的认可、配合和重视程度，引导行为本身不具有强制效力。

另一方面，在责任承担上，取证引导机制也面临万一引导失误，其责任由谁来承担的问题，即如果公安机关在侦查过程中，申请检察机关提前介入并接受了检察机关的引导，但其后的司法程序证明案件侦查方向和取证存在问题，此时的责任应该由引导方承担，还是由被引导方承担，抑或双方共同承担？笔者调查过程中，公安机关多认为，既然侦查取证接受了检察机关的引导，检察机关就应因此而承担取证引导失误的责任。而检察机关认为，其取证引导行为本身没有强制力，自己当然也不应承担引导行为引发的后续责任问题。事实上，如果此时要求检察机关对引导行为承担相应责任，又会随即引发取证引导改革所存在的另一个矛盾或弊端，即引导过程中如何保证检察官的客观中立性。正所谓当局者迷，检察院

---

① 2012 年以前，在机构设置上，我国许多地方公安机关的地位可能还要高于检察机关。在周口市人民检察院 2002 年举办的"公诉引导侦查"主题研讨会上，某检察院公诉处处长就曾深有感触地说："我们国家这个政治体制比较特别，有很多公安机关的负责人是政法委书记、市委常委，他还管着检察长，所以说在公安机关那里设立指导侦查室，有些地方可能就难以接受。"周口市检察院：《检察引导侦查研讨会观点摘要》，载《国家检察官学报》2002 年第 10 期。此种情况下，自党的十八大之后已有很大改观，现今我国省市区的政法委书记都不再兼任公安局局长。

② 祝雄鹰：《论公诉引导侦查》，湖南大学 2007 年优秀硕士学位论文，第 30～31 页。

实施引导侦查取证，如果陷入太深，势必影响检察官执法过程中的客观中立性。访谈中，一名刑警告诉笔者，"通常检察院的人翻开案卷后总会有疑问，警察究竟都采用了哪些侦查手段把犯罪嫌疑人抓获归案的。之所以会有疑问，是因为许多案件侦办过程中犯罪嫌疑人根本没有办理，也无法办理合法的抓获手续，导致检察院看不清犯罪嫌疑人是怎么抓获的，有罪证据是如何收集的，通过什么程序收集的。取证引导虽可以弥补这些缺陷，但同时由于检察官提前介入，在审查批捕和审查起诉时就更会存在先入为主的问题了"。

综上所述，检察机关倡导的引导侦查取证的改革，在实践运行中面临诸多不足：在引导主体上，将公诉部门与侦查监督部门职能混同；在引导标准上，将审查起诉标准等同于审查逮捕标准；引导过程中凸显检察机关监督者抑或配合者的角色错位；在引导结果和责任承担上，引导方与被引导方权责分离，检察机关的取证引导行为于公安机关而言，既不具有强制力，同时也不承担引导失误的责任，使得检察机关与公安机关引导过程中责、权、义相分离。

第三节　取证引导机制困境之原因解析

分析取证引导机制面临这些现实困境的原因，笔者以为，还在于取证引导机制实践认识和制度设计本身出了问题。实践认知层面，由于公诉部门和侦查监督部门等均为检察机关内部的具体职能部门，所以无论是公诉部门实施的引导侦查取证，还是检察机关其他具体职能部门实施的引导侦查取证，都被整体视为检察机关实施的引导侦查取证工作。恰是在这种实践认知下，许多具体职能部门的检察官形成"公诉引导侦查是检察引导侦查之组成部分，检察引导侦查必然包括公诉引导侦查"[1] 的错误认识，以致检察引导侦

---

① 沈新康：《公诉引导侦查的探索与完善》，载《华东政法大学学报》2010 年第 5 期。

查与公诉引导侦查两种不同的取证引导模式在实践运行中被混同对待，更谈不上分清两种不同取证引导模式各自的利弊了。

在制度设计层面，检察引导侦查模式，其引导方式有悖于检察机关法律监督的强制性、法定性、客观中立性和系统性，即引导方式的柔性设计与法律监督属性互为冲突；公诉引导侦查模式，受公安机关和检察机关现有配合制约型工作关系和检察机关现实人员配置状况所限，其制度设计在实践运行中也缺乏内在的执行动力和效力。

一、检察引导侦查：引导模式与法律监督属性相冲突

如本书第一章所提到的，为加强检察机关对侦查行为的法律监督与控制，且针对履行侦查监督职能的实现方式过于空泛的现状，许多学者将检察引导侦查取证看作检察机关将抽象的侦查监督职能转化为具体的、可操作的监督机制的一条可行路径。[1]检察机关为强化侦查监督所做出的改革与创新虽值得鼓励，但笔者以为，采用"引导"模式概括当前侦查监督实践，乃至发展侦查监督理论，却有失科学。理由在于：

（一）引导模式有违检察机关法律监督的客观中立性

无论是 2012 年《刑事诉讼法》还是 1996 年《刑事诉讼法》，都明确规定了检察机关在必要的时候，可以派人参加公安机关对于重大案件的讨论。且检察机关审查案件的时候，对公安机关的勘验、检查，认为需要复验、复查时，可以要求公安机关复验、复查，并且可以派检察人员参加。法律的这些规定赋予检察机关"提前介入侦查"的权力，一些学者将其作为引导侦查取证改革的

---

① 但伟、姜涛：《侦查监督制度研究——兼论检察引导侦查的基本理论问题》，载《中国法学》2003 年第 2 期；樊崇义：《简论法律监督与检察改革》，载《河南社会科学》2010 年第 3 期。

法律依据，以此强调检察机关提前介入的目的在于加强法律监督。① 然而，无论从字面意义上讲，还是就法律提前介入的立法意旨而言，检察引导侦查中的"引导"与"提前介入侦查"中的"介入"之含义都并不等同。依据汉语词典的解释，引导为"带领，带着人向某个目标行动"。②引导者与被引导者应具有共同的行动目标，且为了达到共同的目标，彼此更需相互信任和配合。介入，是指"插进两者之间干预其事"。③可见，与引导不同的是，介入者作为第三方必须保持客观公正的立场，否则就有偏坦争执双方中某一方之嫌。从法律规定上看，《刑事诉讼法》虽规定检察机关可提前介入侦查，但无论是检察院派人参加公安机关重大案件的讨论，还是参与现场勘验、检查，都要求检察人员充当见证人和保障人的角色，时刻保持客观公正的立场，介入侦查的目的明确，即为了及时发现并纠正违法侦查行为，更好地保障公民的合法权益。也就是说，检察机关提前介入的过程，不存在为公安机关的侦查行为出谋划策、决定侦查方向之可能，这与"引导"的含义相去甚远。

（二）引导模式否认了法律监督的强制性和法定性

最初实行检察引导侦查改革的基层检察机关，强调自身在引导的过程中所扮演的角色是"指导而不指挥，建议而不干预、不替代"，表明引导本身是一种建议，一种意见，一种毫无约束力的、没有任何程序后果的指导。显然，这种颇具超然特质的柔性引导，否认了检察机关法律监督所具有的强制性。为此，有学者辩解法律监督并不一定具有强制性，并阐释监督并非一定要居高临下，监督

---

① 王湖、汪德庆：《提前介入引导取证需要解决四个问题》，载《检察日报》2012 年 8 月 27 日；秦炳天、蔡永彤：《"检察引导侦查"机制的反思与展望》，载《中南大学学报（社会科学版）》2009 年第 6 期。

② 中国社会科学院语言研究所词典编辑室编：《现代汉语词典》，外语教学与研究出版社 2002 年版，第 2291 页。

③ 中国社会科学院语言研究所词典编辑室编：《现代汉语词典》，外语教学与研究出版社 2002 年版，第 999 页。

者在履行职责的过程中也不一定要凌驾于被监督者之上，①以此消解柔性引导与刚性法律监督之间可能存在的冲突。诚然，就"监督"一词的字面意思而言，监督指"察看并督促"②，其并不限于自上而下的"察看"，也不限于同级之间的监察督促。这使得人们日常生活中所理解和使用的监督含义较为宽泛，其可能出现多个层级，并包括不同的运行模式：如上级对下级的纠正模式，同级之间的制约模式，还有下级对上级的建议模式等。就侦查行为的监督模式而言，其既可涵盖检察机关对侦查机关的司法监督，也可包括政府部门对侦查机关的行政监督，以及侦查机关的自我监督，甚至还有来自普通公民对违法侦查行为的个人监督。但在众多的监督模式中，只有检察机关对侦查机关的监督才是具有法律意义上的专门监督。与其他各类监督方式相比，检察机关所行使的法律监督职权是宪法赋予的，具有专门性、权威性、外部性和法定性，不等同于人们日常生活中所理解的"监督"。因此，那种认为法律监督不一定具有强制性的观点，实际上犯了将社会生活中的一般意义上的"监督"与专门的"法律监督"相混淆的错误。检察机关的法律监督权，是一种具有特定立法对象和特定适用方式的专门权力，是我国政治权力监督体系的一个要素，对其进行解释的标准是实然的法律规定和整体的政治结构。我们不能仅以"监督"一词的字面含义，来推断检察机关行使的法律监督职能的内容和层次，并因此否认法律监督本身所具有的强制性。否则，只会使检察机关享有的法律监督职能，被无限泛化而影响到监督的力度与效果。意图加强法律监督的检察引导侦查改革即是一例。实践中，面对检察机关缺乏强制力的引导，公安机关时常对其予以消极处理。如对于部分缺乏犯罪证据且不能及时将证据补充完整的不批捕案件，检察机关虽发

---

① 叶青：《职务犯罪侦查与法律监督的关系》，载《政治与法律》2007年第7期。

② 中国社会科学院语言研究所词典编辑室编：《现代汉语词典》，外语教学与研究出版社2002年版，第941页。

出了《侦查补充提纲》或者《补充侦查决定书》，但公安机关往往推迟补充侦查工作，或者虽补充侦查，却不愿重新办理提请逮捕手续。对一些可捕但存在漏洞的案件，公安机关则片面认为能批捕就能起诉，在被动接受批捕部门提出的补充证据的要求后，不积极查清就直接将案件提交检察机关起诉部门。

（三）引导模式忽视了检察机关法律监督的系统性

作为专门的法律监督机关，检察机关的法律监督囊括了刑事诉讼的各个环节，诸如立案监督、侦查监督、起诉监督、审判监督和执行监督等，侦查监督仅是检察机关履行法律监督职能在侦查阶段的体现。检察引导侦查取证模式，本意是强化检察机关在侦查阶段的法律监督职能，使侦查监督特别是对侦查取证行为的监督，从所谓的静态监督转为动态监督。但问题是，倘若检察机关为加强侦查监督而提出"检察引导侦查"的改革，那么，为加强审判监督，检察机关是不是也可进行"检察引导审判"的尝试？毫无疑问，后者的答案是否定的。事实上，依法行使法律监督，增强对违法取证行为有错必纠的强制性和确定性效应，其本身就是对侦查取证合法性问题的最好引导。因此，当前检察机关最紧要做的，是加强对自身法律监督权的认识，恰当地使用法律赋予的监督手段和方式，充分发挥监督对合法取证的引导作用，而不是颠倒两者的关系，把引导作为侦查监督的手段使用。可见，引导侦查取证改革，由于其引导模式的柔性化设计与法律监督的内在刚性，存在本质上的冲突，使其不仅无法凸显法律监督对制约和规范侦查行为的重要性，反而在一定程度上弱化甚或虚置了检察机关对侦查取证行为的法律监督权力，并可能由此引发侦查监督与整个法律监督体系间的逻辑混乱。

综上所述，旨在强化侦查监督职能的检察引导侦查取证模式，从理论上讲，其制度设计存在固有的逻辑矛盾和缺陷，引导方式有悖于法律监督的强制性、法定性、客观中立性和系统性。因此，尽管检察引导侦查改革模式的初衷本是为将检察机关抽象的侦查监督职能转化为具体的、可操作的监督制度，但检察机关侦查监督部门引导方式的柔性化设计，不但不能对公安机关侦查行为起到任何强制制约作用，反而使侦查监督部门在引导过程中与公安机关的工作关系变得更为紧密，引导方与被引导方之间配合成分多于监督职责，以致在改革的实际效果上，恰恰弱化了检察机关的法律监督职能。

二、公诉引导侦查：制度设计缺乏引导的动力和能力

（一）公诉引导侦查理论构建的相对合理性

相比检察引导侦查取证模式，公诉引导侦查模式改革之目的是服务于检察机关控诉职能的发挥，由于公诉职能与公安机关的侦查行为具有同向性，公诉引导侦查避免了检察引导侦查内在的监督职能与引导模式互为冲突的逻辑矛盾，从制度设计上讲具有相对合理性。但正如本书第一章所述，理论界明确表态支持公诉引导侦查模式的学者，却寥寥无几。笔者认为，可能主要是基于以下两点顾虑：

1. 公诉引导侦查模式与"严打"时期的联合办案

不少学者对公诉引导侦查模式旨在提高公诉质量与效率的价值定位心存疑虑，认为其以提高公诉质量和效率为目的，有走"从重从快打击犯罪"老路之嫌。因为早在20世纪80年代，我国检察机关为增大打击犯罪的力度，遇有重大刑事案件时，就会应邀参加到公安机关案件侦查过程中。事实上，不仅是检察机关，就连法院也都是应邀提前介入侦查、了解案情。公、检、法三机关联合办案，在高效打击犯罪的同时，也制造了不少冤假错案。现在探讨引导侦查取证的改革，不能再"新瓶装旧酒"，置诉讼中人权保障的紧迫状况于不顾。

对此，笔者认为，尽管公诉引导侦查与我国"严打"时期的联合办案，在行为方式上存在一些相同之处，即都密切了侦查与起诉间的部门配合，但并不代表我们就此可以简单地将两者等同看待。因为公诉部门与侦查部门配合的过程中，谁主谁辅，引导方与被引导方彼此定位的不同，将直接决定着配合的实质与效果的不

同：我国 20 世纪 80 年代"严打"时期，检察机关与公安机关的配合，深受侦查中心主义的影响，整个过程均以公安机关为主，检察院甚至包含法院多是配合公安机关的侦查行为。为从重从快打击犯罪，公诉部门在配合的过程中往往不得不降低起诉的证据和证明标准，在规范侦查取证方面做出一定的妥协与让步。为此，侦查、起诉和审判三者的关系曾被形象地比喻成做饭、端饭和吃饭的关系。做饭是端饭和吃饭的前提和基础，"做"的内容直接决定着"端"的质量和"吃"的品质，对于"端饭"和"吃饭"本身而言，其并没有多少选择的空间和必要。"做饭"的重要性，也凸显出以往公、检、法三者关系中，公安机关所处的核心及领导地位。可以说，"严打"时期的联合办案基于从重从快打击犯罪的需要，使侦查机关不仅与起诉部门形成了合力，甚或与审判机关也形成了合力。但这种合力的形成，显然是以侦查为主导，整个过程不是"公诉引导侦查"，而是"侦查决定公诉"，甚或"侦查决定审判"。相比之下，公诉引导侦查取证模式的改革，强调以公诉部门为引导主体，形成合力的目的，也不再是检察机关对公安机关无原则地顺应，而是以检察机关的公诉部门为主导，以严格的证据和证明标准对公安机关的取证行为进行引导，逐步增强公安机关在侦查破案过程中规范取证的意识和能力，与强调侦查中心主义的早期"严打"行动中的联合办案模式早已貌合神离。

2. 公诉引导侦查模式与我国刑事司法改革理念

旨在提高公诉质量和效率的公诉引导侦查模式，在我国得不到学者肯定和支持的原因，除上述部分学者对公诉引导侦查模式有"新瓶装旧酒"之顾虑外，另一重要原因可能还在于，一些学者认为我国目前刑事罪案侦破率和公诉案件有罪判决率与其他国家相比，已经很高。且相比其他国家，我国公安机关具有先天的侦查资源优势。因此，学者们认为当前刑事司法实践急需解决的，是如何加强对侦查权的司法制约和监督，而不是一味地追诉犯罪。特别是在当今国际人权保障潮流席卷之下，我国审前程序改革的趋势，不在于增强控诉职能，而在于更好地保障人权。

不可否认，随着我国刑事司法民主化、人性化呼声的日益高涨，人们以往的司法价值观念已发生了重大转变，现今越来越多的司法人员和普通民众，认识到片面强调打击犯罪的弊端，以及在侦查过程中保护犯罪嫌疑人权利的重要性。然而，笔者认为，一方面，我们在摒弃以往"只讲打击不讲人权"陈旧司法观念的同时，也应防止自身可能从一个极端滑向另一个极端，以致忽视或无视打击犯罪在刑事司法系统中的重要性。另一方面，正是基于对公民合法权利的保护与尊重，刑事司法改革在依法打击犯罪方面，更应注重侦查取证的充分、完整和有效性，实现侦查行为从查明犯罪事实到证明犯罪事实的转变。但实践中，我国侦查机关在查明犯罪事实过程中，还存在取证质量不高的问题，甚至可能因取证不规范而不得不承担"赢了侦查、输了诉讼"的风险。取证质量不高，除了有侦查人员素质本身的问题之外，我国现有诉讼模式所带来的消极影响也是不可忽视的重要原因：在现有诉讼模式之下，侦查作为审查起诉前的一个独立阶段，不直接承担诉讼风险和后果，使侦查人员注意力更多地放在破案和抓获犯罪嫌疑人上，对破案后及时、全面地收集和固定犯罪证据缺乏足够的内在动力。侦查的成功与否，往往只看案件有没有告破，至于检察官的追诉活动能否成功，侦查机关却不甚关心，以致时常出现侦查机关在抓获犯罪嫌疑人之后，就开始庆功表彰，可案件起诉到法院之后，却因为证据不足或有瑕疵，造成公诉人在法庭上举证困难的尴尬局面。[①] 不仅如此，侦查人员由于远离法庭，对审判活动缺乏切身体会，尤其是对控辩双方质证的过程缺乏直观、深入的了解，致使其对法官最终据以定罪量刑的证据的规格、标准等缺乏充分的认知。而作为中间环节的检察官在案件移送审查起诉之前，又无权按照庭审要求指导侦查，使得侦查人员在侦查过程中面对日益复杂的犯罪案件，常常并不十分清

---

① 尽管此前公诉部门可以就证据的合法性进行审查，但这种审查毕竟是事后审查，一些明显的证据不足问题容易发现，更多取证过程中的问题往往难以发现。

楚该取什么证据、如何取证、取到何种程度。简言之，现有诉讼模式之下，我国侦查人员在侦查取证过程中，不仅缺少及时固定证据的主观能动性，同时也缺乏全面收集证据的客观认知能力。

公诉引导侦查模式，能够借助检察机关公诉部门在证据把握方面的优势，由公诉人员适时引导侦查人员全面及时地收集证据，既弥补了侦查人员上述取证能力和取证意识的不足，也可减少由于公诉部门和侦查部门各行其是而导致的补充侦查，甚至无法提起公诉现象的发生。

（二）公诉引导侦查制度设计与实践运行反差较大

在消解了论者们有关公诉引导侦查取证模式上述两方面的顾虑之后，笔者认为，旨在提高侦查取证质量和效率的公诉引导侦查取证模式，从制度设计的角度讲，具有一定逻辑合理性。但正如前述调查结果反映出的，由公诉部门引导侦查，其实践运行效果却不尽如人意。其中的缘由，既有具体操作环节方面的限制因素，更有我国政治体制等更深层次的客观条件制约因素。

在具体操作层面，一方面，由于当前我国许多基层公安机关仍将犯罪嫌疑人批准逮捕率，作为公安工作考核的重要指标，犯罪嫌疑人移送起诉率尚不属于衡量基层公安机关侦查工作优劣的考核内容，这使得对一些犯罪嫌疑人已被逮捕但证据材料存在漏洞的案件，公诉部门从审查起诉、定罪量刑的角度出发，要求侦查机关补充、补强相关证据，公安机关的民警片面认为能批捕就能起诉，在被动接受公诉部门提出的补充证据的要求后，并未积极查清事实和补充证据。

另一方面，从检察机关的角度讲，尽管公诉引导侦查取证模式赋予公诉部门检察官提前介入案件，参与现场勘查、讯问犯罪嫌疑人等侦查活动的权力，但检察官在这些取证活动中所发挥的作用，其实非常有限，检察官长期仅限于与法律规范打交道，对社会治安形势掌握不多，且对刑事科学技术的应用也不甚熟悉，侦查破案技术性操作，只能由公安机关完成；不仅如此，公诉部门主办检察官人力也非常有限，难以在完成现有工作量的基础上再分出精力和时间提前介入案件、引导公安机关侦查取证。更何况引导侦查取证的工作量也不计入公诉部门检察官绩效考核范围，使检察官对引导侦查取证缺乏内在的工作动力。

当然，若追寻公诉引导侦查取证模式缺乏执行动力和效力的更深层次原因，可能还在于，我国检察机关和公安机关在法律上并不存在命令和服从的关系。从我国宪法和刑事诉讼法强调的公、检、法三机关分工负责，互相配合，互相制约的工作原则来看，现行的以配合制约为内容的检警关系，强调检警之间的平等分立和双向制约。这种双向制约，实际上是强调侦查职能相对于控诉职能的平等性和独立性。公诉引导侦查模式试图以控诉职能对侦查职能的主导作用，来代替侦查职能与控诉职能之间的"分工负责、互相配合、互相制约"的法律关系，显然违背了侦、控职能的配置规律，自然难以实现预期的引导效果。这也使得公诉引导侦查模式的改革，在一定程度上更像是检察机关与公安机关之间签订了一份行政合同，引导侦查取证的效果很大程度上取决于公安机关的认可、配合和重视程度，更受制于当地公安机关与检察机关间工作关系的协调程度。

综上，尽管基于侦查职能和控诉职能的同向性，公诉引导侦查取证模式避免了检察引导侦查取证模式逻辑上的固有矛盾，但囿于我国公安机关和检察机关现有的配合制约型工作关系和检察机关现实的人员配置状况等原因，公诉引导侦查取证模式在实践操作中必须解决执行动力和效力不足的问题。

第四章　取证引导域外模式的取舍之辨

我国取证引导机制的改革由检察机关发起，希望通过建立检察机关与公安机关侦查取证过程中的引导和被引导新型工作关系，解决检察权行使过程中所遇到的两方面的现实问题：一是检察机关与公安机关在侦查取证中配合不足，影响控诉职能发挥和诉讼效率提高的问题；二是检察机关对公安机关的侦查取证过程监督乏力的问题。而这两方面问题的解决，都以建立科学合理的检警关系为前提。正如笔者在本书第一章已提到的，我国理论界有关取证引导机制的研究最早源于"检警一体化"的探讨。在其推动之下，我国检察机关实务部门开始进行检察引导侦查等诸种模式的改革尝试。可以说，无论是学者们讨论的检警一体化，还是检察机关实务部门践行的检察引导侦查和公诉引导侦查模式，在很大程度上都体现出我国对大陆法系国家特别是德国检警一体模式的认可和借鉴。全球化时代的中国积极吸收和借鉴西方发达国家检警关系的成熟经验，本值得鼓励；但同时我们不得不考虑移植或借鉴的前提，是这些经验或措施与我国现有的检警模式及制度设置具有相似性，借鉴而来的经验或措施能够与我国现行制度融合而不至于产生新的问题。

因此，我国取证引导机制的改革在借鉴大陆法系国家检警一体化模式的过程中是否会遭遇本土化的问题，移植或借鉴是否能达到预期目的，尚值得我们认真检讨和反思。基于此，在本章的讨论中，笔者也将从解读其他国家特别是对我国取证引导机制形成影响较大的德国检警一体模式开始，全面考量我国取证引导机制借鉴域外经验之利弊，进而寻找我国取证引导机制改革现实困境背后的更深层次原因。

第一节 取证引导的域外模式

鉴于德国和法国是大陆法系国家采用"检警一体化"或者说"检察领导侦查"的典型代表，笔者有关取证引导域外模式的考察也将主要以德国和法国侦查取证过程中的检警关系为研究对象，同时考虑到法律规定的"制度表达"与"实践逻辑"之间可能存在差距，笔者将尽可能吸纳国外学者们所做的有关德法两国检警关系的实证研究，以发现其侦查取证过程中检警关系的实然状态。

一、域外模式之法律规定

（一）德国检警一体的法律规定

德国检察机关和警察机关的具体职责及相互关系主要由德国《刑事诉讼法》① 和《法院组织法》② 予以规定。自 1945 年起，德国《刑事诉讼法》修正案草案就已经确立将检察机关作为侦查程

---

① 需要说明的是，德国法律修改非常频繁，特别是涉及检察院和警察机关的关系的法律规定修改就更加频繁，德国《刑事诉讼法》第 160 条、第 161 条和第 163 条以及《法院组织法》第 152 条曾经多次修正。对于最新修正的内容，李昌珂老师所翻译的《德国刑事诉讼法典》（中国政法大学出版社 1995 年版）并没有与能够有反映出来；即使是宗玉琨先生翻译的《德国刑事诉讼法典》（知识产权出版社 2013 年 12 月版）也未能包括对部分条文内容修改。因此，笔者所引用的德国《刑事诉讼法》相关法律条文皆由本人自行翻译，且为 2015 年 1 月 21 日最新修订版本。

② 德国并不存在单独的《检察院组织法》，而是将涉及检察院组织法的内容放置在《法院组织法》第 10 编"检察院"（第 141~152 条，在第 142 条之后尚有一个第 142a 条，另在第 145 条之后也有一个第 145a 条，但已经被删除，所以共计 13 个条文）。此处翻译的德国《法院组织法》为 2015 年 1 月 21 日最新修订的版本。

序的主导者和指挥者。① 根据德国《刑事诉讼法》规定，侦查权可以由侦查法官（Ermittelungsrichter）②、检察官和警官行使。③ 刑事诉讼侦查程序中，涉及限制和剥夺犯罪嫌疑人实质权利的，由侦查法官决定。例如，德国《基本法》第 13 条第 2 项和第 3 项规定，对住宅进行搜查或者技术监听，必须以法官的命令为前提；且根据德国《刑事诉讼法》第 81 条规定，为了不致因为延迟而造成危险，采取某些必要的侦查措施的权利也保留在法官手里。而之所以法律规定侦查法官这一制度，也是为了使这些措施能够尽快在侦查程序中得以实施，同时又不损害检察机关对侦查的主导权。④

依据德国《刑事诉讼法》和《法院组织法》，在侦查程序中检察官是主导者，其行使侦查权力时，警察和侦查法官等辅助机关应提供帮助。换句话说，检察官是警官的统帅（Herrschaft der Polizei），而警察和侦查法官是检察官的辅助人员（Helfer der Staatsanwaltschaft）⑤。能体现这一立法意旨的法律条文具体包括：

德国《法院组织法》第 152 条规定，"检察机关的侦查人员负

---

① Sieh Gutachten zum Thema "das Verhältnis von Gericht, Staatsanwanltschaft und Polizei im Ermittlungsverfahren, strafprozessuale Regeln und faktische（Fehl－?）Entwicklungen", Seit 11ff.

② Vgl Roxin, Claus: Strafprozessrecht, 25 AuflAag, Verlag C. H. Beck, 1998, Seite. 82ff.

③ 德国《刑事诉讼法》第 162 条、第 160 条至第 161a 条和第 163 条分别规定了侦查法官、检察官和警官的侦查权。具体内容请参见宗玉琨：《德国刑事诉讼法典》，知识产权出版社 2013 年版。

④ 即"检察官向所属辖区区法院的法官申请实施某些他认为是必要的，但需要由法官实施的调查手段；法官只需要审查申请采取的措施是否合乎比例原则，而不需要审查措施是否符合目的。故法官对于检察官的申请不能以申请措施是多余的或者检察官自己可以采取这些措施为由，加以拒绝"。参见宋英辉、孙长永、朴宗根等：《外国刑事诉讼法》，北京大学出版社 2011 年版，第 285 页。

⑤ Beulke, Werner: Strafprozessrecht, C. F. Müller, 7 neue bearbeitete Auflage, Seit 57.

有执行本区检察机关和上级官员命令的义务。同时该条第 2 款规定，州政府应授予在法律条例中指定前款所提及的官员或职员群体（即检察机关的侦查人员——笔者注）相应的权力，以便本规定可以施行。上述所指定的职员必须是执行公务的人员，并年满 21 周岁以上，且至少需要在其本职岗位工作两年以上。州政府也可以将该授权移交给州司法管理部门"。因此，从组织法的角度看，检察机关被授权可以拥有侦查辅助人员。

德国《刑事诉讼法》第 160 条第 1 款规定，"检察机关通过告发或其他途径了解到存在犯罪行为的嫌疑时，应对所了解的案件事实进行调查，以便决定是否提起公诉"。第 2 款要求检察机关不仅要查明对被指控人不利的情节，也要查明对其有利的情节，并应负责提取证据以防丢失。第 3 款要求检察机关的侦查工作应该延伸到对行为的法律后果有决定意义的情节。为此目的，检察机关可以要求侦查法官提供协助。第 4 款规定当特别的联邦法律或相应的州法律的适用规则另有规定时，不得采取措施①。

德国《刑事诉讼法》第 161 条是有关检察领导警察的法律授权。其第 1 款规定，"为《刑事诉讼法》第 160 条第 1 款至第 3 款所规定目的，检察机关有权从任何机关获取信息，并自行采取各种形式的侦查或在法律没有对其职权有其他规定的情况下，通过警察机关或警务官员进行侦查。警察机关或警务官员有义务执行检察机关的请求或命令，在该情况下，警察机关或警务官员有权从所有机关获取信息"。第 2 款是有关采集个人数据方面的权限规定，即"根据本法对涉嫌特定犯罪所采取的侦查措施被允许时，为刑事诉讼程序中证明该犯罪行为的目的，可以在没有获得措施相对人同意的情况下，使用采集其他法律采取涉及个人数据的相应侦查措

---

① 此处的措施是指《刑事诉讼法》第 53 条所规定的强制措施。《刑事诉讼法》第 160a 条对侦查措施做了详细的规定。另外，关于本条文的不同翻译请参见宗玉琨：《德国刑事诉讼法典》，知识产权出版社 2013 年版，第 158～159 页。

施"。第 3 款规定在其辖区设置的基层法院（Amtsgericht）① 同意实施该侦查措施时，在室内或室外通过技术手段或秘密侦查方法采集涉个人数据时，应该允许在遵循合比例原则（das Grundsatz der Verhältnismäßigkeit）② 的情况下搜集证据。在存在延迟的危险时，应该毫不延迟事后获取法官的决定。

德国《刑事诉讼法》第 163 条第 1 款规定：警察机构或官员在侦查犯罪行为时，应毫不延误地做出决定，以避免给侦查工作带来困难。为此目的，警察机构或警官得被授权，采取各种侦查措施向所有机构调查信息，在存在延误危险的情况下，要求获取信息，除非法律对其职权另有特别规定。该法第 2 款规定：警察机构或警官应当毫不延迟地将案卷移送检察机关。认为有必要由法院迅速进行调查行为时，可以直接向基层法院送交材料。第 3 款规定了警务官员在获取证人证言时所适用其他法律的规定。③

此外，德国警务官员通常在侦查中享有的介入权④（Eingriffs-

---

① Amtsgericht，吴丽琪将其译为"区法院"；李昌珂和宗玉琨将其译为"地方法院"；笔者将其译为"基层法院"。原因在于：第一，德国分为联邦法院和州法院，因此所有的州法院，包括基层法院、州法院和州高等法院都属于地方法院，只有联邦法院才属于中央法院；第二，无法判别 Amtsgericht 都是设置在"区"一级的行政区域内，能够判别的是 Amtsgericht 肯定是德国州一级的最基层法院。因此，本书采用"基层法院"的译法。

② 德国《基本法》第 13 条第 5 款。

③ 警务官员在提起证人证言时，《刑事诉讼法》第 52 条第 3 款、第 55 条第 2 款、第 57 条第 1 句、第 58 条、第 58a 条、第 58b 条、第 68 条至第 69 条相应适用。检察机关就《刑事诉讼法》第 68 条第 3 款关于证人的同意问题和关于指派证人法律顾问的作出决定。其他情况下由审讯主导人作出必要决定。由警务官员根据第 68 条第 1 款第 3 句作出的决定的，第 161a 条第 3 款第 2 句至第 4 句相应适用。

④ 所谓介入权，是指侦查员在侦查过程中所采取的涉及干预他人人身权利的职权，例如，限制他人人身自由的逮捕权，就是一种典型介入他人人身自由的职权。也有学者将 Eingriffsrecht 翻译成干预侵犯权。参见［德］克劳斯·罗科信：《刑事诉讼法》（第 24 版），吴丽琪译，法律出版社 2003 年版，第 70 页。

recht）极其有限。具体包括：根据德国《刑事诉论法》第 127 条第 1 款第 1 项、第 2 款、第 163b 条第 1 款第 2 项所享有的临时逮捕权；有权采取措施进行辨认（第 88b 条、第 163b 条第 1 款第 3 项），采取第 100c 条第 1 款第 1 段 a 项和 b 项意义上的技术侦查手段以及第 163b 条规定的身份确认权。此外，除非在有延迟危险的情况下，有权安排秘密侦查，并毫不延迟取得检察机关意见，并在三天之内报法官核准。当然作为检察官的辅助人员，在紧急情况下，警务官员还享有其他一些介入权。例如，特定情况下做出扣押命令（第 98 条第 1 款，第 111e 条第 1 款第 2 项）、搜查（第 105 条第 1 款），做出对被告人血液检查的命令或其他人身检查命令（第 81c 条第 5 款），技术工具使用命令（第 100c 条第 1 款第 2 项），设置检查站命令（第 111 条第 2 款）和使用网络数据追缉（Schleppnetzfahndung）（第 163d 条第 2 款第 1 项）。可见，从法律规定上看，德国警察机关和警务官员在侦查程序中享有的侦查权有限，其作为侦查程序的辅助人员也应接受检察机关的领导。

（二）法国检察领导侦查的法律规定

与德国同属于大陆法系的法国《刑事诉讼法》也明确规定，司法警察在行使职权时受共和国检察官领导，检察机关在侦查程序中处核心地位。且检察官的领导权主要体现在以下几方面：一是司法警察知悉发生重罪、轻罪或违警罪时，应立即向共和国检察官报告。对于现行重罪或现行轻罪，司法警察应立即报告共和国检察官，并前往犯罪现场进行勘验。共和国检察官可亲临犯罪现场进行侦查，也可指派司法警官进行侦查。共和国检察官到现场时，司法警察对案件的管辖权力即刻停止，由检察官亲自完成司法警察的行为，或者命令司法警察继续办案。二是司法警察负责对案件进行初步侦查，检察官有权指挥所在辖区内的司法警察的一切活动并享有法律授予司法警察的一切权力。在调查过程中，司法警察须向检察官汇报工作情况，其行动结束后，应向检察官送交笔录、相关文书资料及扣押物品等。依职权进行的调查如果时间超过 6 个月，司法警察还应向检察官报告调查的进展情况。三是司法警察采取的拘留措施必须报告给检察官，检察官认为有必要时可以查看拘留场所。四是检察长对授权办案的司法警察所作的评语，在作任何晋级决定时都在考虑之列。①

二、域外模式之实践运作

有趣的是，无论是在德国还是在法国，立法者所设计的检察机关在侦查程序中享有绝对指挥权的规定，在实践中却不断受到挑战。即实践中侦查程序的力量分布与主体作用方式常常表现出与法律规定不一致的地方。

（一）德国检警一体模式的实践运作

在德国，一方面，从检察机关的角度讲，尽管法律规定检察院是侦查取证的主导机构，拥有全面的侦查权力，但由于检察官受自身的能力和设备所限，实践中并不可能自行侦查。② 这正如德国学者 Kern 在其著作《法院组织法》中所言，检察机关在刑事案件侦查过程中常常处于"有头无手"的尴尬局面③。不仅如此，尽管法律规定检察官可指挥警察机关和警务官员进行侦查，即警察机关只有在得到委托或授权时才享有侦查权；但司法实践中，侦查权大部

---

① 具体内容参见宋英辉、孙长永、朴宗根等：《外国刑事诉讼法》，北京大学出版社 2011 年版，第 192 页。相比法国和德国，日本的检警一体结合程度相对较弱，检察官与司法警察都是侦查主体，二者相互合作，同时检察官对司法警察的命令和指挥，法律规定主要有三种权限：一是一般命令权，如《司法警察职员侦查文件基本书式例》、《关于解送程序特例问题》（关于轻微犯罪处分的命令等）；二是一般指挥权，例如发出"拘留妨碍选举的犯人！"这样的命令；三是具体指挥权，即对于个别案件行使的侦查指挥权。参见［日］田口守一：《刑事诉讼法（第五版）》，张凌、于秀峰译，中国政法大学出版社 2010 年版，第 42 页。

② Beulke, Werner: Strafprozessrecht, C. F. Müller, 7 neue bearbeitete Auflage, Seit 57.

③ Sieh Kern Eduard: Gerichtsverfassungsrecht, 5 Auflag, Verlag C. H. Beck, 1975, Seit 227.

分情况下都直接让渡给了警察机关。[1] 具体来说，检察机关在经济犯罪案件、公众影响较大的案件、环境犯罪和恐怖主义犯罪案件中尚享有很大程度上的程序指挥权；[2] 但对其他例如抢劫等严重暴力犯罪案件通常都不予参与，只是一个"卷宗处理机关"，其对于侦查权的"领导"仅表现在补充侦查上，且补充侦查只是作为一种例外才得以出现，在很大程度上属于事后控制，无法发挥任何"领导"作用。[3] 德国有学者还曾对本国检察院工作时间分配情况进行了调查，结果表明检察机关用于侦查的时间支出非常少，除了出庭支持公诉以外，其大部分工作时间都花在了卷宗处理及其他公务上。[4] 轻微案件中，警察机关更是不需要时时或事事向检察机关报告以获得检察机关的核准，通常是自己独立侦查案件完毕后，才将案件材料移送检察机关。检察机关只需要裁决是否终止程序（das Verfahren einstellen）或对被告提起公诉。即实践中大多数情况下，警察并不需要得到检察机关的领导便可自行开展侦查工作，[5] 检察机关对警察机关侦查工作的领导仅仅是对其侦查材料进行审核而已。

　　另一方面，从警察机关的角度讲，随着自身警员素质的提高及侦查技术设备的更新，其总体侦查能力有了大幅度的飞跃，也越来

---

① Roxin, Claus: Strafverfahrensrecht, 25 AuflAag, Verlag C. H. Beck, 1998, Seit 81.

② 参见宋英辉、孙长永、朴宗根等：《外国刑事诉讼法》，北京大学出版社 2011 年版，第 285 页。

③ 李冬妮：《中德检警关系比较研究》，中国政法大学 2008 年硕士学位论文，中国优秀博士硕士论文库。

④ 调查研究者根据收集的数据得出结论：德国检察官在一个工作周内，只有一个小时用于侦查活动，一天时间用于出庭支持公诉，剩余的绝大部分时间则是处理卷宗及其他公务。转引自李冬妮：《中德检警关系比较研究》，中国政法大学 2008 年硕士学位论文，中国优秀博士硕士论文库。

⑤ Beukle, Werner: Strafprozessrecht, C. F. Müller, 7 neue bearbeitete Auflage, Seit 58.

越不满足于作为检察机关"辅助机关"的地位，要求"修改相关法律，赋予其更多的侦查自主权，肯定其独立侦查主体的地位"的呼声也越来越高。此外，德国有关检察机关究竟属于行政机关、审判机关还是司法机关的争议，① 也为检察机关对警察机关的领导权埋下了隐患。因为在德国机构隶属中，检察机关隶属于司法部，而警察机关隶属于内政部②，法律规定警察机关仅仅是在侦查程序中从职能分工的角度接受检察机关的领导。③ 即检察机关对警察机关的领导仅仅限于侦查功能上的业务领导，而不涉及组织法层面的上下级关系。不仅如此，由于警察机构隶属于内政部，具有参与刑事诉讼和保障公共安全不受危害和威胁的双重职能，这使得检察机关对警察机关的领导即便是在技术层面也会出现彼此权限冲突的情况。例如，当某项行为既属于一般侦查措施也属于危险排除行为时，警察机关是否还需要继续听从检察机关领导，就是一个需要思考的问题。因为一般情况下如果某项行为属于侦查措施，则检察机关可以领导警察机关；如果仅属于排除危险的行为即纯粹属于警察机关职权范围内的公务，警察机关则不需要接受检察机关领导；但若出现重合，则会使问题变得复杂：该行为是应得到检察机关和警察机关的共同授权，还是先判断行为性质更偏向哪个职权再决定由谁授权？对此，德国学者认为应首先判断行为的性质是更倾向于侦查措施，还是更偏重于排除危险行为，然后再决定是否需要检察机关授权。④ 司法实践中，一般认可当某个行为不仅需要检察机关发布命令也需要取得警察机关的授权时，不能仅以检察机关单独发布

---

① Vgl Gutachten zum Thema "das Verhältnis von Gericht, Staatsanwanltschaft und Polizei im Ermittlungsverfahren, strafprozessuale Regeln und faktische (Fehl – ?) Entwicklungen", Seit 34 – 48ff.

② 联邦检察机关隶属于联邦司法部，州检察机关隶属于州司法部。同理，联邦警察隶属于联邦内政部，州警察属于州内政部。

③ Sieh Geset – und Verordnungsblatt. 1985, 4, 14.

④ Roxin, Claus: Strafverfahrensrecht, 25 AuflAag, Verlag C. H. Beck, 1998, Seit 80.

命令为准。且在紧急情况下，警察机关总是享有一定自行决定权，可先行处理，事后再向检察机关报告。

（二）法国检察领导侦查的实践运作

英国学者所作的有关法国侦查取证过程中检警关系的访谈和调查也表明，一方面当问及检察官其与警察的关系时，检察官在描述过程中通常不会采用"命令"，而是采用说服、建议、解释、激发或者坚持等词语形容自身与警察的关系。大多数（约占受调查对象的85%）的检察官称，自己并不将警察视为同事，无论他们的级别如何，两者的关系是合作与信任，而非级别与权威的维护。另一方面当调查者要求警察描述其与检察官的工作关系时，83%的警察回答不会将检察官视为他们的同事或者上级，而常常是一种同盟。50%的警察认为，检察官很少是对手，这也符合警察眼中"好检察官"（在警察看来，"好检察官"是那些与他们保持信任关系并在需要时向他们提供建议的人）[1] 的形象。此外，该研究者还通过大量直接观察发现，检察官对警察局的所有探访，均事先通知了警察，并且在一种友善的气氛中进行，[2] 不存在任何领导或指挥的情形。

三、域外模式之总体评价

上述法律规定与实践运作的反差表明，德国侦查程序中的检警一体模式的立法与实践其实存在严重脱节的问题。立法上的"检警一体化"设计在遭遇现实困境之后，逐渐演变为警察机构和警务官员自行行使侦查权，同时也接受检察机关领导的做法。即实践中德国确认了检察机关和警察机关在组织上的独立性和检察机关对侦查程序负有总体责任，同时警察机关可以针对其有权率先处置的

---

① ［英］杰奎琳·霍奇森：《法国刑事司法——侦查与起诉的比较研究》，张小玲、汪海燕译，中国政法大学出版社2012年版，第213～214页。

② ［英］杰奎琳·霍奇森：《法国刑事司法——侦查与起诉的比较研究》，张小玲、汪海燕译，中国政法大学出版社2012年版，第158页。

犯罪行为做出不受限制的侦查决定以及执行权。① 简言之，法律在保留检察机关对警察机关开展侦查程序领导权的同时，实践中默认警察机关的自行侦查决定权。

事实上，德国检察官和警察在侦查程序中的地位问题，在其本国也一直是法律政策中备受争议的话题。② 许多学者就检警关系现存的矛盾也都提出过解决方案：如有学者提出应对德国现行检警一体的模式进行改造，实行英美法系国家的"检警分离"模式，将检察机关限权于公诉职能。理由是，提起控诉是一种"衡量与决定的活动"，而侦查则是"刑事追究与澄清事实的活动"③。侦查与提起公诉之间存在明显差异，不应由检察机关同时承担。因此，应改变法律有关检察机关在侦查程序中处于主导者的规定，授权警察机关独立的侦查权，检察机关不再对侦查程序进行领导，而只负责就侦查结果提起公诉。还有学者针对检察机关刑事侦查中有权无能及领导指挥侦查不力的问题，提出将司法警察划归为检察机关的下属，以增强实践中检察机关对侦查的领导能力。如我国学者所熟知的德国学者 Roxin 教授就曾在其著作中建议分派一些有侦查经验的刑事警察给检察院，让其在组织上仅接受检察院领导，并在警察

---

① Gutachten zum Thema "das Verhältnis von Gericht, Staatsanwanltschaft und Polizei im Ermittlungsverfahren, strafprozessuale Regeln und faktische (Fehl-?) Entwicklungen", Seit 19.

② 2008 年 4 月 18 日，德国联邦司法部曾向联邦德国法官联盟的大刑事法律委员会（Große Strafrechtskommission des deutschen Richterbundes）咨询并讨论"在侦查程序和刑诉规则中法官、检察官和警察的关系"。Sieh Gutachten zum Thema "das Verhältnis von Gericht, Staatsanwaltschaft und Polizei im Ermittlungsverfahren, strafprozessuale Regeln und faktische (Fehl-?) Entwicklungen", Seit 9.

③ Schlachetzki, Nikolas: Die Polizei-Herrin des Strafverfahrens? Eine Analyse des Verhaeltnisses von Staatsanwaltschaft und Polizei, Menschen & Buch, 2003, S. 154.

机关其他部门的协助下，直接从事侦查工作。① 但此观点因其弊端
重重遭到许多学者的反对。② Roxin 教授自己也在后续著作中主动
删除了这一建议。③ 此外，还有学者提出将"检察机关并入内务行
政序列"，即"将检察机关构建成警察体系中的一个机构"，以解
决实践中检察机关难以领导指挥警察机关的问题。④ 但遗憾的是，
上述这些建议都未能在德国理论界达成一致，且至今也没有解决德
国检警一体模式理论与实践不符的棘手问题。

同样，前述法国检察领导侦查的法律规定与实践运作的差距，
也表明在法国"检察官对司法警察的领导关系也并不像法律规定
的那样明确，实践中也存在司法警察抵制检察官领导和指挥的现
象"⑤。

综上所述，尽管以德国和法国为代表的大陆法系国家在立法上
设计了"检警一体"的模式，但实践表明两机关在案件侦查过程
并不能很好地履行立法者预设的相应职责权限，即侦查取证过程中
警察通常具有相当大的自主权，检察机关也很难实现法律赋予的领
导和指挥职能。

第二节　取证引导域外模式的借鉴

我国的刑事诉讼体制相较而言更接近于大陆法系国家，我国许

---

①　参见克劳斯·罗科信：《刑事诉讼法》（第 24 版），吴丽琪译，法律
出版社 2003 年版，第 80 页。

②　持反对意见的有：Gössel, 1980；Rüping, 1983, 908。

③　Vgl Claus, Roxin: Strafprozessrecht, 25 Auflag, Verlag C. H. Beck,
1998, Seit 68.

④　Huener, Die Zukunft der Staatsanwaltschaft, JW 1929, S. 984，转引自
李冬妮：《中德检警关系比较研究》，中国政法大学 2008 年硕士学位论文，中
国优秀博硕士论文库。

⑤　具体论述可参见宋英辉、孙长永、朴宗根等：《外国刑事诉讼法》，
北京大学出版社 2011 年版，第 190～192 页。

多研究者主张以大陆法系国家特别是德国刑事诉讼法规定的检警一体模式为参照标准，对我国现有的检警关系实行一体化或类似于一体化的制度构建，意图通过强化检察机关的侦查领导指挥权，解决实践中检察机关所面临的公诉工作被动、侦查取证监督无力等现实问题。

一、我国对取证引导域外模式的移植与改造

（一）对检警一体化的移植

自 1998 年起，我国一些学者就开始主张模仿大陆法系国家特别是德国刑事诉讼法律规定的"检警一体化"模式，重构我国侦查程序中的检警关系。① 如不少学者认为，检警一体化模式"集中体现了诉讼规律的基本要求，顺应了当今世界刑事诉讼法学发展的历史潮流，所以应该成为我国刑事司法体制改革的首选目标"。② 为实现这一目标，检警一体化模式的主张者认为，"我国公安机关的行政职能与司法职能应当适当分离，将刑事司法警察从公安机关

---

① 曾撰文主张在我国实行检警一体化的学者众多，如郝银钟：《论法治国视野中的检警关系》，载《中国人民公安大学学报》2002 年第 6 期；陈兴良：《警检一体：诉讼结构的重塑与司法体制改革》，载《中国律师》1998 年第 11 期；陈卫东、郝银钟：《侦检一体化模式研究——兼论我国刑事司法体制改革的必要性》，载《法学研究》1999 年第 1 期；徐静村：《21 世纪中国刑事程序改革研究——〈中华人民共和国刑事诉讼法〉第二修正案（学者建议稿）》，法律出版社 2003 年版，第 29 页；刘晓东：《我国警检关系完善新探》，载《国家检察官学院学报》2003 年第 1 期；薛炳尧、部占川：《对"检警一体化"的思考——从侦查程序监督机制优化角度考察》，载《政法学刊》2003 年第 6 期；万毅：《侦诉一体化：我国检警关系之重塑》，载《新疆大学学报（社会科学版）》2003 年第 3 期。黄小燕：《由赵作海案反思我国的检警关系》，载《知识经济》2010 年第 24 期；李冬妮：《中德检警关系比较研究》，中国政法大学 2008 年硕士学位论文，中国优秀博士硕士论文库；刘计划：《检警一体化模式再解读》，载《法学研究》2013 年第 6 期。

② 陈卫东、郝银钟：《侦、检一体化模式研究——兼论我国刑事司法体制改革的必要性》，载《法学研究》1999 年第 1 期。

中剥离出来，按检警一体化的原则交给检察机关节制"①。也有论者在对中德检警关系进行全面比较的基础上，提出"我国现今的检警关系模式由于历史发展、现实国情、理念取向等诸多因素的影响，具有'混合性'的特点，尽管不能简单归属于任何一种通行的关系模式，但相较而言，却具有与以德国为代表的大陆法系国家的检警一体模式很多方面的相似性"②，并认为虽然我国法律没有明确规定人民检察院在刑事侦查中的领导和控制作用，但却默认了其在侦查程序中的方向性指导和总体制约作用，因此推断我国的人民检察院具有与德国检察机关相类似的绝对地位和作用。

随着讨论内容的不断深入，一些研究者甚至还从立法设计的角度对我国实行检警一体化进行了具体的模式构建，其在学者们提出的关于《刑事诉讼法》再修改的"法典式"论著中得到了体现：如有学者们提出的《中华人民共和国刑事诉讼法第二修正案（学者建议稿）》拟规定"对刑事案件的侦查、提起公诉，由人民检察院负责。人民检察院根据法律的规定，可以授权公安机关及其他侦查机关在一定范围内进行刑事案件的侦查"③。还有学者在其编撰的我国《模范刑事诉讼法典》中主张"人民检察院有权从公诉的角度就同级其他侦查机关正在侦查的案件作出必要的指示"，"侦查人员应听从检察官的一般性指挥和具体性指挥。对于没有正当理由拒不听从指挥的，检察官可以要求该侦查机关负责人撤换侦查人员，并有权提出相应的制裁建议"④。

---

① 陈兴良：《警检一体：诉讼结构的重塑与司法体制改革》，载《中国律师》1998 年第 11 期。

② 李冬妮：《中德检警关系比较研究》，中国政法大学 2008 年硕士学位论文，中国优秀博硕士论文库。

③ 参见徐静村主编：《21 世纪中国刑事程序改革研究——中华人民共和国刑事诉讼法第二修正案（学者建议稿）》，法律出版社 2003 年版，第 29 页。

④ 参见陈卫东主编：《模范刑事诉讼法典》，中国人民大学出版社 2005 年版，第 293 页。

（二）对检警一体化的改造

事实上，在上述学者提倡我国实行检警一体化模式改革的同时，我国也有不少学者对其持质疑态度。① 理由是检警一体化需要改变警察部门与检察机关两者的实体关系，使司法警察成为检察机关的隶属或辅助部门，在我国简单移植或直接照搬大陆法系检警一体化模式，与我国现行司法权力分配现状存在冲突。如有学者指出"检警关系改革涉及诉讼制度的调整和检警职能的配置，在宪法规定的司法体制框架不做较大变动的情况下，检警关系的重大变革不可能实现。改革实践告诉我们：在现行体制下的司法改革最好能够兼顾各方利益，在现有的制度框架下逐步达到司法改革的目的。检警一体化模式要在中国确立，就意味着由宪法规定的司法体制必须进行较大的变动，长期形成的利益格局必须打破，这不仅在现阶段没有可行性，而且易造成新的弊端和新的不合理"。②

随后，有学者提出在改造大陆法系检警一体化模式的基础上实行检察引导侦查的改革。③ 此观点一出，即得到我国理论界众多学者的支持与回应。④ 我国实务界也就此展开了检察引导侦查模式的改革实践。提倡检察引导侦查取证模式的改革者认为，与直接照搬检警一体化模式不同，"引导"是在承认检察机关与公安机关处于平等地位的前提下，由检察机关对公安机关的侦查取证活动进行业

---

① 龙宗智：《评"检警一体化"兼论我国的检察关系》，载《法学研究》2000 年第 2 期；陈岚：《我国检警关系的反思与重构》，载《中国法学》2009 年第 6 期；廖东隽：《试论新刑诉法实施后的检警关系重构——从"检察引导侦查"到"检察指导侦查"的模式转变》，载《法制与社会》2012 年第 11 期。

② 陈岚：《我国检警关系的反思与重构》，载《中国法学》2009 年第 6 期。

③ 龙宗智：《评"检警一体化"兼论我国的检察关系》，载《法学研究》2000 年第 2 期。

④ 诸如陈岚：《我国检警关系的反思与重构》，载《中国法学》2009 年第 6 期；冯军：《我国刑事诉讼中的检警关系问题研究》，载《河北大学学报》2003 年第 2 期。如第一章所述，在我国主张检察引导侦查改革的论者众多。

务上的引导。且"这种引导侧重于技术性处理而不从根本上触及两者的法律地位和关系问题"。"引导"不同于检警一体模式中检察机关对侦查的领导指挥权。因此，在引导侦查的改革者看来，引导侦查可"在不损害公安机关侦查能力的情况下，使宪法规定的检察机关的法律监督职能落到实处，检察机关在审前程序中的主导地位得以确立，检警两家各自的专业特色得到尊重的同时，也得到充分的彰显"①。换句话说，提倡检察引导侦查模式的改革者认为，该模式既"吸收了检警一体化的合理内核，同时又不损害我国现行政治体制架构和司法权力分配的现状"②。

但何谓检警一体化的合理内核？前述有关德国检警一体化的立法模式考察已表明，一体化的核心价值在于检察机关对侦查机关的领导和指导，强化检察机关与警察机关在侦查起诉阶段的配合。笔者以为，如果说检察机关引导侦查吸收了检警一体化的合理内核，也就意味着两者具有同质性，都注重检警形成合力。然而，基于我国现行政治体制架构和司法权力分配的现状与西方国家存在差异，笔者认为，这种注重检警形成合力的检察引导侦查模式改革将与起初主张在我国实行检警一体化一样，不符合我国现行刑事司法体制。

二、取证引导域外模式与我国司法权配置的冲突

（一）与我国检察机关和公安机关职能复合性的冲突

1. 我国检察机关职能的复合性

我国检察机关具有两项基本职能，一项是法律监督职能，另一项是诉讼活动组织职能或称为控诉职能，后一项也是各国检察机关所具有的共同职能。大陆法系国家实行检警一体化，也正是基于检察机关所享有的控诉职能，将司法警察配置为检察机关的辅助机构，规定检察机关在侦查过程中的领导指挥权，也是为了保证控诉

---

① 陈岚：《我国检警关系的反思与重构》，载《中国法学》2009 年第 6 期。

② 龙宗智：《评"检警一体化"兼论我国的检察关系》，载《法学研究》2000 年第 2 期。

职能运行的统一高效性，以实现国家追诉职权的最大化。与大陆法系国家检察机关职能有所不同的是，前一项法律监督职能是我国检察机关特有的职能。

但一直以来，理论和实务界对我国检察机关"法律监督"职能的真正含义不甚明晰：要么将检察机关承担的控诉职能混同于法律监督职能;① 要么虚化检察机关法律监督职能的同时，武断地认为我国没有西方国家那样的"司法审查"制度。但事实上，不论是在我国还是西方国家，法律监督职能都是客观存在的，只不过这一职能在西方国家被称为"司法审查权"，由法院或预审法院行使；在我国称为法律监督权，由检察机关行使。② 即在刑事诉讼程序中，法律监督或司法审查具体可表现为我国检察机关的立案监督权、批准逮捕权、审判监督权，以及西方国家法院所享有的对搜查证、逮捕证的签发和对其他强制措施的审批权等。同一职能，在不同国家，其称谓、表现形式及配置方式存在差异而已。但同一职能所具有的特性却未曾改变，即不受主体自身职责意志影响，且具有直接纠正、审查决定的效力。

基于此，我国检察机关行使的"法律监督权"也理应与其本身承担的控诉职能区分开来。理由即在于，"法律监督"并不属于诉讼程序链条上的一个阶段，国家对法律监督职能进行专门规定的根本意义，就在于产生一个独立于法律适用之外的监督机制，它应

---

① 如有论者撰文辨析检察机关具体哪些职权具有"监督"属性时，明确指出检察机关对职务犯罪的侦查权、批准或决定逮捕权、公诉权等都具有监督性质。且监督具有两重性，即专门性监督和参与性监督。参见邓继好：《从检察监督的两重性看诉讼职权与监督职权的分离》，载《政治与法律》2012 年第 3 期；另见田传锋：《侦查监督权行使的困境及解决思路——以公诉为中心的考量》，载《中国检察官》2014 年第 3 期。当前，我国检察机关实务部门仍多沿袭传统检察理论，将公诉权归为法律监督权，其实就是对控诉职能和法律监督职能间关系认识模糊的结果，其后果只会导致法律监督职能更加虚幻和空泛。

② 杨宗辉、周睦棋：《检察权结构探微》，载《法学评论》2009 年第 1 期。

该是处于刑事诉讼侦、诉、审环节之上的权力。从这个角度来说，刑事诉讼过程中任何代表了侦查、起诉、审判具体职责意志的权力都不能属于法律监督权。①即"法律监督权"应当具有专门性、根本性，并不同于检察机关已有的控诉职能，否则，我国宪法对检察机关法律监督的专门规定②就毫无意义。

　　综上，大陆法系国家法律监督和司法审查职能多由法官或预审法官这一"司法主体"行使，检察机关主要负责对侦查终结的刑事案件向法院提出控诉，诉讼职能较为单一。实行检警一体化或检察指挥侦查，使刑事警察成为检察机关的辅助机构并受其指挥，并不会影响到法官或预审法官行使法律监督和审查职能。与之不同，我国检察机关除承担检控职责外，还行使着司法审查权，扮演着法律监督者的角色，是代表国家权力机关行使法律监督职能的专门司法机关。即我国检察权具备两种基本职能——法律监督职能与诉讼活动组织职能③。显然，我国在借鉴大陆法系检警一体化经验之时，恰恰忽视了我国检察机关职能的复合性。无论是

---

　　①　杨宗辉、周睦棋：《检察权结构探微》，载《法学评论》2009 年第 1 期。

　　②　我国宪法规定检察机关是法律监督机关是受列宁法律监督思想的指导。即苏联所建立的社会主义检察制度具有以下几方面的特点：一是检察机关是一个独立的国家机关，直接隶属于国家权力机关，同政府、法院处于平等地位。二是检察机关是国家的法律监督机关，"检察长的唯一职权是：监视全共和国内对法律有真正一致的了解，既不顾任何地方上的差别，也不受任何地方上的影响"。"检察长的责任是要使任何地方当局的任何决定都不与法律相抵触，也只有从这一点出发，检察长才必须抗议一切非法的决定。"三是检察机关依法独立行使检察权，检察机关实行一体式的垂直领导。种松志：《检警关系论》，中国政法大学 2006 年博士学位论文，中国优秀博士硕士论文库。

　　③　"尽管这两种基本职能都由检察机关行使，但它们分属于权力监督与权力制约两个不同层面的国家权力关系：法律监督职能体现权力监督，代表上位国家权力对司法活动所进行的法律监督与控制；诉讼活动组织职能体现权力制约，是检察机关在诉讼活动中通过自身的案件诉讼主张和分工制约性职权对其他司法机关的职权所进行的牵制和平衡。"具体论证参见杨宗辉、周睦棋：《检察权结构探微》，载《法学评论》2009 年第 1 期。

学者们最初主张的"检警一体"的法律移植方案，还是改造后的"检察引导侦查"实践，都未能充分认识我国检察机关法律监督职能的独特性，也没有理顺和摆正法律监督和控诉职能间的地位和关系。

2. 我国警察机关职能的复合性

在我国实行检警一体化，不仅未充分认识到我国检察职能的复合性，而且也未考虑到我国警察机关职能复合性的现实国情。在我国，公安机关特别是基层派出所，在负有侦查职能的同时，还负有大量治安与行政管理职能，不同职能既相互区别，又彼此关联。①因为警察机关刑事侦查能力的高低，在很大程度上，不取决于专门的刑侦力量，而是依靠警察机关各警种的配合，即其总体构成和综合作战能力。案件侦查过程中，尤其是重特大案件，刑侦部门不仅需要治安部门及公安派出所的支援，而且还需要公安机关其他部门如内部保卫、边检、交警等部门的支持与配合。尤其是公安派出所，作为国家维系社会秩序最基层的力量，其在重点人口的摸底排查，调查措施的实施、缉捕与布控等方面，都起着不可或缺的作用。可以说，若没有不同警种的全面配合、统一协调的总体作战，侦查工作将陷入孤军作战的境地，其效率和能力都会大大降低，甚至难以开展。因此，若实行检警一体化的改革，生硬地将刑事警察和治安警察予以割离，将大大削弱刑事侦查的整体效能。

（二）与我国检察权和侦查权权力属性的冲突

理论界对我国检察机关行使的权力性质一直存在很大分歧：有人认为其属行政权，有人认为其属司法权，有人认为其具有行政司

---

① "警察机关只有有效保证侦查职能与治安管理职能之间的相互配合，既关注事后的追究制裁，又不放松事前的预防控制，才可切实实现安全保障与秩序稳定的最终目标。这一点是世界上包括中国和德国在内绝大多数国家的共同认识和一致做法。"参见李东妮：《中德检警关系比较研究》，中国政法大学 2008 年硕士学位论文，优秀博士硕士论文库。

法双重属性，还有人认为属于独立的法律监督权。① 同样，在我国公安机关行使的侦查权权力性质问题上也争议颇多。② 主张公安机关行使的侦查权属于行政权的论者，往往认为我国检察权和侦查权同属行政权即权力性质相同，具备借鉴大陆法系国家检警一体模式的体制基础。对此，笔者不予认同，因为在笔者看来将我国检察权和侦查权归属为行政权的观点，本就是对我国这两种权力性质的误读。

各国不同的政治体制对国家权力性质划分往往起着决定性作用。西方国家遵循"权力制衡"这一国家权力运作的基本原则，将国家权力分为立法权、行政权、司法权，不同权力之间相互制约，同一权力之间相互配合。这种分权制衡、相互监督的体制，使国家没有必要再成立一个专门负责法律监督的机关。且由于司法权单指法院审判权，检察权要遵从控审分离的基本原则，就必须与审判权分属不同性质的国家权力，而只能划归为行政权。③ 检察机关和侦查机关也因此被定位为国家行政执法机构。④ 而在我国，人民代表大会民主集中的政权组织形式，决定了我国的检察院不仅像西方国家检察机关一样承担着检控职责，同时还是我国专门的法律监

---

① 对此，龙宗智教授认为，近些年，虽然我国理论界对检察权的司法性质仍有争议，但主流意见认为中国检察权作为司法权的一部分毋庸置疑，无论在有关法律条文、学术研究以及法学教育中，检察权的司法权性质应当说均获确认。且龙宗智教授也认为中国的检察权虽然具有一定的行政属性，如上命下从的组织关系、积极主动的行为方式等，但法律定位是法律监督权和司法权。参见龙宗智：《中国法语境中的检察官客观义务》，载《法学研究》2009 年第 4 期。

② 具体争议内容可参见杨宗辉：《论我国侦查权的性质——驳"行政权本质说"》，载《法学》2005 年第 9 期；廖明：《侦查权的性质与配置研究述评》，载《山东警察学院学报》2011 年第 1 期。

③ 种松志：《检警关系论》，中国政法大学 2006 年博士学位论文，中国优秀博士硕士论文库。

④ 杨宗辉、周虔：《"检警一体化"质疑》，载《法学》2006 年第 5 期。

督机关，代表国家权力机关行使法律监督职能。① 我国法院只是代表国家权力机关行使审判权的专门机关，也非西方国家法院那样集审判权和司法审查权于一身的"独立司法主体"。既然西方国家所谓的"独立司法权"，在我国的政体下是被两个不同的国家机关行使着，那么对其权力性质的界定则毫无必要机械地照搬西方三权分立理论下所谓的"行政与司法权特征"。即我们不能因为我国的检察职权与国外法院的"司法权特征"有不同之处，就将其排除在司法之外看作是行政权。② 因此，我国检察权应是国家司法权之一，其承担了刑事案件的控诉职能和诉讼中的法律监督职能。③

综上，在西方国家，控、辩、审三方形成以审判为中心的三角关系，对应的是其分权制衡、三权分立的宪政体制，检察权和侦查权都体现出行政权属性；我国的政治体制决定了当前的刑事诉讼线

---

① "其最明显的表现就是，在西方国家普遍由法官或预审法官这一司法审查主体行使的批准逮捕权，在我国就是属于检察机关的职权之一。"杨宗辉、周虔：《"检警一体化"质疑》，载《法学》2006 年第 5 期。

② 杨宗辉、周睦棋：《检察权结构探微》，载《法学评论》2009 年第 1 期。

③ 有学者明确指出：在我国，检察权表现出三种特性：一是检察权是监督权。这种监督是一种专门性的监督，是通过诉讼程序进行的监督。二是检察机关具有独立的宪法地位。由于"中华人民共和国的一切权力属于人民""人民行使国家权力的机关是全国人民代表大会和地方各级人民代表大会"，"全国人民代表大会是最高国家权力机关"。因此检察权的独立不是一级权力意义上的独立，而是二级权力意义上的独立，其与审判机关、行政机关同为互不隶属的国家机关。三是检察权是一种司法权。虽然宪法未明确规定检察权是司法权，但是宪法篇、章、节的设置已表明其某种程度上认可检察权是司法权。宪法在《国家机构》一章中，将人民法院、人民检察院共同在一节中规定，暗示着人民法院与人民检察院属于同一权力性质的国家机关，即人民检察院与人民法院同属于司法机关。种松志：《检警关系论》，中国政法大学 2006 年博士学位论文，中国优秀博士硕士论文库。

性构造，检察权和侦查权具有司法权属性。① 在权力属性截然不同的情况下，若盲目借鉴大陆法系国家实施检警一体，势必会改变我国检察机关的根本性质，导致其法律监督职能的失效，进而牵涉到整个国家政治理论体系的变更。

（三）与我国检察机关和公安机关客观义务的冲突

与上述检察权和侦查权所具有的司法权属性相对应，我国检察机关和公安机关在刑事诉讼中还应承担客观义务。即为了发现案件真实，我国检察机关和公安机关不应站在当事人的立场，而应站在客观的立场上进行活动。② 有学者认为由于我国检察机关和公安机关都担负着控诉职能，"在刑事诉讼学理上，属代表国家提出控诉的诉讼原告（当事人）"，而客观义务要求其超越当事人角色，在诉讼活动中坚持客观立场，这无论对检察官还是警察而言，似乎都很难做到。③ 对此，笔者认为，此观点是对我国检察机关法律监督职能缺乏深刻认识的结果。因为我国检察机关所具有的法律监督职能要求检察官必须履行客观义务。毫无疑问，监督法律实施最基本的要求就是监督者的客观公正，站在法律的立场而不是任何当事人的立场。即"客观义务的产生及其强化，正是源于检察官作为'法制守护人'的角色和地位"。检察官要维护法制，"就不能把自己降低为普通的诉讼当事人，而应超越当事人角色限制"。④

同时，笔者认为，我国法律规定的公、检、法三机关分工负责、互相配合、互相制约的关系模式，不仅使人民检察院在刑事诉

---

① 杨宗辉、周虔：《"检警一体化"质疑》，载《法学》2006 年第 5 期。

② 龙宗智：《中国法语境中的检察官客观义务》，载《法学研究》2009 年第 4 期；龙宗智：《检察官客观义务论》，法律出版社 2014 年版，第 1 页。

③ 陈雷：《检察官的客观义务比较研究》，载《国家检察官学院学报》2005 年第 4 期。

④ 龙宗智：《中国法语境中的检察官客观义务》，载《法学研究》2009 年第 4 期。

讼中对公安机关并无领导与指挥权，而且由于公安机关在刑事诉讼中相对独立的诉讼地位，我国刑事诉讼法律法规在对检察机关提出客观义务①的同时，也明确规定了公安机关在刑事诉讼中所应恪守的客观义务。② 也就是说，我国法律规定公安机关在侦查过程中不仅仅是为查明犯罪，其同时承担着收集犯罪嫌疑人无罪、罪轻证据的职责和义务，履行着刑事案件的预审职能。

值得说明的是，我国公安机关所承担的客观义务源于我国公、检、法三机关在刑事诉讼中配合制约式的线性构造。而这种线性结构由于明显不同于西方国家所实行的控、辩、审三角式的对抗制诉讼构造，一直被我国许多学者视为批判和改造的对象，③ 其也成为我国当前司法体制改革的核心内容。由于公、检、法三机关司法权

① 如 2010 年最高人民检察院等五部门下发通知，重申检察机关客观公正的取证义务。参见最高人民法院、最高人民检察院等五部门《关于加强协调配合积极推进量刑规范化改革的通知》中，关于检察机关既要收集有罪证据，又要收集无罪证据的要求。

② 2012 年我国《刑事诉讼法》第 50 条有关证据收集的一般原则中规定："审判人员、检察人员、侦查人员必须依照法定程序，收集能够证实犯罪嫌疑人、被告人有罪或者无罪、犯罪情节轻重的各种证据。"第 51 条运用证据的原则规定："公安机关提请批准逮捕书、人民检察院起诉书、人民法院判决书，必须忠实于事实真相。故意隐瞒事实真相的，应当追究责任。"第 113 条有关侦查的一般要求中规定："公安机关对已经立案的刑事案件，应当进行侦查，收集、调取犯罪嫌疑人有罪或者无罪、罪轻或者罪重的证据材料。"

③ 近些年，提出改造我国公、检、法三机关线性构造的论文不占少数，如王超：《分工负责、互相配合、互相制约原则之反思》，载《法商研究》2005 年第 2 期；陈光中、汪海燕：《论刑事诉讼的"中立"理念——兼谈刑事诉讼制度的改革》，载《中国法学》2002 年第 2 期；徐阳：《公检法三机关分工、制约、配合原则评析》，载《河北法学》2002 年第 2 期；聂洪勇：《分工负责、相互配合、相互制约原则的检讨与重构》，载《法律适用》2007 年第 1 期；张劲：《"分工负责，相互配合，相互制约"不宜作为我国刑事诉讼法的基本原则》，载《人民检察》2000 年第 5 期；刘计划：《检警一体化模式再解读》，载《法学研究》2013 年第 6 期。

配置属于我国司法体制改革层面的问题，受本书研究主题所限，笔者在此无法对其展开深入探讨，但对部分学者的研究成果表示赞同，即我国公、检、法三机关现有职权配置及互相关系符合我国现实国情。① 所谓控、辩、审三方的三角关系，也只能是指"审判方式上的三角关系"，不能将其夸大为整个刑事诉讼活动的三角构造。② 刑事诉讼程序本身的根本意义就在于，通过严格且恰当的程序步骤限制，对程序相对人所被指控的涉嫌犯罪事实进行分层、逐级推进的审查和过滤，以保证刑事实体法律最终被公正和准确地适用，整个刑事司法体系的公正价值，在有序分工的基础上最终通过法庭的审判得以实现。③ 即侦查与起诉的次序分野，不仅是专门任务的分工，更是为了实现对案件事实逐步的审查核实。无论是侦查还是起诉，都应该是通向法庭审判道路上的一层"过滤网"，最终为公正的法律适用而服务，而不能是为了实现其本身的所谓"打击追诉任务"。

在这一点上，国外许多学者也对实行对抗式刑事司法程序、警察在诉讼过程中不恪守客观义务的问题提出过质疑和批评，指出警察在侦查过程中收集和组织不利于犯罪嫌疑人的证据时，如果具有高度的偏向控方性、策略性和目标引导性，会使侦查沦为司法竞技游戏（sporting theory of justice，pound，1909）的一部分，制造道

---

① "司法体制改革的核心是解决法院、检察机关和公安机关的职权配置及关系问题。""公、检、法三机关关系的优化不是单纯地重新配置权力。"我国现有关于刑事司法体制的研究所存在的不足："一是无视我国现行宪法所确立的基本制度，过于偏重域外经验；二是对中国司法实际状况深入调研较少，对来自司法实务部门的改革诉求与真正需要关注不够，以致针对公、检、法三机关关系的很多改革方案不仅超出了中国宪法框架，而且脱离了中国司法现实状况及实际需求。相关研究可参见王幼君：《宪法第 135 条研究——以刑事司法实践为蓝本》，华东政法大学 2014 年博士学位论文，中国优秀博士硕士论文库。

② 杨宗辉、周虔：《"检警一体化"质疑》，载《法学》2006 年第 5 期。

③ 杨宗辉、周虔：《"检警一体化"质疑》，载《法学》2006 年第 5 期。

德冷漠或者说角色的不道德性，进而破坏侦查对事实真相的查明。① 因为侦查是对抗式刑事司法程序开始之前的程序，侦查阶段的特点是"事实发现"，而非对抗。警察在刑事诉讼对抗前阶段恰当的角色定位应是中立、冷静的案件相关证据信息的收集者。检察官根据警察侦查过程中所获得的证据信息质量做出是否起诉犯罪嫌疑人的决定，从而发动全面对抗程序。如果警察在侦查中如同当事人一样行动或者积极履行追诉职能，那么不仅检察官对案情的认知和决策会受到影响，而且辩护律师、法官将都只能依靠这些偏颇的、不完备的、错误或者片面的信息来形成判断、做出决定和实施法律。② 可见，即便是在实行对抗制诉讼构造的国家，学者们也在反思警察在侦查阶段是否应承担客观义务的问题。如果侦查人员过分看重胜诉目标，就会从根本上破坏侦查进而整个司法程序对事实真相理性与自觉的追求。

综上，我国刑事司法体制和诉讼构造决定了检察机关和公安机关在侦查程序中应承担客观义务。但显然，无论是实行检警一体还是检察引导侦查模式的改革，其在调整侦查取证过程中检警工作关系的同时，势必触及我国司法机关根本性质和任务的定位和权力配置问题，进而有损于检警各自诉讼地位的独立性及公安机关所承担的客观义务。

第三节　取证引导域外模式之反思

我国取证引导机制改革是对大陆法系国家检警一体化模式的借鉴，检警关系在刑事诉讼过程中，最直接地体现为检察机关对警察机关侦查取证行为的控制程度。从世界范围来看，当检察机关在侦

---

① 具体论述参见［美］理查德・A. 利奥：《警察审讯与美国刑事司法》，刘方权等译，中国政法大学出版社 2012 年版，第 19 页。

② ［美］理查德・A. 利奥：《警察审讯与美国刑事司法》，刘方权等译，中国政法大学出版社 2012 年版，第 10～15 页。

查取证过程中对警察机关拥有单向度的领导和指挥权时，检警关系呈现为检警一体型。当检察机关与警察机关在侦查取证和适用法律方面相互独立时，检警关系表现为分离型。① 这些不同模式之间本不存在孰优孰劣的问题。一个国家具体采取哪种检警关系模式，往往和本国的宪政体制、司法制度乃至现实国情紧密相连。检警一体或检察指挥侦查既不是世界各国调整检警关系的通用模式，也不是其最优模式。

一、取证引导域外模式借鉴必要性之反思

（一）检警一体不是各国调整检警关系的通用模式

与大陆法系国家检警一体模式不同，英美法系国家在侦查取证过程中普遍采用"检警分离"模式。在此模式下，警察和检察官分别享有相对独立的地位和职权，二者或者分别享有不同类型案件的侦查权，或者仅警察享有侦查权，检察机关只负责案件的起诉。检察机关与警察机构之间不存在领导与被领导的关系。② 例如，在美国，联邦检察机构和地方检察机构职能主要包括三个方面："一是提起公诉；二是出庭支持公诉；三是向总统、政府各部和军队首长提供法律咨询等。"③ 犯罪调查工作主要由联邦警察、州警察和地方警察完成。④ 同样，在英国侦查任务也主要由警察来完成，即

---

① ［瑞典］布瑞恩·艾斯林：《比较刑事司法视野中的检警关系》，载《人民检察》2006 年第 11 期。

② 种松志：《检警关系论》，中国政法大学 2006 年博士学位论文，中国优秀博士硕士论文库。

③ 宋英辉、孙长永、朴宗根等：《外国刑事诉讼法》，北京大学出版社 2011 年版，第 61 页。

④ 具体而言，联邦警察主要负责调查违反联邦法律的犯罪；其他大量的犯罪调查工作主要由地方警察承担；州警察有调查犯罪的权力，但一般不直接介入犯罪调查，只有在犯罪涉及几个市县或具有集团犯罪性质时，才协助地方警察进行调查。参见宋英辉、孙长永、朴宗根等：《外国刑事诉讼法》，北京大学出版社 2011 年版，第 58 ~ 59 页。

"警察负责刑事犯罪的侦查。在日常工作中，为了打击犯罪、保障守法公民，警察拥有广泛的权力。"① "皇家检控署（The Crown Prosecution Service）作为英格兰和威尔士行政区的最高公诉机构负责审查警察提交起诉的案件，依据《皇家检控官准则》决定是否起诉或终止诉讼。"② 若检察机关认为证据达不到起诉标准，可以要求警察机构补充侦查，但警察没有绝对服从的义务。对警察的行为，检察机关的唯一制裁措施是中止诉讼。③ 可见，在英美法系国家，警察和检察官彼此分离，对侦查和公诉工作各司其职。

（二）检警一体也不是各国调整检警关系的最优模式

本章第一节有关取证引导域外模式的法律规范与实践运作的考察已表明，尽管大陆法系国家多从法律层面设置了检察官领导和指挥司法警察的一体模式，但实践中检察官对警察的领导并不像法律规定的那样和谐而明确。④ 检察机关领导侦查的效果与法律规定存在巨大差距。这正如我国台湾地区学者林钰雄教授所描述的那样，

---

① ［英］麦高伟、杰弗里·威尔逊：《英国刑事司法程序》，法律出版社 2003 年版，第三章"警察的侦查权"，第 38～51 页；宋英辉、孙长永、朴宗根等：《外国刑事诉讼法》，北京大学出版社 2011 年版，第 2～3 页。

② ［英］麦高伟、杰弗里·威尔逊：《英国刑事司法程序》，法律出版社 2003 年版，第九章第三节"王室检察院"，第 144～147 页。该书也指明在英国司法实践中，"如果警方起诉案件，王室检察院可停止起诉并进而撤销案件"。另见宋英辉、孙长永、朴宗根等：《外国刑事诉讼法》，北京大学出版社 2011 年版，第 3～4 页。

③ 张彩凤：《比较司法制度》，中国人民公安大学出版社 2007 年版，第 127 页；周欣：《欧美日本刑事诉讼特色制度与改革动态》，中国人民公安大学出版社 2002 年版，第 14 页。

④ 对此，有学者批评我国实行检警一体化的倡导者只"停留在少数国家或地区的法律规定层面上而忽视了其司法实践的真正运行情况，这种现象恰好是一种实践与理论的悖反，可以称之为"实践反对理论"。转引自潘金贵：《公诉制度改革研究：理念重塑与制度重构》，中国检察出版社 2008 年版，第 60 页。

实施检警一体化国家在法律实践中常常是，"检察官虽为侦查主体，但却有将无兵，既无侦查之力，更无侦查之设备，证据之收集与保全等，必得求诸警察或调查单位。本来，如果兵在外，但能听'将'指挥调度，问题也不大，但由于其他行政法规及刑事实务未为相应之配合，例如检察官对其辅助机关人员的任用、升迁、考绩、惩戒等事项，并无任何决定的权力，因此实际情况是兵在外，将命有所不受，甚至兵将易位，导致'兵不兵，将不将'的尴尬局面"。①

二、取证引导域外模式借鉴科学性之反思

（一）侦查与起诉分离符合现代刑事诉讼职能分工的客观规律

在实行检警分立的英美法系国家，侦查权和公诉权由警察机关和检察机关各自独立行使，互不干涉；即便是在实行检警一体的大陆法系国家，法律规定司法警察行使侦查权需要检察官的授权，这一法律规定本身也从反面证明，刑事案件的侦查工作绝非具有名义上侦查权的检察官所能大包大揽、独自完成的。其侦查实践也再次表明，检察院根本无力对所有案件侦查过程实行领导。除了少数特别的案件以及经济犯罪案件外，大多数时候侦查权都交给了警察机关，由警察独立展开侦查，并且在侦查结束后才将案件移交给检察院，检察院只需要决定，是终止诉讼还是提起公诉。

且从整个诉侦关系发展的历史来看，公诉权和侦查权都是从原始的指控犯罪的权利发展而来，两者的根本目的相同，即收集证据、控诉犯罪。这一目的的同质性，也使公诉权与侦查权之间有着长期一体、不分彼此的历史。在弹劾式诉讼时期，公诉权和侦查权表现为私权。随着纠问式诉讼的确立，公诉权和侦查权虽上升为公权，但仍与审判权混为一体，随着社会分工的发展、现代诉讼制度

---

① 林钰雄：《刑事诉讼法》（上册总论编），中国人民大学出版社 2005年版，第120页；曹文安：《预审制度研究》，中国检察出版社 2006年版，第367~368页。

的建立和分权学说的出现，控诉权首先从审判权中分离出来。其后，随着侦查职能的专业化和集中化趋势越来越明显，检察机关逐步从侦查职能上退化出来，控诉权分离为现代的公诉权与侦查权，由两个或两个以上主体分别行使，彼此形成适度的制约。检察机关行使公诉权，警察机关行使侦查权，也成为现代检警关系正式建立的标志。① 因此，侦查与起诉分离符合刑事诉讼职能分工的客观规律。

（二）检警一体不符合我国刑事司法权配置现有格局

本章第二节有关域外模式借鉴与我国刑事司法权配置的冲突已表明，域外经验没有也不可能成为解决我国侦查取证现有问题的灵丹妙药。反思和检讨我国取证引导机制改革所面临的现实困境，其根本原因还在于，这场改革在借鉴大陆法系国家检警一体模式时，没有充分考虑到我国司法体制的独特性。即大陆法系国家检察机关不具有监督侦查行为的权力，法律监督和审查职能多由法官或预审法官这一"司法主体"行使，检察机关主要负责对侦查终结的刑事案件向法院进行起诉、上诉或抗诉等检控活动，实行检警一体化或检察引导侦查，使刑事警察成为检察机关的辅助机构或受其指挥，并不会影响到法官行使法律监督和审查职能。与之相比，我国检察机关除承担检控职责外，还行使着司法审查权，扮演着法律监督者的角色，是代表国家权力机关行使法律监督职能的专门司法机关。若在我国实行检警一体化或检察引导侦查模式，必将影响到检察机关行使法律监督职能的公正性和实效性，导致检察机关和公安机关在侦查过程中诉讼角色的异化和错位、相互分工的紊乱、彼此间制约机制的严重失衡。

综上所述，笔者认为检警一体化或检察引导侦查模式，虽符合西方国家的政治体制、司法理念和法治实践，但却不符合中国的司

---

① 种松志：《检警关系论》，中国政法大学 2006 年博士学位论文，中国优秀博士硕士论文库。

法实践。这正如有学者所担心的那样，"在不关注法治国家刑事诉讼实践的情况下，单从书面规范与价值的角度来关照中国刑事诉讼制度，并据此提出改革方案，这本身就可能染上方法论上的形式主义错误，甚至某些方案对中国来说，也许还会构成陷阱"。[①] 因此，处理侦查取证过程中的检警关系，必须从中国的现实出发，在考虑我国公安机关的犯罪控制能力及检察机关职能复合性和特殊性的前提下，寻求更为合理的中国模式。

[①] 　左卫民等：《中国刑事诉讼运行机制实证研究——以审前程序为重心（二）》，法律出版社 2009 年版，第 11 页。

第五章　重构取证引导机制的建议

第一节　重构取证引导机制的基本思路

取证引导机制的改革由检察机关发起，希望通过建立检察机关与公安机关在侦查取证过程中引导与被引导的新型工作关系，解决当前侦查取证质量不高影响检察机关公诉职能的发挥以及检察机关侦查取证监督不力的问题。但显然侦诉配合不畅和侦查监督无力这两方面问题的解决，绝非实施取证引导这一项机制便可实现的。我国检警关系及政治体制的独特性，决定了检察机关所希冀的"一举两得"——一项机制改革达到既增强控诉职能又强化法律监督职能的双重目的，在实践中难以实现。从检察机关的角度讲，尽管控诉和法律监督这两项职能都由其行使，但由于两项职能处于不同层面，其内容既不同质，也不同向，改革所采取的方法和进路，就理应有所区别，才能使其更有针对性。但无论增强检察机关的哪项职能，都不应以改变我国现有检警关系、减损甚至否定公安机关侦查权行使的独立性为代价。

一、坚持公安机关行使侦查权的独立性

世界各国检警关系发展的历史表明，侦诉分离，检察机关行使公诉权，警察机关行使侦查权，是现代检警关系发展的必然趋势。[①] 在检警分立的英美法系国家，警察机关一直就是主要的侦查

---

① 种松志：《检警关系论》，中国政法大学 2006 年博士学位论文，中国优秀博士硕士论文库。

机关，享有独立完整的侦查权。即便在实行检警一体的大陆法系国家，虽然检察机关是名义上的侦查权主体，是警察机关侦查工作的指挥机关，但在实践中，仍然是警察承担绝大多数的侦查工作，且警察独立行使侦查权的发展趋势比较明显。

而警察机关之所以要独立行使侦查权，也是由侦查工作自身的专业性和复杂性所决定的。因为实践中侦查工作不仅要求侦查人员应具有较高的法律素养，而且更应具有丰富的侦查实务经验以及灵活施谋用策的能力；不仅要求侦查机关应掌握先进的刑事科学技术知识，还应具有完善充足的仪器设备与庞大的人力、物力支持，否则将难以胜任复杂多变的侦查工作。不仅如此，许多案件在侦查过程中往往存在许多突发的偶然性因素的介入，使得一些侦查破案的契机稍纵即逝，此时如果警察不能独立行使侦查权，而要处处受制于检察官的领导和指挥，侦查取证活动便无法及时迅速的开展，犯罪控制也就无从实现了。[①] 从检察机关的角度讲，尽管相较而言检察官法律素养较高，但在犯罪侦查方面所需具备的能力经验、设备人力却极为有限，若在其承担公诉等诉讼活动组织职能的同时，再要求其直接行使侦查权或指挥警察的侦查活动，无疑会超出检察机关能力所限，造成检察机关在侦查过程中的有权无能和警察机关的有能无权。因此，从专业分工的角度讲，犯罪侦查工作也应该由公安机关负责，以便其能够顺利完成各项侦查取证活动。

二、明确取证引导机制的目的和法律依据

回溯最初有关取证引导机制改革目的和法律依据的理论争论，由于取证引导这一项改革举措无法实现既强化侦查监督又增强控诉职能的双重目的，且检察机关取证引导的相关实践已表明其引导方式所表现出的"无限度"与"软效力"，也不可能实现其侦查监督的初衷，即引导方式与法律监督的属性互为冲突。因此，取证引导

---

① 卞建林：《论我国侦查程序中检警关系的优化——以制度的功能分析为中心》，载《国家检察官学院学报》2005 年第 2 期。

机制建立的目的应予以重新明确，即引导的目的在于增强检察机关的控诉职能，或者说检察机关提前介入、引导取证就是为使公安机关收集的证据符合提起公诉的要求，达到侦查取证为公诉服务的目的。

为此，笔者认为，检察机关应重新审视其在最近颁布的一系列规范文件中对取证引导改革目的的表述（如 2013 年 6 月全国检察机关第四次侦查监督工作会议仍强调检察机关为"强化侦查活动监督"，应"规范和深化介入侦查、引导取证工作"。2015 年 2 月，最高人民检察院颁布的《关于深化检察改革的意见（2013～2017年工作规划）》仍倡导检察机关应继续"探索建立重大、疑难案件侦查机关听取检察机关意见和建议的制度"，以强化侦查监督），不应再将取证引导机制作为强化侦查监督目的的重要手段。

与之对应，取证引导机制改革的法律依据，应是宪法和法律对公安机关与检察机关之间"分工负责、互相配合、互相制约"关系的规定，而不涉及有关检察机关法律监督地位的规定，更不是法律监督与配合制约关系相关法律规定的混合。

三、取证引导模式的选择与扬弃

取证引导目的和法律依据的争论，集中体现在我国检察引导侦查与公诉引导侦查两种引导模式的塑造上。由检察机关公诉部门负责的公诉引导侦查模式，其制度设计旨在增强检察机关追诉犯罪的控诉职能，引导双方体现的是权力制约层面的法律关系；由检察机关侦查监督部门或侦查监督与公诉部门共同负责的检察引导侦查模式，其制度设计旨在强化检察机关对侦查活动的监督职能，引导双方体现的是权力监督层面的法律关系。

尽管在当前加强审前程序监督、注重保障人权的司法改革理念影响之下，着眼于侦查活动监督的检察引导侦查的模式似乎受到越来越多研究者和改革者的追捧，转而成为时下取证引导机制理论研究和改革实践中的主流模式，但检察引导侦查模式在我国实践运作过程中所凸显的逻辑矛盾和缺陷，表明该模式无法实现侦查监督的目的。此外，尽管检察引导侦查模式在很大程度上也体现出我国对大陆法系国家"检警一体化"或者"检察指挥侦查"模式的借鉴和改造，但第四章有关取证引导域外模式考察部分已表明，检警一体化的西方经验并不适合解决我国侦查取证面临的现实问题。因此，当前检察机关实施的检察引导侦查的取证引导模式，理应在今后的改革中予以废止。

公诉引导侦查模式制度设计虽有一定的逻辑自恰性，但需要着力解决实践运作中缺乏引导的内在动力和能力的问题。且面对当前公安机关在侦查取证过程中质量不高且水平参差不齐，影响公诉的质量和效率的问题，我们需要思考，取证引导机制究竟应当如何建立，才能既提高检察机关公诉工作的质量和效率，又保证公安机关侦查工作的独立性？

第二节　实现侦查取证内外双引的具体建议

在取证引导机制改革实证调查过程中，无论是公安机关侦查人员还是基层检察官都向笔者谈到，公安机关实行侦审合一改革后，基层侦查人员取证能力和取证质量都出现明显下降，并认为检察机关建立取证引导机制，在一定程度上是为弥补公安预审功能弱化所导致的取证质量下滑的消极影响。此外，笔者注意到，与公安预审功能弱化的现状不符的是，2012 年我国《刑事诉讼法》和 2012 年修订的《公安机关办理刑事案件程序规定》[①] 仍保留了公安机关负责预审工作的规定，表明了立法对预审功能所持的肯定态度。且笔者实证调查的结果也表明，面对当前繁重的侦查工作，许多公安机关的侦查人员都认为预审部门不仅不应被取消，反而应当加强。基于上述原因，笔者认为，尽管我国公安预审工作本身存在诸多有待

---

① 2012 年 12 月修订后的《公安机关办理刑事案件程序规定》第 3 条仍规定，"公安机关在刑事诉讼中的基本职权，是依照法律对刑事案件立案、侦查、预审"。

完善的地方，预审部门的工作与前期侦查工作的衔接也有待进一步调整，但这种调整和修缮远比将预审工作取消，并转而依赖检察机关的取证引导更为经济合理。正如有学者所说，"与其试图使一种具有生命力的制度去适应某种正在改变的理论，毋宁在加强其制度保障，防止滥用或不当使用上下功夫，更符合经验理性"①。此外，笔者认为，当前恢复并重视公安机关的预审工作还有着更为重要的意义，即若能实现并推动公安预审部门对侦查取证的内部引导，将有助于改善检察机关公诉部门外部取证引导所面临的动力和能力不足的问题。

一、重视预审部门对侦查取证的内部引导

（一）公诉引导侦查与预审提前介入的比较

笔者在公安机关进行实地调查时了解到，在公安机关侦查部门与预审部门分立的体制下，考虑到侦查与预审同为侦查程序的重要环节，且侦查与预审的最终目的是一致的，为加快侦查办案速度，确保办案质量，及时、有力地打击犯罪，公安机关内部也曾进行过"预审提前介入侦查"的理论与实践探讨。《公安机关办理刑事案件程序规定》曾规定："勘查现场可以邀请有关专业人员参加。勘查重大案件的现场时，预审部门可以派人参加，必要时，应当商请人民检察院派人参加"②，成为预审提前介入侦查的法律依据。即预审提前介入侦查，是公安预审部门在受理案件之前，派员参加侦查部门具体案件的现场勘查。且预审提前介入也强调，"预审人员提前参加侦查部门对重特大案件的现场勘查时，既不是代替，也不是监督，而是侦查部门统一领导和指挥下，了解现场勘查的情况，掌握第一手材料，为预审受案后的讯问和调查取证工作做好准备。

---

① 范愉：《以多元化纠纷解决机制保证社会的可持续发展》，载《法律适用》2005 年第 2 期。

② 毕惜茜主编：《预审学理论研究综述》，群众出版社 1998 年版，第 37～40 页。

只有这样，才能切实做好提前介入工作，既做到侦审分开，又侦审配合"。①

可见，预审提前介入的目的，是我国公安机关内部的预审部门通过确定的工作程序，对基层办案单位呈报的各类刑事案件，事实是否清楚，所获证据是否确实充分、合法适当，进行审查、核实，并依法提出工作指导和处理意见，以引导刑事案件调查取证的良性运行。② 这与检察机关实施的旨在按照公诉职能的要求指导警察机关的侦查取证行为的公诉引导侦查，具有目的上的一致性。

笔者在前期调研的基础上，系统比较了公诉引导侦查与公安机关内部预审部门提前介入的做法，发现两者无论在引导的方式还是在具体引导措施的实施上，其内容都相差无几。即检察机关公诉部门对公安机关侦查取证的外部引导与预审部门提前介入所进行的内部引导，在引导的方式上都强调对侦查方向和重点提出建议，对已经获取的证据材料提出补充、固定和完善的意见；在引导的具体措施上都采用制作补查提纲，提出补查建议，参与现场勘查、讯问犯罪嫌疑人、参与重大案件的讨论等。只是两者在引导的主体上有所差异：前者为检察机关，而后者为公安机关内部的预审部门。

但就提前介入、引导侦查取证的时机和引导取证的结果与效力（包括引导的及时性和引导的执行力等）而言，公安机关预审部门对侦查取证的内部引导，较之公诉部门的外部引导更具时空和地利优势。即预审部门在介入侦查、引导取证的时机上，较之公诉部门引导侦查取证更为灵活和便利。这主要是由侦查取证行为的特殊性决定的。即与单纯的法律判断行为相比，侦查取证行为更具有时效性和机敏性的特点。实践中每一个具体侦查取证行为的做出，都取决于侦查人员对复杂多变的侦查情势的理解和分析。以侦查过程中如何采取各项侦查措施为例，公安机关的侦查部门在采取侦查措施

---

① 　刘方权：《侦审合并反思与预审制度的重构》，载郝宏奎主编：《侦查论坛（第一卷）》，中国人民公安大学出版社 2002 年版，第 314 页。

② 　曹文安：《预审制度研究》，中国检察出版社 2006 年版，第 329～331 页。

的先后顺序上，并不是依据所谓侦查措施重要性的不同，而刻意强调哪项侦查措施应该先实施，哪项侦查措施应该后实施，而是采取便利和紧急处置的原则，即公安机关在侦查过程中哪一类对象、哪一类人员和哪一类事物最先接触、最易获取和最为紧迫，则优先采取哪一类侦查措施。案件侦查过程中，是深夜还是具体什么时间讯问犯罪嫌疑人、询问证人，什么时间现场勘查取决于案发时间和案件自身的侦查情势。预审部门是公安机关的内部职能部门，当需要现场勘查或者讯问犯罪嫌疑人时，随时随地通知预审部门的人员到场，提前介入较为容易，但通知检察机关公诉部门的检察官及时到场则困难得多。

（二）强化预审提前介入对侦查取证的内部引导

预审部门作为公安机关内部职能部门，对刑事案件介入的时间将早于检察机关公诉部门，具有了解案件侦查初期取证工作情况的便利条件，并能兼顾公安机关同时从事行政执法的现状以及由此引发的结构复杂性（如先前办理的治安案件随着调查的深入可能转为刑事案件），通过审查证据并提出取证建议，能更及时地调整案件的侦查方向和采取侦查措施，及时补充、收集和保全事后难以收集的关键证据。

此外，实践中公安机关在发现犯罪之后，所要做的不仅要侦破当前已发的、单个的案件，而且需要从国家安全和社会稳定的角度，及时采取应对措施，控制犯罪事态的进一步发展，以避免给公民个人和社会带来更大的犯罪损失；同时，考虑当前犯罪形式复杂化、犯罪主体集团化和犯罪规模扩大化的现实状态，对分立的个案及时进行串并，以深挖余罪。公安机关内部预审部门对侦查取证的引导较之检察机关的取证引导更具便利性。由于预审部门作为公安机关的内部职能部门，在介入侦查、引导取证的时机上较检察机关引导侦查更为灵活和便利，不会妨碍和限制公安机关侦查过程中紧急处置的能力和效率。且笔者认为，预审部门作为公安机关内部原有的证据审核部门，能将取证指导与执法监督结合起来，更能有效地促进办案人员自觉提高取证工作的意识和质量。特别是预审部门与法制部门可将侦查取证引导与执法责任考核、执法质量考评紧密结合起来，奖优罚劣，真正在公安机关内部建立促进取证质量不断提高的激励机制。

二、增强公诉部门外部引导的动力和能力

尽管当前各地检察机关和公安机关大多联合出台了有关取证引导机制的实施意见或细则，但正如前述实证调查中表明的那样，由于对取证引导的主体、启动程序、取证引导的目的和法律依据等认识不清，导致实践中无论是检察机关还是公安机关，都将检察引导侦查与公诉引导侦查两种模式混同。因此，要解决公诉引导侦查在实践操作中缺乏执行动力和效力的问题，首要的一点，便是重新规范公诉部门引导侦查取证的程序，将检察机关侦查监督部门的工作职责从现有取证引导机制的实施细则中排除出去。

（一）规范公诉部门引导侦查取证的程序

规范公诉部门引导侦查取证的程序具体包括：在引导的主体上，应明确只能是检察机关的公诉部门，而不能采用公诉部门与侦查监督部门轮流引导的方式。在引导的证据标准上，区分审查起诉的标准与审查批捕的标准。在引导方式上，明确介入侦查的公诉人员的职责，确立检察官可以参与公安机关的侦查活动，并且具有随时调阅案件卷宗的权利，即规定主诉检察官认为有必要，可以亲自或者指派事务检察官参与查勘、检验犯罪现场，询问有关证人，扣押物证、书证等侦查活动以及组织侦查人员对所办刑事案件的讨论，同时可调阅侦查卷宗，并就所收集的证据提出进一步开展侦查取证的意见或建议。

（二）限制取证引导的案件范围

尽管许多地区制定的取证引导机制实施细则中明确规定了引导的案件范围，但实践中，由于取证引导机制的启动程序多由公安机关提起，侦查人员往往基于实际办案的需要，人为地将引导的案件范围扩大；而检察机关公诉部门也仅凭主观判断及其与公安机关的

日常关系来决定取证引导的案件范围，往往在实际引导的过程中不分重点，这既影响了公诉部门其他工作的开展，也不利于提高取证引导的办案质量和效率。因此，笔者认为，实践中检察机关公诉部门应严格限定取证引导的案件范围仅为重大、疑难案件，以避免公安机关对取证引导机制的过度依赖，也使公诉部门有更多的精力集中在最需要引导的案件上，提高取证引导的运行效率。即总体而言，对于大多数普通刑事案件应由公安预审部门负责侦查取证的内部引导，对重大、疑难案件实行公安机关预审部门内部引导和检察机关公诉部门外部引导相结合的方式。

2015 年最高人民检察院工作报告和最高人民检察院刚刚印发实施的《关于深化检察改革的意见（2013～2017 年工作规划）》（2015 年修订版）中，也都明确将侦查机关听取检察机关意见和建议的范围限定在重大、疑难案件，但均未对重大、疑难案件进行具体解释。实践中，许多基层检察机关在与公安机关签订取证引导工作规定时，对案件范围进行具体限制的做法值得肯定。如将"重大"案件限定在可能判处死刑或死缓、无期徒刑的案件、集团犯罪案件等，将"疑难"案件限定在新型犯罪、证明标准难以把握的案件。

第三节　强化侦查取证法律监督的具体建议

既然检察引导侦查的模式无法改变当前检察机关侦查监督无力的现状，在废止检察引导侦查模式的同时，我们也需要反思，如何看待检察机关侦查监督改革实践的内在逻辑？侦查监督尤其是侦查活动的监督究竟应当如何进行，才能避免重蹈检察引导侦查模式的覆辙，真正实现强化监督的目的？对此，笔者认为，检察机关首要做的是应依法增强其对侦查取证外部监督的权威性，改变实践中侦查监督需要公安机关配合的尴尬局面。即当前增强检察机关侦查监督的强制力和执行力，远比取证引导所要实现的监督预防性和适时性更为重要。检察机关应在理顺自身各项职能的基础上，突出侦查监督过程中的程序控制，并明确检察机关侦查监督的合理方式和必要限度。

一、巩固检察机关侦查监督的主体地位

（一）明确检察机关作为我国侦查监督主体的适格性

针对当前我国公安机关侦查过程中存在的种种违法取证问题，不少论者提出我国应该效仿其他国家建立司法审查制度，将逮捕等刑事强制措施在内的重大侦查措施的批准权交由法院行使，由法院控制公安机关的侦查取证，以改变当前检察机关监督不力的现状。笔者认为，此种改革构想认识到了当前我国检察机关侦查监督存在的问题，但其通过建立法院司法审查制度来解决问题的思路，在实践中却缺乏可行性。理由在于：其一，我国检察机关是宪法规定的法律监督机关，其所承担的法律监督职能等同于英美法系国家的司法审查职能。[1] 若实施法院司法审查，意味着取消我国检察机关已有的法律监督职能，必与我国的政治体制产生矛盾和冲突。其二，许多学者的实证研究表明，当前我国法院客观上无力承担、主观上也不愿承担审前程序中的侦查监督职能。[2] 其三，现行检察机关对公安机关侦查取证的监督，在监督体制和效力方面虽存在问题，但尚可以通过改变监督方法、完善监督程序和明确监督效力等方式加以改善。[3] 因此，相比法院司法审查，现阶段仍由我国检察机关行使侦查监督权，对公安机关的侦查取证行为进行控制可能更具实践理性。

---

① 检察机关履行法律监督职能也符合检察官制度创设的初衷——"以一个经过严格法律训练及法律拘束的检察官，来监督控制警察侦查活动的合法性，以摆脱警察国家之梦魇"。

② 左卫民、赵开年：《侦查监督制度的考察与反思——一种基于实证的研究》，载《现代法学》2006年第6期。

③ 卞建林：《论我国侦查程序中检警关系的优化——以制度的功能分析为中心》，载《国家检察官学院学报》2005年第4期。

（二）加强侦查监督在检察业务工作中的比重

在明确检察机关侦查监督主体地位的同时，我们还应加强侦查监督在检察机关实践工作中的比重。虽然自 2000 年始最高人民检察院将审查批捕厅更名为侦查监督厅，专门负责刑事案件的审查批捕、立案监督和侦查活动监督，极大推动了侦查监督在实践中的开展，但相比检察机关所承担的职务犯罪案件侦查和公诉工作而言，当前侦查监督在检察机关主要业务工作中所占比重仍然不大。[①]"在实际运作中，检察机关作为侦查、公诉机关的诉讼职能具体而实在，作为监督者的职能则较为虚化。"[②] 即检察机关所承担的侦查、公诉等诉讼活动组织职能远比法律监督职能更具实践优势。因此，实践中检察机关侦查监督主体地位的真正确立，需要的不仅仅是法律的明确授权，更重要的是得到检察机关自身的业务认同，使包括侦查监督在内的法律监督真正成为检察机关日常主要的业务工作。

（三）树立检察机关侦查监督的权威意识

尽管法律明确授予我国检察机关最高的法律监督权，尽管这种监督权力的重要特质在于确保可行的因果链、不依赖于服从权力的参与者的意志，但回溯检察引导侦查模式在实践中被提出和形成的

---

① 有检察官通过调查发现包括侦查监督在内的法律监督至今"尚未实际获得检察机关'主业'的地位"。参见张翠松：《侦查监督制度理论与实践》，中国人民公安大学出版社 2012 年版，第 227 页。且该论者统计了自 1998 年到 2011 年最高人民检察院工作报告中有关检察机关主要业务工作的分布情况，发现检察机关的侦查和公诉在总工作量上仍占有相当的比重，约占 48%（其中侦查职务犯罪约占 2%；提起公诉约占 46%），批准逮捕所占的比例为 42%，但该论者认为批准逮捕与公诉、侦查一样，同属于检察机关诉讼活动组织职能，对此，笔者不予苟同，认为批准逮捕应属检察机关的法律监督职能。

② 龙宗智：《中国法语境中的检察官客观义务》，载《法学研究》2009 年第 4 期。

过程，我们不难看出，旨在强化侦查监督的检察引导侦查模式从改革之始就面临需要公安机关配合的尴尬：对侦查过程的监督，不仅需要在监督对象的配合中展开，实现适时介入，而且各项监督措施的实施也需要在监督对象的配合下才能落实。就连针对公安机关违法侦查行为下达的《纠正违法通知书》，也常常会在侦查机关的商请协调之下难以实现。① 且对于侦查机关拒不改正的，检察机关更要提请上级检察机关通过同级侦查机关进行督促纠正，即需要被监督对象上级部门的配合才能实现法律监督的权力。

检察机关侦查监督部门在引导的过程中，检察官的介入从不被看作具有侵犯性的权威，而更多地被认为是一种法律建议的来源，当需要做出决定有困难时，警察很高兴能将案件责任转移给其他人。对公安机关而言，自身的取证行为被引导，不仅不是义务和约束，反而是获取建议和保护的来源。即实践中警察之所以希望检察官更多地提前介入案件现场，不是为了消除顾虑或者证明取证合法性的需要，而是为了让检察官更好地了解和认识警察的侦查取证工作。正如笔者在实地调研时一位警察所说，"检察院的同志能来，那是更好，更容易理解我们的工作，体会我们为特定案件付出的各种努力。这些努力通常在卷宗材料里是显示不出来的。以后配合起来也容易些"。

检察机关采用检察引导侦查的模式，用引导的柔性方式对侦查取证进行监督，这本身就反映出当前检察机关执行法律监督的无力和无奈，引导的效果自然只能与监督的目的南辕北辙。这正如有学者所指出的那样，我国"检察机关虽然强调法律监督，但这种强

---

① 有调查研究表明，S 省检察机关侦查监督部门于 2002 年介入引导侦查 2 583 件，而当年仅提出违法纠正意见 327 件；全国的相应数据之比为 39556∶9091。参见左卫民、赵开年：《侦查监督制度的考察与反思——一种基于实证的研究》，载《现代法学》2006 年第 6 期。笔者在调查过程中也发现，基层检察机关很少通过下达《纠正违法通知书》的方式认定公安机关的执法过错。

调常常具有一个特点，即'外向性'很强而'内省性'不足。亦即检察机关行使检察权，对其他机关和个人实施监督时，强调本身所承担的法律监督职责及其权力，但在自身业务指导思想、自身建设要求上似乎并未充分注意法律监督者的角色要求"。① 因此，当前规范侦查行为，完善侦查监督，于检察机关而言，首要的不是改变自身的行为，盲目寻求监督对象的认可，而是转变自身认识，真正在法律上和事实上确立起监督的权威。

二、理顺检察机关公诉职能与侦查监督职能的关系

检察引导侦查模式以引导方式实现强化侦查监督目的，凸显出检察机关对自身侦查监督权所具有的强制效力缺乏认同感。且笔者以为，这份认同感缺失的深层原因在于，我国检察机关尚未认清自身公诉职能与侦查监督职能间的关系。当前检察机关的主流观点认为，检察权应以法律监督为核心，公诉权是法律监督的载体和表现形式之一，公诉权应该服从和服务于法律监督。另一种观点则认为，检察权所具有的控诉职能与监督职能存在"功能冲突"，检察权应以公诉权为核心，检察机关不应再享有法律监督权，而应改由法院行使司法审查权。后一种观点所存在的问题，笔者已在前述有关检察机关作为我国侦查监督主体的适格性的论证部分予以说明，故不再赘述。而对于前一种认为公诉权是法律监督权组成部分的观点，鉴于其既是检察机关当前的主流观点，影响面较大，且暴露出当前理论与实务界对检察机关法律监督的宪法定位仍存在理解上的偏差，笔者认为在此尚有详细讨论的必要，以澄清学界有关检警关系法律规定的模糊认识。

正如笔者在第一章中所提到的，取证引导机制改革法律依据的争论源于《宪法》第129条和第135条，前者规定检察院作为法律监督机关对公安机关行使法律监督权，后者规定公、检、法三机

---

① 龙宗智：《中国法语境中的检察官客观义务》，载《法学研究》2009年第4期。

关在诉讼过程中是分工负责、互相配合、互相制约的关系。正是基于宪法的这两条表面看似矛盾和冲突的规定，使许多论者误认为，检察机关的法律监督应是种柔性监督，是彼此具有制约性的监督，无形中降低了检察机关侦查监督的法律地位。但事实上，宪法有关检警关系的这两条法律规定，若放在一个整体的框架中去理解，彼此之间并不存在矛盾和冲突。因为《宪法》第 129 条是对检察机关法律监督职能的规定，当检察机关履行该职能时，其与公安机关形成诉讼监督关系；第 135 条是对检察机关包括公诉在内的诉讼活动组织职能的规定，当检察机关履行公诉职能时，其与公安机关形成互相制约的诉讼关系。

　　两个法条分别涉及检察机关公诉和侦查监督两项基本职能，体现了检警之间监督与制约两个不同层面的诉讼关系，且这两个层面的诉讼关系之间，既不相互等同，也不彼此包含。因为监督和制约尽管都是权力约束和控制的方式，但无论从语义还是从制度实践角度讲，两者都存在很大差异。从语义上讲，监督指自上而下的察看并督促，监督者相对于被监督者，处于相对中立和独立的地位；而制约指一事物的存在变化是另一事物存在变化的先决条件，彼此形成牵制、约束关系。由于意识形态和政治体制方面的原因，我国法律文本中"监督"一词的使用频率远高于"制约"，以致于司法实践中对"监督"一词的理解也逐步扩大，甚至被滥用。如许多论者认为，监督在含义上要比制约广泛得多，将监督分为制约型监督和督察型监督，制约仅仅是监督的一种表现形式，是种相互监督或称为横向监督。[1] 还有不少论者主张监督就是对权力的制约。即监

---

① 转引自吴常青：《检察侦查权监督制约机制研究》，2012 年优秀博士硕士论文库。

督就是制约，制约就是监督。① 显然，这些观点之失即在于没有意识到监督与制约含义的不同，以致将二者混淆。②

监督与制约两种控权机制，除含义上有所区别外，也更多体现出制度实践方面的差异：其一，权力产生方式不同。监督产生于授权，制约产生于分权。授权反映的是法律地位不同的权力主体间的约束关系，具有纵向性和单向性；而分权反映的是法律地位平等的权力主体间的约束关系，具有横向性和双向性，即权力经过分解后由不同的主体来行使，彼此形成一种掣肘和均衡的关系。③ 其二，权力的主动性程度不同。监督是对权力运行状况的检查察看，具有主动性特点，这种主动性表现在监督主体在监督对象、内容以及时间等方面，享有较大的选择权，即只要发现被监督者在权力运行的过程中存在违法行为，即可启动监督程序；相比较而言，制约的启动有赖于程序运转到各自所司职权范围内，具有被动性特点。以公

---

① 此观点仍是实务部门当前的主流观点，如辽宁省人民检察院、辽宁省公安厅《关于在侦查活动中加强配合、加强制约工作试行办法》中第 2 条指出，"检察机关与公安机关应当加强联系，互相支持、互相配合、互相制约、共同形成打击犯罪的合力。人民检察院应加强侦查监督工作，通过介入侦查、审查逮捕、审查起诉等方式，对公安机关发现、收集、固定、保全、完善证据等工作提出意见和建议；及时发现和纠正侦查活动中的违法行为，保证侦查取证工作依法、客观、及时、全面；对符合批捕、起诉条件的犯罪嫌疑人及时做出批捕、起诉决定，确保准确、及时、有力地追诉犯罪"。其表明的观点即是，侦查监督工作可以在检警双方配合和制约中得到加强。另见韩大元、于文豪：《法院、检察院和公安机关的宪法关系》，载《法学研究》2011 年第 3 期。该文中，作者将检察院对诉讼的法律监督理解为检察院对法院的制约关系。理论与实务界持此观点的论者众多，恕笔者不一一列举。

② 我国有部分学者认识到监督与制约的不同，并撰文予以辨析。参见葛洪义：《"监督"与"制约"不能混同——兼论司法权的监督与制约的不同意义》，载《法学》2007 年第 10 期；周标龙：《论刑事诉讼中的"制约"与"监督"》，载《法学杂志》2010 年第 2 期。

③ 张翠松：《侦查监督制度理论与实践》，中国人民公安大学出版社2012 年版，第 238 页。

安机关与检察机关在刑事诉讼中的制约关系为例，公安机关如果不侦查终结，检察院就不能起诉；反过来，公安机关虽具有侦查权，但所抓获的犯罪嫌疑人最终能否被追究刑事责任，则受制于检察机关公诉职能的发挥。公安机关和检察机关在诉讼过程中各自分工负责，彼此形成约束，并使这种约束常规化。其三，权力作用方式不同。① 监督是种外力控权方式，监督者并不参与权力运行，不能代替被监督进行决策或执行，且监督行为相对于权力运行存在一定的时间差，属于事后控制。而制约是种内力控权方式，制约双方均属"局内人"，权力之间相互牵掣，在权力运行机制内部起作用，使得权力控制的时间点也集中发生在事前或事中。

由此可见，我国检察机关与公安机关在刑事诉讼过程中形成的诉讼监督和诉讼制约关系，属于不同性质或层面的权力控制方式；与之对应，我国检察机关的公诉职能和法律监督职能，也体现出检察职能截然不同且并行的两个层面。若错误地将监督关系与制约关系混同，则易片面地认为检察机关的公诉职能属于法律监督职能的组成部分，进而幻想检察引导侦查模式的改革能够使检警双方"在配合中体现监督，在监督中体现配合"（例如宁夏回族自治区人民检察院、公安厅《关于公安派出所设立检察官监督办公室的实施意见》第 2 条规定"人民检察院、公安机关应当坚持分工负责、相互配合的原则，依法建立健全监督制约、协调合的工作机制"。其第 3 条规定，"人民检察院对公安派出所法律监督应当坚持实事求是、依法监督、参与而不干预，参谋而不代替、引导而不主导、指导而不指挥的原则"。其第 2、3 条的规定明显是将监督关系与制约关系混同，而此实施意见在我国基层检察院和公安机关非常具有普遍性和代表性），最终将不可避免地弱化检察机关作为监督者的法律地位，使其裹足于诉讼制约关系中，丧失其法律监督应有的权威性。

---

① 吴常青：《检察侦查权监督制约机制研究》，2012 年优秀博士硕士论文库。

三、明确检察机关侦查监督的方式与限度

（一）侦查监督的方式

侦查监督的实质是对侦查机关错误诉讼行为的发现、否定与纠正，以起到制约公权和保障人权的作用。当前我国检察机关侦查监督所存在的问题主要集中在两个方面：一是信息受限，难以发现违法取证行为；二是措施不力，即使发现也难以纠正。检察引导侦查模式本为解决侦查监督上述两方面的问题，希望通过提前介入、积极干预的方式，把握侦查方向，规范取证行为。然而，这项改革愿望虽好，所采取的引导方式却有违监督的实质，也不符合我国政治体制，不值得鼓励。不仅如此，这一改革模式也从反面提醒我们，当前我国检察机关在推动侦查监督改革、不断创新监督方法的过程中，应注重方法本身的科学性和合理性。

特别是当前各种监督方法不断推陈出新，许多具体的方法或相似或交叉，更需要我们依据侦查监督的目的和实质，认真甄别这些具体方法间的差别。如在笔者所调查的地区，许多市、县、区检察院侦查监督部门为提升自身的侦查监督能力，在公安机关挂牌成立了"引导侦查检察监督室"，实施检察引导侦查，尽管这种以引导方法来实现监督目的的做法值得商榷，也不符合"没有距离就没有监督"的事实规律。但检察机关尝试在基层派出所设观察点，积极探索和拓宽侦查监督信息渠道的思路却值得肯定。有些区检察院向基层公安机关和派出所发放《侦查活动监督卡》，列举包括"讯问中是否有刑讯逼供""扣押赃款、赃物的手续是否清楚"等许多项有关侦查取证的程序问题，要求犯罪嫌疑人签名确认后附卷，以此告知和提醒侦查对象保护自身合法权益。还有的区检察院积极建立违法侦查活动投诉处理机制，具体做法包括：在检察院控告申诉部门设立接待室，由侦查监督部门人员直接接待涉及违法侦查活动的投诉和控告；向社会公开投诉电话和网址，投诉电话全天24小时接听；在公安局看守所、派出所讯问室、留置室设置投诉告诉牌和投诉电话号码；推行告知制度，要求侦查人员在第一次讯问犯罪嫌疑人时，将其享有的基本诉讼权利告知被讯问人，并经本

人签名后附卷等。不难看出，上述这些投诉处理方法，虽然也是在基层公安机关特别是派出所展开，但却与侦查监督部门提前介入、引导侦查取证的做法有着本质上的区别，其不需要被监督对象的配合，重在通过告知犯罪嫌疑人权利的方式，拓宽监督的信息渠道，细化违法取证申诉后的调查程序，规范其处理机制，体现出侦查监督强制性和法定性的要求。

（二）侦查监督的合理限度

1. 侦查监督不等于全程监控

检察机关对侦查取证活动的监督应是全面监督与有限监督的统一。法律赋予检察机关的侦查监督权，主要是起司法救济作用，侦查活动本身具有面广线长、隐蔽、动态、灵活等特点，加上检察机关人力物力资源的有限性，希望进行"把整个侦查活动都管起来"的全覆盖、无遗漏的监督是不现实的。[①] 因此，从实践角度讲，检察机关对公安机关违法取证行为最好的监督，就是事后的非法证据排除，而不是讳疾忌医式的对公安机关的侦查取证过程进行全程引导和监控。检察引导侦查模式地改革，尝试将现有的事后监督扩展为事前、事中和事后全方位监督的做法不值得提倡。

此外，侦查监督不等于监控。检察机关的侦查监督权虽具有强制性，但它不是也不应是凌驾于一切权力之上的"超能力"。[②] 我

---

① 最高人民检察院原副检察长朱孝清在探讨侦查监督工作的重点时曾指出，检察机关实行侦查监督不应抱有"包打天下"的幻想。朱孝清：《当前侦查监督工作需要重点把握的几个问题》，载《国家检察官学院学报》2010 年第 5 期。

② 值得注意的是，由于我国检察机关的法律监督权属于外力控权方式，使其不得不面临"谁来监督监督者"的质疑。对此，笔者的理解是，检察机关的法律监督权不是也不应是凌驾于一切权力之上的"超能力"。法律监督权具有强制性，但它属于外力控权方式，在诉讼过程中，只具有启动实体问题解决的程序功能，其本身不具有实体处分权。检察监督的程序性特点，使其并不能直接得出司法的最终结果。如检察机关对人民法院的审判活动的监督是一种诉讼程序的运作过程，并不决定刑法适用的最终结果。因此，检察机关的监督不会打破诉讼的平衡。

们不应当忽视侦查监督在权力控制方式上的独特性。即权力监督不同于权力制约，后者属于权力机关日常工作中由于分工而产生的相互约束，制约双方都身处"局中"，使得权力控制往往发生在各权力运行前或运行的过程中。而侦查监督是种外力控权方式，作为监督者的检察机关并不参与侦查取证的权力运行，更不能代替公安机关在侦查取证过程中作出决策或执行，它所要做的，只是身处"局外"，及时纠正公安机关的违法取证行为。显然，这种监督与纠正只能发生在违法取证行为做出之后，而不可能发生在取证行为做出之前或做的过程中，否则难免有替代之嫌。

2. 侦查监督应突出程序控制

检察机关的侦查监督应突出程序控制功能，而不应包揽监督对象的实体处分权。这仍是由我国人民代表大会制度下国家权力配置及架构的独特性所决定的。即检察机关对公安机关的侦查活动进行审查和必要的调查，提出的纠正违法意见，具有启动公安机关内部纠错机制的程序性效力，但不能据此命令公安机关直接按照自己意见行事，也不宜由检察机关直接撤销或作出某项侦查行为，或者直接给予警察停职、撤职等纪律处分。同时，公安机关有接受监督的义务，及时调查和纠正自身的违法行为。

因此，目前检察机关侦查监督过程中需要解决的，仍是侦查监督启动公安机关自身纠错机制的程序性效力不够的问题。为此，除了在法律层面明确公安机关接受检察机关法律监督的义务和责任外；在实践层面，检察机关还应通过自身侦查监督的权威重建，督促公安机关及时启动自身纠错程序，以此解决侦查监督应有的效力和效果问题。

下篇　具体侦查取证
行为研究报告

　　就当前我国公安机关侦查取证过程中存在的问题而言，我国已有研究者将其归纳为侦查取证数量不充分、侦查取证方法不求进、侦查取证质量不达标等几个方面，[①] 并指出公安机关在办理具体案件的过程中，经常出现办案民警觉得每起案件都有证据证明，且达到了相应的证据规格，但证据审核时却往往出现证据不充分、证据之间的联系有中断的尴尬局面，这表明侦查人员的证据意识尚局限于查明案件事实而非证明案件事实。[②]

　　此外，浙江宁波市镇海区人民检察院通过多年的调研，将审查批捕案件和侦查监督活动中发现的一系列侦查取证问题分成9类，包括侦查笔录客观性、全面性、抗辩性和侦查笔录关键点问题，现场勘查的重点性、及时性问题，侦查活动的民生性问题，伤害案件的取证措施问题，侦查取证的及时性问题等。其与宁波市公安局镇海分局和宁波港公安局联合颁发了《关于规范刑事取证的九项措施》，从九个方面规范办案人员的刑事取证行为。这也是我国地方

---

　　① 王子祥：《案件法制审核与调查取证关系研究》，载《江西公安专科学校学报》2010年第1期。

　　② 查明与证明不同，查明是证明的基础，证明是查明的目的，查明是让自己明白，证明是让他人明白，自己明白才能让他人明白，但自己明白不等于他人也明白。参见何家弘：《从应然到实然——证据法学探究》，中国法制出版社2008年版，第160页。实践中，侦查人员的证据意识还停留在查明犯罪事实，即收集的证据材料只限于自己明白的阶段。

出台的第一个刑事取证规范化细则。① 该项目组调研发现，目前的侦查实践中存在一定程度的"轻信供述、不信辩解"的非正常状态，而这往往是制造冤假错案的"头号杀手"。一些办案人员往往将犯罪嫌疑人、被告人的辩解与认罪态度画等号，甚至将其作为从严打击的理由。有的讯问笔录中虽记载有犯罪嫌疑人的辩解，但侦查人员对辩解不予调查、核实，就主观认为是犯罪嫌疑人的狡辩，予以直接否认，而当讯问笔录作为证据在法庭上宣读及质证时，被告人再次提出辩解，公诉人就会处于被动局面，不能进行有效抗辩。调研还发现，很多侵财型案件的办案人员往往存在"重破案轻追赃"的观念，缺少对被害人的反馈程序。很多被害人在报案并陈述一次被害经历后，就基本被刑事诉讼的后续程序"遗忘"，他们对于犯罪嫌疑人受到怎样的惩罚、赃物是否追回、损失如何弥补等问题一无所知，导致绝大多数被害人对侦查机关评价很低，有些甚至拒绝报案、拒绝提供证言。例如，在部分飞车抢夺案件中，犯罪嫌疑人落网后供认了多次犯罪事实，但其中多笔犯罪行为无法找到被害人，导致司法机关无法定案，或者只能对犯罪嫌疑人降格、从轻处理。

上述研究成果不仅为我们研究公安机关具体的侦查取证行为提供了科学的研究方法，也为我们从实证角度观察分析具体的侦查取证行为的运行状态提供了第一手的调研素材，值得我们学习和借鉴，笔者在调研过程中对其提及的侦查取证中存在的现实问题也感同深受。为避免研究内容的重复，笔者最终选择了我国现行取证审查机制下更为微观具体以致容易被理论与实务研究者忽视的侦查取证行为，以及侦查取证过程中矛盾相对突出、解决起来更为棘手的侦查取证方法作为研究对象，前者如公安机关办理刑事案件过程中适用继续盘问措施的现状及存在的问题，后者如侦查过程中取证策

---

① 曾祥生、镇检金、霖萍：《宁波镇海区检警联合推 9 项措施 规范办案人员刑事取证行为》，载 http://news.163.com/10/0705/20/6ARSIRL700014AEE.html。

略运用的法律界线问题，侦查策略与威胁、引诱、欺骗的关系，以及如何结合欺骗取证与侦查策略的社会认知现状把握取证策略运用的法律界限。

此外，笔者注意到，在研究方法上，我国现有关于具体侦查取证行为的研究在以往注重逻辑演绎的基础上更突出实证方法的运用，甚至包括对侦查行为进行部分直接参与式的或观察式的研究。这本是件令人欣喜之事，因为对于科学研究而言，其研究方法往往比研究内容和研究结果更为重要，借用英国著名统计学家米尔森的话：整个科学的统一仅仅在于它的方法而不在于它的材料。对方法的关注才能真正意义上提升国我国法学和公安学研究的品质。但问题是，我国当前法学和公安学研究在方法运用上尚处于已"觉醒"但还没有"觉悟"的状态，觉醒表现在研究者注意到了诸如逻辑的方法、实证的方法和横断科学①的方法等诸多研究方法的层次和分类，而尚未觉悟就在于对研究方法缺乏选择，或者有选择但缺乏有品质的选择。② 具体到侦查取证行为的实证研究上来说，部分研究者在实地调查的具体操作上尚存在一些方向性和技术性误区，以致这些成果观点是否全面和客观有待商榷。这其中，有关侦查讯问犯罪嫌疑人供述率的研究便是其中一例。为此，笔者专门针对侦查讯问中犯罪嫌疑人供述率的统计及其研究方法问题进行了我国与其他国家间的比较研究。

一言以蔽之，本部分的研究，笔者旨在通过微观层面观察具体的侦查取证行为实际运行状态，提炼和归纳现行侦查体制下较为突出的具体取证不合法问题，以破除理论界长期将警察取证行为不合法归因于警察"证据意识不强、法律素质不高"的窠臼，寻求解释警察取证行为不合法背后可能更为真实、更有说服力的原因。

---

① 中国人民大学张志铭教授指出横断科学的方法有老三论（系统论、信息论、控制论）和新三论（耗散论、结构论、协调论等）。

② 宋英辉、王武良主编：《法律实证研究方法》，北京大学出版社 2009年版，第 4~5 页。

分报告之一　继续盘问的空置化及其解决

一、继续盘问的由来与概念界定

盘查措施，是人民警察为了防止危害发生以及实现刑事侦查的目的而对有嫌疑的人实行的盘问、检查。盘问即详细查问、反复询问。作为国际通行的一种警察权，盘问是我国《人民警察法》赋予公安机关的一项重要权力。通常警察对有违法犯罪嫌疑的人员进行盘问存在两种情况，一种是在发现违法犯罪嫌疑时当场进行，即当场盘问；另一种是在当场盘问有困难时依法将犯罪嫌疑人带回警察机关以便继续盘问，即留置盘问。1995年施行的《中华人民共和国人民警察法》（以下简称《人民警察法》）第9条规定了适用留置盘问的四种具体法定情形："（一）被指控有犯罪行为的；（二）有现场作案嫌疑的；（三）有作案嫌疑身份不明的；（四）携带的物品有可能是赃物的。"从这一规定中可以看出，留置盘问的对象必须是经过当场盘问、检查，身份仍不特定的违法犯罪嫌疑人员，也就是说，对于特定的违法犯罪嫌疑人员，违反治安管理并已查明身份的人员和可以直接采用刑事强制措施的人员都不能适用留置。留置通常适用于立案之前的调查中，此时嫌疑人身份不特定，案件性质不明，因此留置盘问既可以在治安案件中适用，也可以在刑事案件中适用，这也使学术界对留置的性质存有争议，既可被认为是行政强制措施，也可被看作"准刑事强制措施"。

留置盘问曾在我国社会治安秩序管理和刑事案件侦查过程中充分发挥了特有的作用。由于其适用灵活，程序简便，条件宽泛，公安机关只要认为有违法犯罪嫌疑即可采取，留置盘问成为警察机关获取犯罪消息、启动刑事诉讼程序的重要来源。犯罪嫌疑人被抓获后，公安机关往往先采取留置盘问，然后再决定采取何种刑事强制措施，使实践中留置盘问成为拘留或者其他刑事强制措施的前置甚至必经程序，也是刑事诉讼侦查阶段最常用的限制嫌疑人人身自由的措施。而无节制地适用留置盘问也使其出现了不少问题，以致直接损害了公民的合法权益，降低了法律和公安机关的威信。针对这些问题，公安部为了规范留置盘问的适用，从而更好地发挥其积极作用，于 2004 年 10 月 1 日制定施行了《公安机关适用继续盘问规定》（以下简称《继续盘问规定》）与《人民警察法》相配套。在《继续盘问规定》出台后，"留置盘问" 也被改称为 "继续盘问"。①

应当说，《继续盘问规定》从适用对象、审批程序、候问室的设置以及执法监督等方面全面、系统地规范了公安机关如何适用继续盘问措施，其目的一方面是为保证公安机关侦查办案过程中运用继续盘问措施的有效性，另一方面通过严格规范继续盘问的适用程序维护嫌疑对象的合法利益。但实践中，自《继续盘问规定》实施后，许多地方的公安机关很少甚至根本不用继续盘问措施，部分公安机关在《继续盘问规定》实施之初曾尝试性的适用这一措施，后来就不再适用。继续盘问措施形同虚设，空置化现象相当严重。

但关于继续盘问的诸多问题，国内学者的探讨并不深入。我们以 "留置/继续盘问" 为篇名从中国知网检索文献，发现与之相关的大多数文章集中于 2004 年至 2005 年（详见下表 1－1）。适时恰逢《继续盘问规定》出台，继续盘问也成为当时的热点问题，论者们就如何依照《继续盘问规定》健全继续盘问制度进行了理论设计。但短暂的研讨热潮过后，鲜有学者对继续盘问制度进行持续

---

① 对众多文献中混用 "留置" 及 "继续盘问" 等词语，公安部法制局在解释《继续盘问规定》时指出，继续盘问，是法律赋予公安机关审查违法犯罪嫌疑人员时的一项强制性措施，实践中被称为 "留置"。

关注，以致此前论者们所提出的理论建议是否有效，继续盘问在实践中运行状态如何，已少有人问津。①

下表 1－1　留置/继续盘问相关文献资料统计

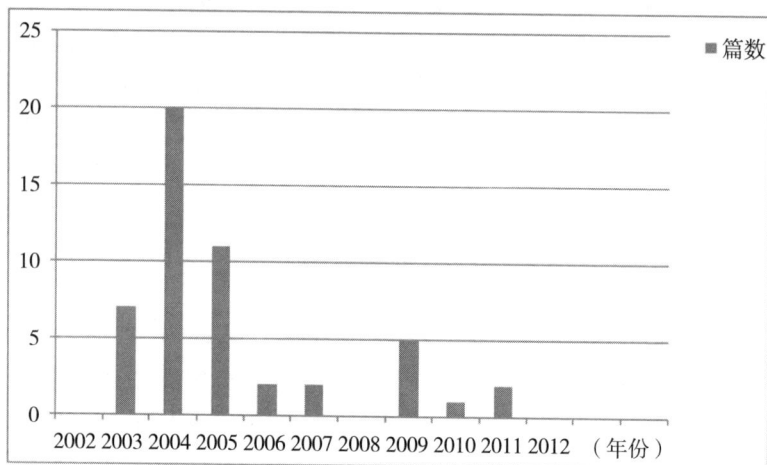

二、调查情况基本介绍

为深入了解继续盘问在基层公安机关的适用现状，分析当前继续盘问措施空置化的现实原因，以寻求解决继续盘问空置化问题的合理路径，项目组在 H 省 Z 市 J 区公安分局对其 2002 年至今的刑事与治安案件中的继续盘问适用情况进行了实地调查。

为对比《继续盘问规定》实施前后该项措施适用及变化情况，项目组随机抽取了该分局从 2002 年 1 月至 2010 年 10 月间每个月的刑事案件、治安案件各 2 起，即近 9 年时间内刑事案件、治安案件各计 214 起，共计 428 起案件，并对案件中嫌疑人到案措施的使

---

① 2009 年，有学者注意到继续盘问在实践中的虚置化问题，并分析继续盘问虚置化的原因主要是警察怕出错、怕麻烦和《继续盘问规定》缺乏可操作性。但该文并未引起学界的普遍关注。参见赵新立：《论继续盘问的虚置化原因及适用》，载《河南社会科学》2009 年第 1 期。

用情况进行了具体分类汇总。需要说明的是，由于自 2010 年 11 月始，H 省公安机关进行了较大的警务机制改革，原 Z 市 J 区公安分局被改成了 7 个分局，使得项目组无法将这 7 个分局办理案件中嫌疑人到案措施的使用情况与改革前作直接对比。为此，项目组成员深入到 J 区 7 个公安分局，专门对这 7 个分局 2011 年办理刑事案件、治安案件时使用继续盘问的情况进行了逐一核实。此外，我们还就实践中继续盘问的使用情况，对 7 个公安分局的部分民警进行了非结构性访谈，访谈对象既有原派出所普通治安民警，也有刑事案件侦查人员，以及公安分局业务工作负责人。从而整体上保证了此次调查与抽样，在案件类型、调查区域、调查时间和调查对象方面的广泛性和代表性。

三、调查结果与分析

（一）继续盘问从滥用到空置化

1. 留置盘问的滥用阶段

在《继续盘问规定》实施以前，继续盘问措施被滥用的情况曾经相当普遍和严重。各地公安机关在办理刑事案件时，曾无一例外地对嫌疑人先使用留置手段，再转成其他刑事强制措施，即形成一种事实上的留置手段是刑事强制措施必经的程序惯例。有学者在 2002 年对某公安分局进行调查的结果显示，该分局所有案件全部采用了留置盘问措施，全年共留置 3734 人次[1]，其中既有针对犯罪嫌疑人的，也有针对一般违法犯罪嫌疑人的。据另一学者 2002 年对某公安机关的调查，在该公安机关办理的 302 起刑事案件中有 283 件采用了留置盘问，占全部案件数的 93%。[2] 另据对某区县公安局到案措施适用情况的调查显示，2004 年前该县和区公安机关

---

① 艾明：《论我国侦查措施立法中的权能复合主义——以继续盘问功能转变为线索的分析》，载《西南民族大学学报（人文社科版）》2010 年第 10 期。

② 陈卫东：《构建中国特色刑事特别程序》，载《中国法学》2011 年第 6 期。

对留置措施的适用率极高。下表 1 - 2、下表 1 - 3 显示，N 县公安局、Y 区公安分局在 1999 年至 2004 年，使用拘传的比例均低于 0.2%，传唤的比例略高，但平均低于 10%，相比而言，留置的使用率最高，可达到 90% 以上，2000 年至 2002 年 Y 区公安分局留置使用率甚至高达 100%。[①]

下表 1 - 2　N 县公安局到案措施适用情况　　单位：人，%

年度	传唤	拘传	留置	口头传唤、抓捕	到案总数
1999	15（4）	0	139（33）	266（63）	420（100）
2002～2003	45（7）	0	602（93）		647（100）

下表 1 - 3　Y 区公安分局到案措施适用情况　　单位：人，%

年度	传唤	拘传	留置、口头传唤、抓捕	到案总数
2000	0	0	471（100）	471（100）
2001	0	0	408（100）	408（100）
2002	0	0	564（100）	564（100）
2003	86（19）	0	364（81）	450（100）
2004	46（9）	1（0.2）	458（91）	505（100）

2. 继续盘问的空置化现状

与之形成鲜明对比的是，以《继续盘问规定》的颁布实施为分界点，公安机关对继续盘问的使用状况出现完全的逆转——从最初的滥用到当前的弃之不用。从项目组对 J 区公安分局办理治安、刑事案件中犯罪嫌疑人到案措施的使用汇总情况（详见下表 1 - 4）可以看出，2004 年以前，留置盘问曾是该公安分局办理行政、刑事案件时使犯罪嫌疑人到案的重要措施，但在 2005 年之后，其所

---

① 下表 1 - 2、下表 1 - 3 数据来源于马静华：《中国刑事诉讼运行机制实证研究（三）——以侦查到案制度为中心》，法律出版社 2010 年版。

办理的行政、刑事案件中都不再使用继续盘问措施，取而代之的是行政传唤、刑事传唤与拘传。

下表 1-4　J 区公安分局继续盘问适用情况　　单位：件，%

年度	治安案件			刑事案件			
	继续盘问	治安传唤	其他到案方式①	继续盘问	刑事传唤	拘传	其他到案方式
2002	10(41.7)	14(58.3)	0	19(79.1)	4(16.7)	1(4.2)	0
2003	8(33.3)	13(54.2)	3(12.5)	17(70.8)	5(20.8)	2(8.3)	0
2004	7(29.1)	16(66.7)	1(4.2)	15(62.5)	8(33.3)	0	1(4.2)
2005	0	23(95.8)	1(4.2)	0	24(100)	0	0
2006	0	22(91.7)	2(8.3)	0	22(91.7)	0	2(8.3)
2007	0	22(91.7)	2(8.3)	0	21(87.5)	3(12.5)	0
2008	0	18(75)	6(25)	0	19(79.2)	5(20.8)	0
2009	0	21(87.5)	3(12.5)	0	23(95.8)	1(4.2)	0
2010	0	20(100)	0	0	16(80)	1(5)	3(15)

项目组对 J 区七个分局 2011 年所办理案件进行的全面统计结果（详见下表 1-5）也进一步说明了继续盘问措施所面临的空置化问题。

---

① 其他到案方式指治安、刑事案件中除传唤、继续盘问、拘传以外的强制嫌疑人到案接受调查的措施，如群众扭送等，公安机关出具的抓获经过一般会对其予以说明。

下表 1 - 5　7 个分局 2011 年所办理案件　　　　单位：件

案件类型 分局	刑事案件	行政案件	继续盘问
第一分局	572	684	0
第二分局	313	905	0
第三分局	238	757	0
第四分局	227	557	0
第五分局	291	608	0
第六分局	241	374	0
第七分局	212	505	0
合　计	2094	4389	0

以上 7 个分局 2011 年共办理刑事案件 2094 起，行政案件 4389 起，无一起案件的办理对犯罪嫌疑人适用过继续盘问措施，进一步证明了当前继续盘问措施被空置化的现状。《继续盘问规定》的实施本是为规范实践中被滥用的盘查措施，但事实上却导致该措施在实践中的销声匿迹，从一个极端走向了另一个极端。

（二）继续盘问空置化的后果

基于打击犯罪的现实需要，不论是大陆法系国家还是英美法系国家，均在其正式立法或司法实践中认可了警察运用盘查权的合法性。经验表明，盘查在揭露犯罪、打击犯罪方面具有突出的高效性和实用性，因此在各国司法实践中无不对之加以重视并充分利用。① 而我国当前继续盘问空置化的现状，使得该措施的积极作用无法真正发挥出来。当前继续盘问空置化的后果主要表现在以下两方面：

---

①　万毅：《论盘查》，载《法学研究》2006 年第 2 期。

1. 案件不明的紧急情况下犯罪嫌疑人法定到案措施缺失

继续盘问措施的存在有其现实需要，对其适用也有特定的其他措施不可代替的优势。公安机关要履行其职责，必定要走出办公室进行各种警务活动，正如一名派出所办案人员所说"我们在值班中要处理纠纷、治安、刑事案件。到现场后无法马上区分案件性质，我们都是先把人带回来再了解情况。群众喜欢围观，在现场往往无法很好地处理案件"。[①] 因此警察对违法犯罪嫌疑人员当场盘问、检查后，需要依法将其带至公安机关继续进行盘问，以落实其是否违法犯罪。经盘查确认违法犯罪嫌疑人时，如不能立即采取措施使其到案，则可能导致犯罪嫌疑人脱离公安机关的监控，无法开展后续调查。故将犯罪嫌疑人带至公安机关继续盘问，能够有效地满足紧急情况下人身控制和案件调查的需要。相比而言，在现行、准现行案件中，以及非现行案件的紧急情形下，传唤和拘传的使用基本不具有可操作性，因为警察不可能在控制犯罪嫌疑人人身的同时办理立案审批手续、申请传唤证或拘传证，即使在有两名以上警察或可以通过值班警察代为申请时，案件情势也不容耽误。因此，诸如刑事传唤、拘传等显然不能满足紧急情况下使嫌疑人及时到案的现实需要。若继续盘问措施空置、不被适用，对于不符合适用行政传唤和刑事传唤、拘传等措施的违法犯罪嫌疑人，公安机关将无法定措施应对，无疑会造成公安机关执法手段的缺失，同时也是继续盘问制度价值的缺失。

2. 强制嫌疑人到案措施的不合理、不合法"挪用"

作为要履行法定职责的公安机关，不可能因为执法手段的缺失而不履行其职责，为满足实践需要很容易产生"挪用"其他措施的问题。我国当前除继续盘问以外，强制犯罪嫌疑人到案的措施主

[①] 马静华：《中国刑事诉讼运行机制实证研究（三）——以侦查到案制度为中心》，法律出版社 2010 年版，第 72~93 页。

要有行政传唤、刑事传唤、拘传①。正如下表 1 - 5 所示，2011 年金水区 7 个分局全年所办理的治安案件和刑事案件中竟无一起对嫌疑人适用继续盘问措施，难道真的是所有的案件都不需要适用继续盘问措施吗？显然，很多案件中本该使用继续盘问措施，却被传唤、拘传等措施所替代。

（三）继续盘问空置化的原因

1. 继续盘问的法律性质不明确

有关继续盘问措施的法律性质，并无法律法规予以明确规定，理论界一直以来就看法不一。有学者将警察盘问检查权和留置审查权列入警察刑事职权的基本内容归属于刑事职权；② 有学者认为留置盘问是一种治安行政权力，是无证逮捕的一种形式；③ 也有学者认为其属于行政职权。④ 还有学者认为继续盘问作为警察行政调查权，是一种行政强制措施。⑤ 学者们的观点大致可归纳为三种：第一种认为继续盘问是一项刑事司法职能，第二种认为继续盘问是一项警察行政职能，第三种观点认为其兼具行政性和司法性的双重职能。由于继续盘问法律性质不明确，容易造成该措施与其他手段、措施相混淆，在实际运用中会存在办案民警无所适从或继续盘问被滥用的情况。

---

① 马静华：《侦查到案制度：从现实到理想——一个实证角度的研究》，载《现代法学》2007 年第 2 期。

② 惠生武：《警察法学的研究对象与学科体系构建》，载《山东警察学院学报》2011 年第 6 期。

③ 徐静村、潘金贵：《我国刑事强制措施制度改革的基本构想》，载《甘肃社会科学》2006 年第 2 期。

④ 蒋连舟、李新钰：《试论警察盘查权与人权保障》，载《河北法学》2006 年第 4 期；陈卫东、石献智：《警察权的配置原则及其控制——基于治安行政管理和刑事诉讼的视角》，载《山东公安专科学校学报》2003 年第 5 期。

⑤ 赵新立：《公安机关继续盘问的适用若干问题探讨》，载《理论导刊》2009 年第 4 期。

2. 继续盘问的适用条件和适用程序更加严格

在《继续盘问规定》实施以前，有关继续盘问的法规主要是1995年颁布的《公安部关于公安机关执行〈人民警察法〉有关问题的解释》（以下简称《解释》）和2002年颁布的《公安机关实施留置措施备案规定》。《继续盘问规定》和《解释》相比较，《继续盘问规定》中规定继续盘问措施的适用主体、适用前提条件、有审批权的领导级别、审批手续、审批时间，以及对候问室的面积、物品配备和建立值班、看管、巡查制度以及建立档案管理制度等方面作了更为具体、严格的要求。从以上内容可以看出，在"孙志刚"事件后出台的《继续盘问规定》，本是为了防止该措施的滥用，为了更加合理有效地适用该措施，对继续盘问的审批手续更为严格和烦琐，适用范围缩小，适用主体受限，场所硬件要求更高，且与刑事传唤、拘传相比，继续盘问已不再具有以往留置盘问所具有的审批简便和适用条件灵活等方面的优势。[①] 所以，在《继续盘问规定》实施之前，民警倾向于选择继续盘问措施，甚至想方设法用继续盘问措施取代别的应用之措施。如由于法律规定的拘传时限只有12小时，许多时候无法满足侦查工作的需要，而继续盘问"由于其时间可长达48小时，实际效果要好于拘传"[②]。因此，公安机关往往愿意对犯罪嫌疑人选择适用留置盘问而不愿适用拘传，拘传的实际功能已被留置盘问取代。[③] 而《继续盘问规定》实施之后，在同等条件下，民警办案时会本能地选择相对简单方便的措施，即对违法人员进行治安传唤、对犯罪嫌疑人刑事传唤或拘传。

---

① 艾明：《论我国侦查措施立法中的权能复合主义——以继续盘问功能转变为线索的分析》，载《西南民族大学学报（人文社科版）》2010年第10期。

② 左卫民、龙宗智：《继承与发展：刑事侦查制度评述》，载《现代法学》1996年第6期。

③ 万毅：《论我国刑事强制措施体系的技术改良》，载《中国刑事法杂志》2006年第5期。

3. 继续盘问与其他措施衔接不畅

《继续盘问规定》第 19 条第 2、3 项规定：对于已经证明有违法犯罪行为的，有证据证明有犯罪嫌疑的，应立即终止继续盘问，依法作出处理决定。此项规定看似十分明确，但其实很模糊，什么样的证明标准能证明有违法犯罪行为？什么样的证据标准能证明有犯罪嫌疑？对于证明和证据的证明力并未提出具体要求，如何"依法作出处理决定"？目前，公安机关办理刑事案件时，主要依据《中华人民共和国刑事诉讼法》和《公安机关办理刑事案件程序规定》，办理行政案件时，主要依据《中华人民共和国治安管理处罚法》和《公安机关办理行政案件程序规定》。以上除了《公安机关办理刑事案件程序规定》外，其他均无关于承接继续盘问的规定。根据《继续盘问规定》第 11 条第 2 款的规定，处理决定大概包括刑事拘留、逮捕、行政拘留、收容教育、强制戒毒几种，但这几种决定作出时，都有其法定的条件，而这些法定条件与前款所规定不尽相同，出现衔接不畅的问题。如《中华人民共和国刑事诉讼法》第 61 条和《公安机关办理刑事案件程序规定》第 105 条规定了刑事拘留的适用条件，具体来讲与《继续盘问规定》第 19 条第 2、3 项规定有所不同，以上会造成办案民警对于何时、何种条件下终止继续盘问不明确，造成认为可以终止继续盘问但又达不到刑事拘留的条件，导致办案程序脱节的现象，形成继续盘问措施与刑事拘留措施的程序衔接不畅，出现程序真空阶段。又如，《公安机关办理行政案件程序规定》第 142 条、第 144 条规定了行政处罚决定的标准，即必须查明违法事实，违法行为事实清楚，证据确实充分，这也与"已经证明有违法犯罪行为的"有所出入。也造成继续盘问措施与办理行政案件程序衔接不畅，出现程序断层。因此，继续盘问终止的具体标准是什么，应否终止，终止后如何与其他程序衔接等方面出现了一些问题，致使办案民警在适用继续盘问时感觉无所适从，增加了对继续盘问措施的不可知性和逆反心理。

4. 继续盘问的适用与实际办案存在脱节

《继续盘问规定》规定了继续盘问适用对象和时限，审批和执行，候问室的设置和管理以及执法监督，规定了终止继续盘问释放被盘问人或依法作出处理的情况。看似很详细，但是继续盘问在适用中与实际办案存在脱节的问题。从开始继续盘问至依法作出处理决定的期间，《继续盘问规定》只是规定了如何继续盘问及适用条件等，但对于如何调查取证及调查取证的手段、措施只字未提，对于证据的种类及证明力只字未提。在继续盘问中，如果发现被盘问人涉嫌刑事犯罪，有犯罪事实并符合刑事案件立案标准的，是应该立即立案按照刑事案件办案程序办理而终止继续盘问呢，还是应该在继续盘问期间调查取证至达到刑事拘留等刑事强制措施条件，再立案紧接着采取强制措施而后终止继续盘问呢？答案有两个可选项：一是立即立案。如果立案，就可以进行刑事侦查，如讯问犯罪嫌疑人、询问证人、勘验、检查等。但是，这些在立案之后进行的侦查活动需要时间，而这些时间将在现有情况下不存在，因为立案后将从继续盘问措施转入刑事程序，继续盘问将终止，其适用时间也随之终止，而继续盘问终止以后不能再适用传唤和拘传措施，所以，立案后无法定侦查时间。二是不立即立案。如果不立即立案，而是在"证明有违法犯罪行为，有证据证明有犯罪嫌疑"后，直至达到刑事拘留等刑事强制措施条件再立案，紧接着采取强制措施而后终止继续盘问。倘若如此利用继续盘问时间取证，那么除了继续盘问笔录以外，别的调查如何进行？是调查还是侦查？通过哪些措施取得的哪些证据具有法律效力？能否在办案中得到认可？继续盘问笔录能否在刑事办案程序中得到认可？项目组认为在现有情况下，以上问题的答案是模糊的。在继续盘问中，如果发现被盘问人违法行为构成行政违法，也面临着以上所提的问题，若继续按继续盘问程序办理，即面对如何取证，证据材料在行政办案程序中如何得到认可等问题。若终止继续盘问，按《公安机关办理行政案件程序规定》办理，则办案时间无从而来。基于上述问题，在实际办案中，绝大多数办案民警都感到继续盘问措施使用起来太复杂，且难以和具体办案结合，容易出现不必要的问题和麻烦而对其弃之不用。在案件的办理过程中，即使是适合甚至应当使用继续盘问措施的情况，也弃继续盘问而不用。

四、结论与建议

要充分利用好继续盘问措施来履行警察职责，就要解决继续盘问空置化问题。我们以为，该问题的解决可从以下几个方面着手：

（一）明确继续盘问的法律性质

我们认为，将继续盘问界定为公安机关的行政强制措施更有利于该措施的规范化使用。理由如下：

第一，继续盘问不属于《中华人民共和国刑事诉讼法》规定的侦查措施和强制措施。显然，继续盘问既不是常规的侦查措施，也不是刑事强制措施，不具有刑事职能，而《中华人民共和国治安管理处罚法》和《公安机关办理行政案件程序规定》中也无继续盘问的任何规定。所以，继续盘问不是办理行政和治安案件的法定措施。可见，继续盘问的适用与刑事、行政案件的办理并无直接的、必然的联系。

第二，在实践中，适用继续盘问后，对于符合法定条件的犯罪嫌疑人应按照案件情况决定适用刑事侦查程序或行政处罚程序，从而使继续盘问措施和刑事侦查程序、行政处罚程序相互衔接。如此可以看出，继续盘问是一个相对独立的措施和程序，具有强制性，可以临时限制特定对象的人身自由。正是因为没有从根本上看到继续盘问的独立性，而是从其后续的刑事侦查程序或行政处罚程序来倒着推算、判断其法律性质，因其后续的刑事侦查程序就容易认为其具有刑事职能，因其后续的行政处罚程序就作出其具有行政职能的判断，抑或是认为继续盘问具有刑事和行政的双重职能。由此，才导致对继续盘问法律性质判断不明，从而不能真正地认识并正确高效地运用继续盘问。

第三，继续盘问是由《人民警察法》《继续盘问规定》等法律、规章所规定的，目的是让公安机关履行维护国家安全和社会治安秩序，保护公民的合法权益的职责，"是法律赋予公安机关审查有违法犯罪嫌疑人员的一项强制性措施"①。总的来讲，是公安机关的行政职能。且在适用继续盘问之后，其适用结果根据具体情形而依法做出处理，即立即释放被盘问人和依法做出其他处理如拘留等。可见，继续盘问的适用结果对其法律性质并无任何影响，而其他措施如刑事传唤、治安传唤等措施的性质则从属于所办理案件的性质。

（二）对非法适用到案措施所取证据予以排除

在英美法系国家，警察通过违法盘查取得了一定的证据，那么这些证据也可能会因为其程序的违法性而被排除。在大陆法系国家，如果警察违法进行盘查，其所得的证据也不得于法庭使用。而在我们的办案过程中，大多重视适用办案措施的时间，违法犯罪嫌疑人如何到案、到案程序是否合法的问题在办案过程中并未得到应有的重视。② 如办理治安案件过程中，适用传唤，案卷中会显示到达和离开时间，大多不会重视传唤措施适用的前提条件是否符合要求。比较能说明问题的是 2010 年 7 月 1 日施行的《关于刑事案件排除非法证据若干问题的规定》，该规定是对非法证据进行排除，体现了对法定证据的合法性的重视。但没有任何相关的法律法规对不正确适用到案措施如何排除作出规定。这就导致刑事案件办理过程中，公、检、法三家对错误适用到案措施的不够重视，从而导致有些"好用"的措施被滥用、"不好用"的继续盘问被别的措施顶替，从而被空置化。

从理论上来讲，各种到案措施都有其法定的适用条件。就拘传、刑事传唤而言，根据《刑事诉讼法》及《公安机关办理刑事案件程序规定》，刑事传唤的条件主要有三个方面。一是对象条件，传唤的对象是具有犯罪嫌疑的人，但是传唤时是否需要有证据

---

① 《公安部法制局负责人就继续盘问答规定记者问》，载 http：//news. si-na. com. cn/c/2004 - 08 - 03/16483283355s. shtml ，访问日期：2011 年 8 月 3 日。

② 王剑虹：《比较法视野下的盘查制度研究》，载《当代法学》2008 年第 2 期。

证明其犯罪嫌疑，并无规定。二是案情条件，传唤适用于不需要逮捕或拘留时，不需要逮捕是指嫌疑人达不到逮捕的标准或社会危害性不大；不需要拘留是指嫌疑人非现行犯或无重大嫌疑。三是目的条件，传唤的直接目是讯问犯罪嫌疑人，以查明案情。同样以上述法律法规为依据，拘传的条件仅是"根据案情需要"。拘传分为一般拘传与径行拘传两种形式。一般拘传适用条件为"经过传唤没有正当理由而不到案"，而究竟什么是正当理由，法律并无明确规定；径行拘传的适用条件是"根据案件情况，需要拘传犯罪嫌疑人进行讯问"，但什么是可以拘传的案件情况，也缺乏权威的解释。

继续盘问的适用条件由《人民警察法》第9条及《继续盘问规定》给出了较为详细的说明，具体来说应符合程序与对象两个条件。一是程序条件，对有违法犯罪嫌疑的人员，首先必须进行当场盘问，不可以直接适用留置盘问。二是对象条件，被留置人员必须有违法犯罪的嫌疑，并要有证据能证明这种嫌疑。因而也有学者认为，从理论上看，留置完全可以被拘留所涵盖。[①] 但这种理解并不符合当前法律规定和司法、执法现状。从立法上看，适用留置的嫌疑程度远远低于适用刑事拘留的嫌疑程度，前者只需当场盘查之后有继续盘问的必要，而后者要求是现行犯或有重大嫌疑，从实践上看，留置通常出现在警察的日常执法，而拘留出现在刑事案件的初查、侦查过程中。当然，留置与拘留的对象很可能在日常执法与刑事侦查之间产生交叉。但由于令状程序的规定，拘留难以成为紧急情况下的到案措施，这就给继续盘问留下了空间。

大体上看，继续盘问适用于刑事案件受理前，而传唤、拘传适用于立案之后。但是由于继续盘问的适用条件严格而传唤、拘传的适用条件模糊，实践中大量本该用继续盘问的情况被以传唤、拘传替代。对非法到案措施所取证据予以排除，能确保到案措施之合

---

① 杨永华：《浅析公安机关"留置盘问"的若干问题》，载《律师世界》2002年第11期。

法，即应当继续盘问时不再被传唤等替代，使继续盘问发挥其应有的效力。

（三）细化继续盘问措施的相关规定

与刑事办案程序和行政办案程序相衔接明确警察盘查权与相关制度的立法界限，① 明确继续盘问措施终止并转入其他办案程序的条件，这样可使该措施与其他办案程序有明显的区别，也能真正确定其法律性质，而不是在行政调查措施和刑事侦查措施之间模棱两可。明确将继续盘问和刑事侦查措施、行政调查措施的适用衔接起来，形成法律上的连续性。对继续盘问期间能否及如何调查取证，所取得的证据有哪些及证明力如何，继续盘问笔录的证明力，以及以上证据材料在继续盘问之后办案中的适用等作出规定，使得办案民警明确知道适用继续盘问措施的后续程序如何进行，从而敢于、善于适用该措施办理案件。

就继续盘问的法律性质看。继续盘问措施不属于刑事法和刑事程序法的范围，因此许多人觉得继续问不属于法学研究之"正途"，造成理论界对继续盘问措施的忽视。而继续盘问是公安机关行使其职权的重要手段，该措施的存在有其现实需要，对其适用也有其特定的、其他措施不可代替的条件。《人民警察法》和《继续盘问规定》所规定适用继续盘问的适用条件，就有其他措施不可代替的功能。如两名民警在深夜巡逻时，发现一名形迹可疑人员，经当场盘问、检查后，发现其身上携带的物品可能是赃物。此时，受程式化的令状程序限制的治安传唤或刑事传唤、拘传等无法适用，只能适用继续盘问。此类情况存在很多，若继续盘问措施被忽略、不被适用，对于应适用继续盘问而不符合适用行政传唤和刑事传唤、拘传等措施的违法犯罪嫌疑人，公安机关将无法定措施应对，造成公安机关执法手段的缺失，同时也是继续盘问制度价值的

---

① 高文英：《我国警察盘查权运行及其理论研究现状》，载《中国人民公安大学学报（社会科学版）》2006 年第 4 期。

缺失。①

就继续盘问的社会价值而言，普通的刑事案件和治安、行政案件的侦查和调查，一般都是"由案到人"，即公安机关在案件发生后，通过各种法定措施发现、收集、固定证据，最终确定犯罪嫌疑人的侦查和调查途径。② 由继续盘问发现线索，进而转入刑事侦查程序或行政处罚程序，则属于"由人到案"，即公安机关依据法定措施，从个体和群体在特定或不特定场所暴露出的与已知或未知的犯罪相关联的犯罪嫌疑活动或犯罪嫌疑信息入手，确认其行为性质或确认其与特定案件之间的联系的侦查方式。③ 这是公安机关抓获违法犯罪嫌疑人、办理案件和打击违法犯罪的重要法律手段，是进入刑事侦查、诉讼程序或行政处罚程序案件的重要来源。继续盘问的正确适用与否关系到一部分违法犯罪案件能否正常进入刑事侦查、诉讼程序或行政处罚程序。基于打击犯罪的现实需要，不论是大陆法系国家，还是英美法系国家，均在其正式立法或司法实践中认可了警察运用盘查权的合法性。④ 英美法系国家将盘查视为侦查程序的前置行为，在性质上属于司法行为，其发动与实施均要受到制定法及判例法的严格规制。与英美法系国家不同，大陆法系国家警察依其权能分为行政警察与司法警察，盘查则属于行政警察的行政职权之一。⑤ 可见，继续盘问这一重要措施，在揭露犯罪、打击犯罪方面具有突出的高效性和实用性。因此在各国司法实践中无不

① 马静华、潘利平：《迅速审判：不同刑事诉讼模式下的理念与制度比较》，载《四川大学学报（哲学社会科学版）》2007年第4期。

② 杨宗辉：《侦查学研究方法的拓展——以"刑事一体化"思想为视角》，载《武汉公安干部学院学报》2009年第1期。

③ 孙亚伟：《浅谈侦查途径的选择》，载《河南公安学刊》1997年第3期。

④ 万毅、陈大鹏：《警察盘查制度若干法律问题研究》，载《南京师大学报（社会科学版）》2009年第5期。

⑤ 王剑虹：《比较法视野下的盘查制度研究》，载《当代法学》2008年第2期。

对之加以重视并充分利用，[①] 但在国内却未得到应有的重视，许多时候只被视为一种行政到案措施，或者被认为是警察权力扩大化的一种表现。

（四）提高《继续盘问规定》适用的可操作性

继续盘问的适用主体不应仅限于公安派出所的人民警察。[②] 项目组以为，公安机关各警种对符合规定的违法犯罪嫌疑人，均有权并有义务予以处置，而非仅公安派出所的警察才有权利和义务处置。这样就能让《人民警察法》赋予警察的继续盘问权，不仅仅被限制于派出所民警这一较小范围内，从而提高全体民警适用继续盘问的可能性。比如公路巡逻民警，其工作相当部分是要对违法犯罪嫌疑人进行盘问、检查和继续盘问的，对于此，《公路巡逻民警中队警务规范》第8条对其继续盘问也作了规定，《继续盘问规定》却将巡警排除在适用主体之外显然不合时宜。虽然被继续盘问人要被就近带至派出所使用候问室，但由于谁签字谁负责的原则，对于继续盘问，审批人应是办案单位相当于派出所负责人级别的领导负责，而不是公安机关派出所负责人，以防止继续盘问审批过程中出现推诿、扯皮的现象。既然县级公安机关值班负责人可以审批决定行政拘留和刑事拘留，为何延长继续盘问非要县级公安机关主管负责人审批呢？由于公安工作的特殊性，警察和领导的工作场地不可能局限于办公室，这样会发生在需要审批时却找不到主管负责人的情况，从而影响案件的办理，但基层公安机关每天都有当日值班的值班负责人，且值班负责人都是与主管负责人同级别的局领导。所以，对于继续盘问时间由24小时延长至48小时的，也应可以由县级公安机关值班负责人审批，以保证及时、高效的审批延长继续盘问。《继续盘问规定》对候问室的设置、管理严格要求无

---

① 万毅：《人民警察在盘查行动中的武器使用》，载《湖南公安高等专科学校学报》2001年第4期。

② 曹文安：《论留置及其与强制到案措施之整合》，载《中国人民公安大学学报（社会科学版）》2006年第3期。

可厚非，但同时却规定：未设置候问室的，应当由人民警察在讯问室、办公室看管，这难免会使民警怕被盘问人在讯问室、办公室出事而不敢适用继续盘问。因此，法规应指定没有设置候问室的派出所可就近使用其他派出所的候问室，一方面保证了继续盘问间隙期间被继续盘问人的基本权利和安全，另一方面也解决了民警对于没有候问室，怕被继续盘问人在讯问室、办公室出事而不敢适用继续盘问的担忧。

分报告之二　欺骗取证与侦查策略

　　2012 年伦敦奥运会女子羽毛球双打比赛中发生的"让球事件"，使中国、韩国和印度尼西亚的几组选手痛失继续参加该届奥运会比赛的资格。这一判罚结果在国内引起了巨大争议，批评者有之，喊冤者亦不乏其人。前者批评运动员为了冲击金牌采用一些所谓的战略战术，是对观众的一种欺骗，有违奥林匹克精神；后者则认为此种策略在国际赛场上早已有过先例，策略本身是对不合理规则的合理利用，运用的目的是为自己争取最好的比赛结果，对运动员与教练员的指责不应动辄挥舞道德的大棒。"让球事件"无疑引发了一场有关功利主义观与自然伦理观的问题与主义之争，争论的焦点在于竞技体育中运用策略是否正当。对比刑事诉讼法修订过程中引发的有关以欺骗方法收集证据是非法取证还是侦查策略运用的争论，无论就结果还是就过程而言，与"让球事件"都颇有几分相似之处。

一、问题的提出

（一）法律严禁欺骗取证的立法修改与恢复

　　按照汉语词典的理解，欺骗指虚构事实或隐瞒真相的行为。欺骗包含两种行为模式，一种是虚构事实，一般是行为者主动而为，即"示假"的过程；另一种是隐瞒真相，此模式往往是行为者被动实施，即"隐真"的过程。欺骗取证即指侦查人员采取虚构事实或隐瞒真相的方法收集犯罪证据的过程。我国《刑事诉讼法》及相关法律解释没有规定欺骗及欺骗取证的含义，但表明了对欺骗取证所持的立场和态度，1996 年《刑事诉讼法》已明确规定严禁以欺骗等非法方法收集证据。2013 年颁布实施的《刑事诉讼法》虽然保留了欺骗属非法取证方法的表述，但立法修定过程却历经修改、争论、恢复的数次转变：2010 年颁布的《关于办理死刑案件审查判断证据若干问题的规定》和《关于办理刑事案件排除非法证据若干问题的规定》（以下简称"两个证据规定"）在确定非法证据排除规则时，并没有明确地完全排除欺骗方法获取的证据。2011 年 8 月，《刑事诉讼法修正案（草案）》第一稿吸纳了前述"两个证据规定"中的做法，删除了 1996 年《刑事诉讼法》相关条款中欺骗为非法取证方法的表述。社会公众对此修改反应激烈，更有学者愤然指出这是法律的倒退。① 数月之后，《刑事诉讼法修正案（草案）》二稿恢复了 1996 年《刑事诉讼法》将欺骗确定为非法取证方法的原有表述，并最终获全国人民代表大会审议通过。

有关以欺骗方法取证是否合法的问题，不仅法律修改过程对其充满争执与反复，法律不同条文间也存在矛盾与冲突。（参见下表 2 - 1）2012 年《刑事诉讼法》有关欺骗取证的表述主要集中在第 50 条、第 51 条和第 151 条。其中，第 50 条规定严禁欺骗等非法取证方法。第 51 条规定对采用暴力、威胁等非法方法收集的言词证据予以排除，通过欺骗方式获取的证据并未在排除之列。第 151 条规定侦查人员在必要时可隐匿其身份进行侦查，实施控制下交付。这说明修订后《刑事诉讼法》一方面表明了严禁欺骗取证的立场和态度，但在具体操作时，对以欺骗方法获取的证据却不予以明确排除，甚至还以专门的法律条文的形式肯定了侦查人员在特殊情况下采取欺骗方法取证的合法性。

---

① 张建伟：《"威胁、引诱和欺骗"，为何不能删除？》，载《检察日报》2012 年 2 月 6 日第 3 版；张建伟：《自白任意规则的法律价值》，载《法学研究》2012 年第 6 期。

下表 2－1 欺骗取证相关法条的比较

法律法规	条款	基本内容
1996 年《刑事诉讼法》	第 43 条	严禁刑讯逼供和以威胁、引诱、欺骗以及其他非法的方法收集证据
2010 年《关于办理刑事案件排除非法证据若干问题的规定》	第 1 条、第 2 条	采用刑讯逼供等非法手段取得的犯罪嫌疑人、被告人供述和采用暴力、威胁等非法手段取得的证人证言、被害人陈述，属于非法言词证据，应当予以排除
2011 年《刑事诉讼法修正案（草案）》第一稿	第 49 条	严禁刑讯逼供和以其他非法方法收集证据，不得强迫任何人证实自己有罪
	第 53 条	采用刑讯逼供等非法方法收集的犯罪嫌疑人、被告人供述和采用暴力、威胁等非法方法收集的证人证言、被害人陈述，应当予以排除
2012 年修订后《刑事诉讼法》	第 50 条	严禁刑讯逼供和以威胁、引诱、欺骗以及其他非法方法收集证据，不得强迫任何人证实自己有罪
	第 54 条	采用刑讯逼供等非法方法收集的犯罪嫌疑人、被告人供述和采用暴力、威胁等非法方法收集的证人证言、被害人陈述，应当予以排除
	第 151 条	为了查明案情，在必要的时候，经公安机关负责人决定，可以由有关人员隐匿其身份实施侦查。但是，不得诱使他人犯罪，不得采用可能危害公共安全或者发生重大人身危险的方法。对涉及给付毒品等违禁品或者财物的犯罪活动，公安机关根据侦查犯罪的需要，可以依照规定实施控制下交付
2012 年最高人民法院《关于适用〈中华人民共和国刑事诉讼法〉的解释》	第 95 条	使用肉刑或者变相肉刑，或者采用其他使被告人在肉体上或者精神上遭受剧烈疼痛或者痛苦的方法，迫使被告人违背意愿供述的，应当认定为刑事诉讼法第五十四条规定的"刑讯逼供等非法方法"

(二) 欺骗取证是否违法的学理之辩

对比刑事诉讼法的几次修稿，不难看出，修订后《刑事诉讼法》此条款反复修改的核心在于威胁、引诱、欺骗为非法取证方法的表述是否应当删除。对此，学者们的看法大致分为两种：一种赞成法律对其进行调整或删除，我们将其称为"修正派"①；另一种则反对法条的修改，我们暂且称作"保留派"②。

修正派学者认为，法律不应该一律禁止带有威胁、引诱、欺骗性质的侦查取证方法，其观点及理由大致可归纳为以下几点：其一，刑讯逼供是赤裸裸的暴力取证，应严加禁止；严重的、恶劣的威胁、引诱、欺骗的取证方法也应坚决被排除。③ 其二，适度的"欺骗取证"既是一种破案智慧，也是侦查策略的集中体现。法律不应全盘否定侦查施谋用策的正当性与合理性。其三，就法律体系

---

① 何家弘：《论"欺骗取证"的正当性及限制适用——我国〈刑事诉讼法〉修改之管见》，载《政治与法律》2012 年第 1 期；龙宗智：《威胁、引诱、欺骗的审讯是否违法》，载《法学》2000 年第 3 期。郝宏奎：《侦查讯问改革与发展构想》，载《法学》2004 年第 10 期；毕惜茜：《侦查讯问策略运用的法律界限》，载《中国人民公安大学学报》2004 年第 3 期；胡initialBytes初宝：《论"威胁、引诱、欺骗"在侦查讯问中的存在理性与适度运用》，载《山东警察学院学报》2007 年第 4 期；徐美君：《质疑"严禁以威胁、引诱、欺骗的方法收集证据"》，载《当代法学研究》2003 年第 2 期。由于持相同观点的知名学者较多，恕不一一列举。

② 张建伟：《自白任意性规则的法律价值》，载《法学研究》2012 年第 6 期；张建伟：《"威胁、引诱和欺骗"，为何不能删除?》，载《检察日报》2012 年 2 月 6 日第 3 版；张品泽：《论侦查阶段讯问制度变革——以刑事诉讼法修正案（草案）为样本》，载《中国人民公安大学学报（社会科学版）》2011 年第 6 期。

③ 修正派学者认为严重的、恶劣的威胁、引诱、欺骗的取证方法诸如侦查人员以法律禁止的利益相许诺，告知侦查对象不管罪行多重，"只要招供了就可以回家"等取证方式，确实会导致无辜者做出有罪的虚假供述，应当禁止。

而言，刑事诉讼法一方面严禁威胁、引诱、欺骗方法收集证据，但另一方面却肯定欺骗性取证手段的正当性（如2012年《刑事诉讼法》第56条肯定了公安机关在必要时可使用秘密侦查和控制下交付等侦查手段，这些手段的运用难免含有引诱、欺骗的成分），这会使法律本身陷入自相矛盾的窘境。其四，国际社会在侦查理论和实践中并不排斥适度威胁、引诱、欺骗方法的运用。威胁、引诱、欺骗取证既不违反联合国所确认的刑事司法准则，也不违背我现阶段刑事诉讼的主流司法价值观——打击犯罪和保护人民。

与之相反，保留派学者认为刑事诉讼法有关严禁威胁、引诱、欺骗取证的表述不能删除。其观点和理由如下：一是威胁、引诱、欺骗取证与刑讯逼供一样是造成冤假错案的重要原因。二是我国晚清时期的立法即已禁止威吓、诈罔取供，将"威胁、引诱、欺骗"从法律明令禁止的条目中删除是立法的倒退；"文革"时期逼供、诱供、骗供的惨痛教训也不应被忘记。三是刑事诉讼法严禁刑讯逼供和威胁、引诱、欺骗取证的规定，具有宣示性和政策意义，反映了立法的价值取向和对办案人员的总体要求，但并不是要禁止或限制实践中已采用、立法上也已规定的秘密侦查行为。四是"威胁、引诱、欺骗"是我国已签署的《公民权利和政治权利国际公约》所禁止的"强迫"方式，删除严禁"威胁、引诱、欺骗"的表述与该公约的要求不符。

细细斟酌修正派与保留派学者的观点和理由，项目组发现，学者们尽管观点迥异，但对侦查取证所持的基本立场却是一致的，即一方面，刑讯逼供应予以禁止；另一方面，侦查过程中施谋用策、合理开展秘密侦查也具有正当与合法性。观点相左的地方在于，"修正派"学者认为"威胁、引诱、欺骗"本身有善恶之分和轻重之别，严重的、恶的威胁、引诱、欺骗行为属变相的刑讯逼供，易导致冤假错案；而善的、适度的威胁、引诱、欺骗行为，是侦查策略的体现。"保留派"则认为"威胁、引诱、欺骗"语词本身就说明其非正当性；而侦查策略是中国传统文化虚实、隐露、直迂等关系的辩证,① 与"威胁、引诱、欺骗"有质的区别。②

简言之,"修正派"主张"威胁、引诱、欺骗"是中性表述,与侦查策略是相容、互指的关系,即侦查策略包含一定程度的威胁、引诱、欺骗;"保留派"视"威胁、引诱、欺骗"为贬义行为,与侦查策略是完全对立的关系,即侦查策略并不包含任何形式的威胁、引诱、欺骗。因此,我们以为刑事诉讼法有关严禁威胁、引诱、欺骗的取舍之争其实恰是如何确定"威胁、引诱、欺骗"的内涵与外延,进而理顺其与侦查策略的关系问题。定分止争的关键在于明晰侦查策略是否具有一定程度的威胁、引诱、欺骗性。

(三) 实践中侦查策略徘徊在合法与有效之间

1. 侦查策略立法规范先天不足

当前我国有关侦查策略法律规制的内容主要体现在刑事诉讼法对威胁、引诱、欺骗取证的相关规定上。但无论就刑事诉讼法修改过程而言,还是从修订后刑事诉讼法自身条文来看,立法在威胁、引诱、欺骗取证是否合法问题上都显得立场不明,甚至自相矛盾。如前文所述,法律条款修改过程中存在反复与冲突,修订后刑事诉讼法不同条文间也有矛盾与缺陷。

2. 侦查策略合法性理论研究后天失养

在整理和分析学者们有关"侦查取证是否应严禁威胁、引诱、欺骗"的相关著述时,项目组还注意到,观点对立的背后也体现出学者们各自不同的学术旨趣:"保留派"学者多以刑事诉讼法为研究方向,即其研究领域主要集中于规范法学学科;而"修正派"学者,其研究方向多集中于侦查学领域。不同的研究背景在一定程度上决定了学者们对同一研究对象所采用的研究视角和分析方法也

---

① 季宗棠:《审讯侦查理论与实践》,中国人民公安大学出版社 2001 年版。

② 如有学者指出"威胁、引诱、欺骗等的含义、情形应与正当的侦查谋略相区别"。张建伟:《自白任意性规则的法律价值》,载《法学研究》2012 年第 6 期。

有所不同。如侦查行为虽为刑事诉讼法学与侦查学共同的研究对象，但刑事诉讼法学更关注侦查活动的程序、规则和制度，侦查学更关注在程序合法的前提下如何灵活运用各种技术手段和措施开展侦查活动。打个比方，如果我们将侦查活动看成一场竞技活动——犯罪嫌疑人与侦查主体互为对手，彼此较量，那么刑事诉讼法学与侦查学的关系就好比裁判与教练的关系。刑事诉讼法学担当比赛裁判员的角色，其职责重在判断双方每个进球是否合规则、有效，以保障比赛公平、公开、公正进行；而侦查学担当参赛一方教练员的角色，其任务是指导队员在遵守规则的前提下将自身的能力与技术最大限度的发挥出来，多进球、进好球，并最终赢得比赛。可以说，赢得比赛是教练的追求，执行规则是裁判的本分，教练与裁判在工作职责上确有不同的分工与侧重，但教练与裁判更需要相互学习。很难想象，一个完全不懂球技的裁判能成为好裁判，一个不自觉尊重和恪守比赛规则的教练称得上是好教练。因此，侦查学与刑事诉讼法学的发展需要各自有独立于其他学科的研究方法和研究视角，但这并不排斥学科间进行必要的视角交叉与方法互动，基于某些研究对象的复杂性，这种交叉与互动甚至是必不可少的，对侦查策略的研究即是如此。由于侦查策略本身是对规则的灵活运用，并默认在规则许可的范围内采用一些非常规的手段和方法（如适度的威胁、引诱、欺骗），这好比球场上打出的"擦边球"，更需要精通球技的裁判加以审慎判断。因此，对侦查策略合法界限的评判既需要借助于刑事诉讼法学者规范法学的研究视角，也需要以侦查学者对策略运用的深刻理解为基础。

遗憾的是，当前刑事诉讼法学者和侦查学者在侦查措施与策略问题上的研究尚缺乏这种深入的交流与互动。在一定程度上，学者们对各自研究方法的固守与依赖也导致了我国目前有关侦查策略的研究存在一些不足：一方面，刑事诉讼法学者虽从规范法学的角度对侦查措施、侦查程序合法与否给予了较多的关注，但对实施起来更为灵活、便宜、无法直接用具体规范加以程序化控制的侦查策略研究较少。① 由于缺乏对侦查策略特性的深刻理解而片面地反对取证过程中一切形式的威胁、引诱、欺骗，致使现有刑事诉讼法有关禁止非法取证的规定技术化程度不高，精密性不足，"严禁威胁、引诱、欺骗的方式取证"成了原则性的宣示和大而划之的笼统界定，缺乏可操作性与实践合理性。另一方面，我国许多侦查学者虽对侦查策略早有较为深入的研究，② 但其研究多局限于侦查策略的行为特征，注重分析如何针对不断变化的侦查情势最大限度地发挥侦查策略的灵活性和有效性，在研究中虽强调侦查主体应合法合理施策，但对具体如何把握侦查策略的合法性原则缺乏系统、深入的探究，对具有威胁、引诱、欺骗性的侦查策略运用如何"适度"解释不力，侦查策略适用时合法与非法的界限模糊不清。

二、调查方法与调查的实施

由于法律的修改往往是参与各方最终博弈的产物，修订后刑事诉讼法对欺骗取证问题的不同甚至相反的态度在一定程度上折射出公众、司法实务工作者乃至不同学者对欺骗取证的认识与理解可能迥异，为真实而全面地反映公众对欺骗取证的基本认识、思想观念和心理倾向，项目组尝试展开了有关欺骗取证社会认知状况的访谈与调查。

---

① 侦查策略不同于侦查措施和侦查行为。侦查策略本身属侦查人员内在的思维活动，其设计与实施必须依托于法定的侦查措施来实现，并最终外化为一系列具体的侦查行为。如"讯问犯罪嫌疑人"这一法定侦查措施是对讯问策略的具体运用，刑事诉讼法学者往往关注讯问犯罪嫌疑人这项侦查措施运用的程序（包括讯问地点、时间、主体、讯问笔录等）是否规范合法，对于讯问人员如何消除犯罪嫌疑人的拒供心理，适用讯问技巧以最终获取有罪供述研究较少。

② 一直以来，作为侦查学专业的主干课程，"侦查措施与策略"主要讲授侦查策略的具体运用方法，如先发型与后发型策略的运用、加压型与减压型策略的运用、利用型与调动型侦查策略的运用等。

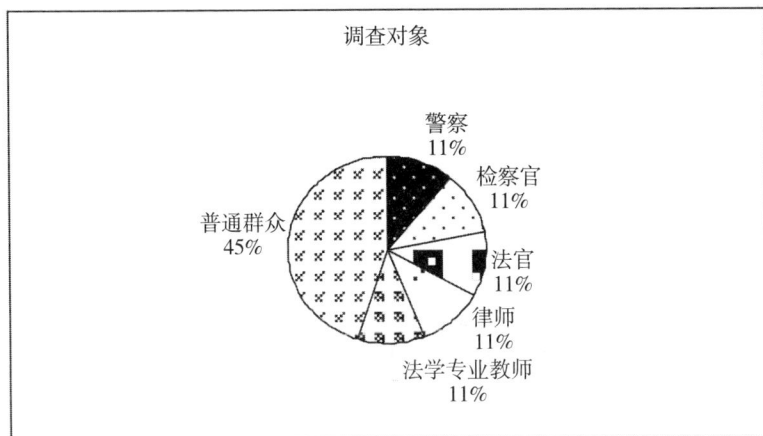

调查对象

警察
11%

检察官
11%

普通群众
45%

法官
11%

律师
11%

法学专业教师
11%

下图 2 - 1　调查对象职业背景分布

　　本次调查对象既包括司法实务工作者，如警察、检察官、法官、律师和法学专业教师等，也包括没有接受过专门法学教育的普通群众，如制造行业工人、政府公务员、公司文秘、非法学专业在校大学生等（见下图 2 - 1）。这一方面便于检验不同法律执业者有关欺骗取证的态度是否一致；另一方面可分析判断普通公众与司法实务工作者有关欺骗取证的理解是否存在重大差异性。为尽可能全面地了解不同社会群体对欺骗取证与侦查策略的认知，项目组在调查对象年龄、受教育程度等方面尽量做到分布广泛和均匀，并确保调查对象在相关职业群体中的代表性。例如，接受调查访谈的侦查人员中既有在基层工作多年、对实践中侦查策略特别是讯问策略有着深刻的认知和切身体验的一线民警，也有负责基层派出所、队各类治安及刑事案件的证据审核和执法检查的公安局法制科干部，对警察的侦查取证过程和取证方式都尤为清楚和了解。

　　就访谈对象数量而言，本次调查属于小样本性的研究，这主要考虑到项目组所选用的调查方法是封闭式结构问卷调查和非结构性现场访谈相结合的形式，即事先给访谈对象发送问卷，随后根据调查对象的答题情况进行深度访谈。而之所以采用先问卷后逐一访谈的方法，没有将案例或人们对欺骗取证的认知编制成易于操作的标准化选择题，一方面是想避免被调查者对所调查问题的泛泛而谈，以致最终得到千篇一律的"标准答案"而无从得知其内心深处的真实想法，另一方面也源于调查前项目组对欺骗取证社会认知状况所作的理论假设：其一，公众对欺骗取证的认识较为模糊，具有不确定性和两面性，对欺骗取证的规范评价和事实评价可能存在矛盾和不一致。也就是说，如果只问及立场，公众多会反对侦查中的欺骗取证，然而一旦涉及具体案件，即便具体侦查行为本身明显存在欺骗成分，多数人包括司法工作者也会基于侦查目的本身的正当性转而认为所采取的手段不具有欺骗性或这种欺骗是可以容忍的，即公众可能表面上反对但实际上支持欺骗取证。基于这一假设，项目组成员将调查和分析的重点也放在了问卷中的文字反馈和访谈部分，力求真实、生动地反映公众对欺骗取证的认知状态。其二，不同专业领域和职业背景的人对欺骗取证含义的理解可能不同，对欺骗取证和侦查策略关系的认识可能不一致。

三、调查结果与分析

（一）公众普遍认为欺骗与侦查策略有着合法与否的本质区别

调查中，当我们问及调查对象是否理解欺骗及欺骗取证的含义时，多数人回答知道，并认为"欺骗是用假的证据来骗当事人"，"采用不应当的手段对犯罪嫌疑人进行讯问，诱导其说出符合侦查人员心里的回答"。问受访者是否了解侦查策略时，多数人也回答了解或听说过。在回答如何理解侦查策略与欺骗的关系问题时，许多被调查者认为侦查策略与欺骗有着本质的不同，即认为侦查策略与欺骗虽然手段类似，但目的不同，侦查策略合法，欺骗不合法。如有被调查者回答"欺骗含有明显欺诈的因素。而侦查策略是在合法的情况下开展相关的侦查行为，欺骗是在违法的情况下开展的相关行为，侦查策略有时也会采取欺骗等方式，但手段是合法的"。也有被调查者回答"欺骗与侦查策略其实是一个事物的两个方面，或者说是量变与质变的关系，欺骗把握在合法的限度内就是侦查策略"。还有受访者强调"欺骗对真正没有犯罪的人是没有用的，但侦查策略有一定用处"。可见，多数人对策略在侦查中的运用都抱以积极肯定的态度。

（二）区分欺骗与侦查策略主要靠直觉或经验判断

虽然许多被调查者认为欺骗与侦查策略有着本质区别，并以是否合法作为区分侦查策略与欺骗取证的主要标准，但当我们追问其合法与否的具体判断标准是什么时，大致有三种类型的回答，第一种是"说不清楚"或"我自己的主观判断"。第二种是"依据平常工作中的行为来判断（即检察工作经验）"。第三种是"依据刑事诉讼法"。第三种回答在所有被调查者中占有相当大的比例，但项目组分析此种与第一种回答实质相同，因为刑事诉讼法虽然规定严禁以欺骗的方法获取证据，但法律并没有将其作为专业用语严格界定欺骗与侦查策略的内涵，更没有划定两者区分的具体标准，这也表明回答"依据刑事诉讼法"的被调查者区分侦查策略与欺骗的方法仍然是主观判断。可见，在侦查策略与欺骗的关系认识上，绝大多数被调查者虽然认为侦查策略与欺骗有着合法与否的本质区别，但判断两者区别的具体标准主要靠直觉，具有很大的模糊性和不确定性。

（三）公众对具体取证行为属于欺骗还是侦查策略的判断存在明显分化与差异

此次调查所选取和设计的十个案例均直接或间接来源于侦查实践，当项目组问及案例中的侦查行为是否合法适当以及是否具有欺骗性时，受访者对这些具体侦查行为的判断和理解体现出极大的个体差异性（见下图2－2，所选三个案例具体内容在下文分析时将会逐一说明，此处着重对公众的认知和判断做一粗略的分类比较和整体分析）。被调查者对同一具体取证行为的判断和回答都各自不同，大体可分为三种，一种认为案例中的侦查行为适当，属于侦查策略的运用，不具有欺骗性；另一种认为侦查行为不适当，具有欺骗性；还有一种认为侦查行为基本适当，具有一定欺骗性。从下图

2-2 中我们可以看出，受访者对于每个案例中侦查行为的判断都存在适当（或基本适当）与不适当两种截然相反的观点，且比例几乎相当。

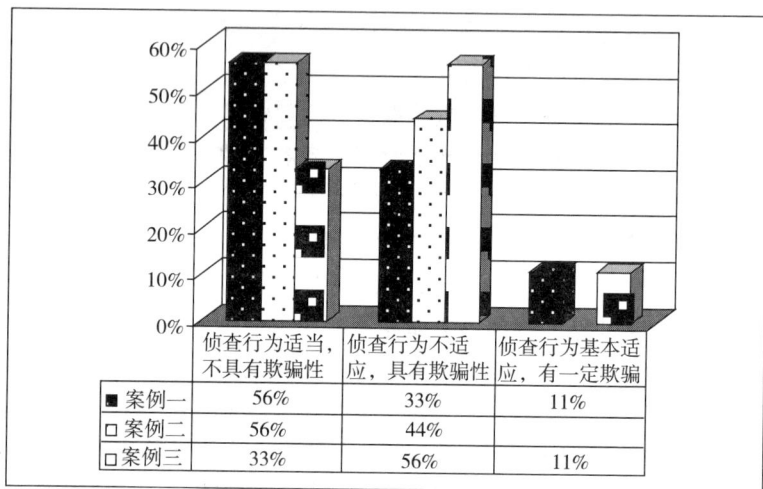

	侦查行为适当，不具有欺骗性	侦查行为不适应，具有欺骗性	侦查行为基本适应，有一定欺骗
■ 案例一	56%	33%	11%
□ 案例二	56%	44%	
□ 案例三	33%	56%	11%

下图 2-2　调查对象对具体侦查行为认知的总体分析

在此结合调查中的三个案例的内容加以具体分析。每个案例，我们都设计了以下五个方面的问题：①案例中侦查人员的行为，您认为是否适当？②您判断的标准是什么？③您认为侦查人员的取证方法是否具有欺骗性？④这些取证方法您是否遇到或自己使用过？⑤您认为所获证据可否被采用？

案例一：检察人员在查办一起贪污案件时，前期收到的举报材料和所获证据仅有一张单据确证显示犯罪嫌疑人签字报销了私人用品共计 49 元，其他几张单据只是可疑，尚不足以充分证明贪污行为，讯问时，办案人员多次问嫌疑人是否有问题没讲清，犯罪嫌疑人反复声明，"我没问题了，一分钱的问题都没了"。办案人员突然将 49 元单据抛出，并厉声说："你解释一下这是怎么回事？""你还不贪，连 49 元钱都贪，你还不贪？"犯罪嫌疑人拿到单据大惊，办案人员乘胜追击，将可疑的几张单据一同抛出，使犯罪嫌疑人错以为办案人员已查清其全部犯罪事实，而最终心理防线崩溃，承认了犯罪事实。本案例调查结果参见下表2-2。

下表2-2　调查对象对案例一中具体侦查行为的理解

受访对象	取证行为是否适当	判断标准	取证行为是否具有欺骗性	是否遇到或使用过	所获证据是否可采用
警察	适当	目的和手段都合法	不具有，是侦查策略	听说过，没用过	可采用，且手段运用过程在卷宗中也不会显示
检察官	适当	心理战术	不具有	听同行介绍过	可采用
法官	适当	受贿案件的特殊性，一对一	有，但目的正当	没有	可采用
律师	不适当	严重违反刑事诉讼法	完全具有	没有	不可采用
普通百姓	适当	合法	办案人员只是陈述了事实，没有欺骗	在美剧及小说中常看到类似方法	可采用
	不适当	不是直接取证，具有引诱欺骗性	具有	没有	不可采用
法学专业教师	适当	并不会导致虚假供述	有一定的欺骗性	没有	可用

案例二：在一起入室盗窃案中，侦查人员对嫌疑人说："我们在现场提取到了你的手印。请你解释一下吧"，以此观察嫌疑人的

反应，尽管此前在现场勘查时并未提取到该嫌疑人有价值的指纹。本案例调查结果参见下表 2 – 3。

下表 2 – 3   调查对象对案例二中具体侦查行为的理解

受访对象	取证行为是否适当	判断标准	取证行为是否具有欺骗性	是否遇到或使用过	所获证据是否可采用
警察	适当	目的和手段都合法	不是，是侦查策略	经常使用	可采用，且手段运用过程在卷宗中也不会显示
检察官	适当	合法	不具有	没有	如果和其他案件形成证据链的情况下可使用
法官	适当	只是观察反应而已，并未侵害到犯罪嫌疑人的权利	一种策略	没有	可采用
律师	不适当	严重违反刑事诉讼法	完全具有	没有	不可采用
普通百姓	适当	合法	侦查技巧或讯问方法	在美剧和小说中常看到类似方法	可采用
	不适当	直觉判断警察有点过分	具有	没有	不可采用
法学专业教师	不适当	制造不存在的虚假证据	具有	没有	不可用

案例三：在一起故意杀人分尸案中，嫌疑人王某因与死者生前合租同一套房，且在案发当日被人看到曾使用过一款东芝笔记本电脑（与被害人遇害后丢失的相同）而被警方讯问。针对王某学历不高（初中毕业）的情况，侦查员对其谎称：案发现场位于市中心，处于卫星持续监控中，卫星虽然未拍到案发过程，但拍到了嫌疑人在分尸后将尸体拖到小区垃圾桶扔掉的全过程。王某不信而未交代。针对王某在第一次讯问时要求聘请律师的情况，侦查人员乔装成涉嫌在另一起案件中作伪证而被逮捕的辩护律师，并与王某关押在同一监房，王某最终在咨询法律问题时暴露案情。① 本案例调查结果参见下表 2－4。

下表 2－4 调查对象对案例三中具体侦查行为的理解

受访对象	取证行为是否适当	判断标准	取证行为是否具有欺骗性	是否遇到或使用过	所获证据是否可采用
警察	适当	目的和手段都合法	不是，是侦查策略	经常使用	可采用，且手段运用过程在卷宗中也不会显示
检察官	不适当	欺骗	具有	没有	不可采用
法官	不适当	欺骗	具有	没有	不可采用
律师	不适当	严重违反刑事诉讼法	完全具有	没有	不可采用
普通百姓	适当	合法	侦查技巧	在美剧和小说中常看到类似方法	可采用
	不适当	具有欺骗性	具有	没有	不可采用

---

① 本案例源于一学者在实践中收集的一起真实案件，具体内容参见万毅：《侦查谋略之运用及其底限》，载《政法论坛》2011 年 7 月。

受访对象	取证行为是否适当	判断标准	取证行为是否具有欺骗性	是否遇到或使用过	所获证据是否可采用
法学专业教师	基本适当	并不会导致虚假供述	有一定的欺骗性	没有	可用

　　下表 2-2、下表 2-3 和下表 2-4 的调查结果进一步显示，不同的专业或职业背景较大程度上影响着人们对欺骗和侦查策略的认知与态度。具体而言：（1）受访对象中，警察均认为三个案例中的侦查取证行为适当，是侦查策略的体现。在随后的访谈中受访警察也多次强调，"侦查本身就是一场战争，三十六计和孙子兵法，这些灵活多变的策略、方法，在侦查中都是需要的"。"目的是根本，手段不违法，采取合理范围内的侦查技巧有何不可？如果侦查活动被程序步步限制，就没生命力了。""策略如烹饪，分寸和火候需要把握，真的无法具体量化、过于标准化。"（2）检察官和法官对这三个案例中侦查取证行为的判断基本与警察相同，但认为案例三中侦查人员化装成律师套取犯罪嫌疑人口供不适当，具有欺骗性。（3）与警察、检察官和法官对三个案例中侦查行为的判断明显不同，律师多认为这三个案例中的取证行为都具有欺骗性，严重违反刑事诉讼法的规定。（4）法学专家在对三个案例中侦查行为是否适当作具体判断时，认为案例一取证行为适当，属侦查策略的运用；案例二中侦查人员运用虚假的指纹证据讯问犯罪嫌疑人的行为不适当，具有严重欺骗性，属非法取证；案例三中侦查人员化装成律师套取犯罪嫌疑人口供不适当，具有严重欺骗性。（5）不具有任何法学专业教育和职业背景的普通公众对三个案例中的取证行为看法不一，部分被调查者受影视作品的影响认为这些取证行为适当，是侦查技巧的运用，还有一部分认为这些取证行为具有严重的欺骗性。

　　值得关注的是，调查中多名检察官虽然认为这些案例中的一些侦查行为具有欺骗性且不适当，但同时指出实践中他们审查证据时根本不可能发现案例中这些不适当的侦查行为，因为这些侦查行为主要是获取证据线索，在移送起诉或审判的卷宗材料中并不会显现出来。即这些可能具有欺骗性的获取证据线索的侦查行为在实践中其实处于侦查监督和司法审查的盲区。因此，即便法律规定严禁以欺骗方法获取证据，但较之于刑讯逼供，以欺骗方法取证本身更难查证。有学者曾对我国北京、河北、山西、河南、吉林、辽宁等地区部分公安机关、检察院和法院执法人员的调查，结果表明目前我国并无任何一起案件的证据因使用了威胁、引诱或欺骗手段被认定为非法而予以排除。① 对此，有学者批评我国当前的刑事司法实践，对"威胁""引诱""欺骗"取得的证据在法院审判中照单全收，以致"威胁""引诱""欺骗"等非法取证手段与"很多从气势上、心理上压倒、摧垮犯罪嫌疑人心理防线的讯问语言、行为和策略"如何区别，几乎从来没有成为法院审视、斟酌和裁决的对象。② 项目组以为，调查中检察官的此种解释在一定程度上可看作对学者批评的反驳，即欺骗取证之所以没有成为法院、检察院有关非法取证排除的对象，原因并不在于法官审判时的放纵或不作为，而在于现实中侦查人员采用欺骗手段，多为获取证据线索，其不可能在移送起诉或审判的证据材料中显现出来，而检察院审查起诉和法院审判时仍主要依据于卷宗和证据材料，当然也就无从接触或发现侦查人员采用欺骗手段获取证据线索的行为。

上述调查结果总体表明，尽管公众普遍认为欺骗与侦查策略有着合法与否的本质区别，但对具体侦查取证行为属于侦查策略还是欺骗的判断具有较大的主观随意性。同一侦查行为既可能被认定为欺骗取证而非法，也可能被判定为侦查策略而合法。也就是说，理论上或者在立法层面，我们试图为欺骗与侦查策略划定泾渭分明的

---

① 杨宇冠：《非法证据排除规则研究》，中国人民公安大学出版社 2002 年版，第 257 页。

② 张建伟：《自白任意规则的法律价值》，载《法学研究》2012 年第 6 期。

界线，但实践中或者说在司法层面，我们却不得不面临欺骗与侦查策略难以区分和确定的尴尬。解决这一问题的前提和关键在于我们如何理解和处理欺骗与侦查策略的关系。

四、结论与建议

（一）客观评价侦查策略所具有的欺骗成分

侦查策略是否具有一定程度的欺骗性？要回答这个问题，我们尚有必要先弄清楚策略的内涵，以及威胁、引诱、欺骗行为之外延。策略与威胁、引诱、欺骗在不同语境下，其所代表的含义并不相同：

1. 军事意义上，"策略"与"欺骗"的含义互为关联

作为攻心斗智的高级思维活动，"策略"一词最早出现在对抗性最强的军事活动中，指主体运用知识和能力进行运筹思维的过程。"一策而转危局，一语而退千军，一计而平骚乱，数言而定国基。"历代战争史上被称为艺术杰作的胜利，也几乎都是奇谋良策运用的结果。"兵者，诡道也。故能而示之不能，用而示之不用，近而示之远，远而示之近。利而诱之，乱而取之，强而避之，怒而挠之，卑而骄之，佚而劳之，亲而离之。攻其不备，出其不意。"《孙子兵法》中的这段话在一定程度上也道出了军事意义上策略的本质属性，即迷惑性。即策略成功运用的关键就在于施策者能否充分利用对方趋利避害的心理，使其形成心理错觉，对利与害的判断发生偏颇，进而使其在对策和行为选择上发生错误。如果仅仅是双方实力的较量，直来直去地摆事实、讲道理，就不能称之为策略。正所谓"兵不厌诈""谋成于密，败于泄"，从军事意义上讲，策略其外部的表现态势上大多采用虚虚实实、以假乱真的迷惑手段，来引诱、调动、离间对方，从而实现策略的意图，克敌制胜。

而所谓"欺骗"，是指虚构事实或隐瞒真相的行为。虚构事实一般是行为者主动而为，即"示假"的过程；隐瞒真相往往是行为者被动实施，即"隐真"的过程。正如同策略，欺骗所利用的对方之失误、缺陷、心理错觉和认识偏颇既可能是其本身所固有的

或不可克服的，也可能是施策者主动出击，设法造成的。因此，从军事意义上讲，策略天然具有威胁、引诱、欺骗的成分。

2. 日常生活中，"策略"与"欺骗"的含义相互对立

在文艺作品和日常表达中，我们也经常会遇到或用到"策略"一词，但含义已明显不同于军事意义上的策略。例如，我们常说"在指出他人缺点时，应当讲究策略，委婉表达以使别人更容易接受"。显然，这里的"策略"是"方法"或"智慧"的代名词，其词性明显是褒义的。也就是说，日常表达中人们形成的语言习惯已赋予"策略"以相对正面的形象，正像"欺骗"行为往往被认为是不道德的甚至是违法的一样。"欺骗"与"策略"恰似一枚硬币的两面，一正一反，一褒一贬，表达的感情色彩异常鲜明。尤其在文艺作品里，面对相同的示假隐真行为，好人用"策略"形容会使人感觉名正言顺，是足智多谋的表现，坏人用"欺骗"形容更是无可厚非，实属诡计多端。即不同主体实施同一行为，其目的的正当性往往决定了手段的正当性，以致对行为的表述方式和效果截然不同，这是语言的艺术与魅力所在。受文艺作品和语言习惯的影响，普通公众在理解"策略""欺骗"等词的含义时，也不自觉地为它们打上了各自不同的情感烙印。

3. 法律意义上，侦查策略包含一定程度的欺骗

可惜现实生活毕竟不同于文艺作品，在文艺或影视作品里，借助于"脸谱化"的认知经验（好人的扮演者一般都英俊高大，属"高、富、帅"的代表；而坏人的扮演者多为"矮、穷、丑"的替身），公众一眼就能区分谁是好人，谁是坏人，自然也就易于辨别他们各自的行为——哪些是策略，哪些是欺骗。但在现实生活中，我们很难单纯用"好"与"坏"对人及其行为加以判别，这也使得我们试图在法律层面赋予"策略"与"欺骗"强烈道德情感、使之形成鲜明对比的努力成为一种不切实际的理想主义。面对侦查行为，我们很难做出这样的推理：侦查主体代表国家，国家是"好人"，目的的正当性决定了手段的正当性，因而侦查主体在查明犯罪事实的过程中对侦查对象实施的隐瞒真相的行为（如秘密

侦查）都是"策略"，而非"欺骗"行为。可见，与文学语言不同，法律语词的表达是一种客观事实的描述，应具有确定性，并去感情化。作为法律用语的"欺骗"仅是对虚构事实或隐瞒事实真相行为的客观描述，犯罪嫌疑人在供述时会谎供、少供，为逃避罪责实施各种欺骗行为，我们也应当坦然而客观地承认，侦查人员为促使犯罪嫌疑人供述所采用的侦查讯问策略同样具有欺骗性。

此外，这种适度的欺骗，因侦查活动的特殊性也具备了实施的合理性与正当性。其理由在于，侦查取证过程虽然有别于军事行动，但其也不同于人们的日常交往活动。侦查思维具有博弈性，案件侦查过程中，侦查人员要查明案件事实并捕获作案者，而作案者要极力掩盖案情真相并使侦查误入歧途，双方需要根据对方的策略来制定自己的对策，一方的思维正确与否往往要取决于另一方的思维活动。以上述案例一中的贪污案件为例，侦查人员如果没有采用虚示证据的方法，而是对其实话实说："我们查了半天也没找到多少有关你贪污的确凿证据，只有这张 49 元的白条我们十分确定。"如此表白固然坦诚，但想让涉案人员主动承认恐怕只能是痴人说梦。可见，侦查人员要想在对抗中掌握主动权并战胜对手，采取一定的示假隐真策略是必要的。不仅如此，侦查取证过程中的活力对抗性，使侦查活动在某些特殊情况下可能接近于军事行动，例如面对持枪拒捕、劫持人质的犯罪嫌疑人，侦查人员甚至需要冒着生命危险，与犯罪嫌疑人进行"短兵相接"式的对抗与较量，此时对犯罪嫌疑人适度地威胁、引诱和欺骗不仅正当合理，甚至是侦查人员得以自保的前提。因此，尽管日常生活中，欺骗、引诱、威胁行为往往被认为是不道德的，但对侦查人员运用欺骗、引诱、威胁实施的取证行为需给予更高的容忍度，对其正当性的评判也需要"站在较低的道德水平上，不能像遵守道德和法律的公民在处理日常事务时所期待的那样"。[①] 当然，侦查毕竟不同于战场上"你死

---

① ［美］弗雷德·英博：《审讯与供述》，何家弘等译，群众出版社 1992年版，导言第 6 页。

我活"的拼杀，侦查人员也不能完全照搬军事策略中无所不用其极的做法，无限制地设计和运用威胁、引诱、欺骗的方法进行侦查取证，但这只是如何把握侦查策略中威胁、引诱、欺骗适度的问题，其前提是我们认识到侦查策略自身所包含的一定程度的威胁、引诱、欺骗成分。从更深层意义上讲，唯有正视侦查策略所具有的欺骗性，我们才能更客观地看待侦查策略，审视和权衡侦查主体的施策行为可能给犯罪嫌疑人的合法权益带来的伤害，并最大限度地避免这种伤害。

　　基于刑事诉讼法和相关司法解释明确规定严禁以欺骗等非法方法获取证据，我国许多学者在研究侦查策略时往往局限于现有法律框架对侦查策略与欺骗进行合法与非法的比较研究，认为侦查策略与欺骗在目的、基础、程度和结果方面存在本质的区别，指出欺骗是为获取非法利益或满足私利，而侦查策略是智慧、方法与技巧的代名词，其目的是查清事实真相、缉拿犯罪嫌疑人，最终维护社会秩序和公平正义，具有目的正当性;① 为了与欺骗的"假"相区分，有关侦查策略运用的表述常常以虚实、隐露、直迂等辩证关系的面貌出现，认为侦查策略与法律禁止的"吓、哄、骗"之间的区别在于前者是科学与艺术的高度结合，有计划、有方向、有程序、有目标；而"吓、哄、骗"是盲目的、无方向的、无程序的，更谈不上科学与艺术。②但正如我们的调查结果所表明的那样，面对具体案件中的侦查行为，这种有关侦查策略与欺骗合法与否的区分标准其实并不具备任何现实可操作性，原因就在于策略运用本身包含有示假隐真的欺骗成分，策略中的避实击虚与欺骗中的示假隐真只是语言表述的不同，行为方式本身并无区别。

---

① 蔡艺生：《侦查策略与欺骗辨析》，载《江西公安专科学校学报》2006 年第 5 期。
② 季宗棠：《审讯侦查理论与实践》，中国人民公安大学出版社 2001 年版，第 72 页。

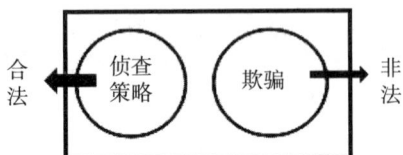

下图 2 - 3　欺骗与侦查策略交叉关系示意图

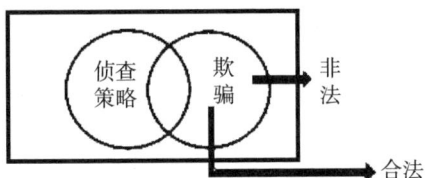

下图 2 - 4　欺骗与侦查策略对立关系示意图

　　为此，有学者将欺骗分为两种：合法的欺骗和非法的欺骗，[①]指出超过法律界限，可能导致证据虚假的欺骗性取证方法，属于禁止使用的范围。而未超过合理限度，成为侦查所需要并作为侦查策略使用的、具有欺骗因素的侦查和预审，其合法性是被司法实践和法理所认可的。简言之，法律和政策允许范围内的欺骗应可采。相比前述将侦查策略与欺骗直接划分为合法与非法的观点，此观点认识到了侦查策略所具有的欺骗性，并肯定了具有欺骗性侦查策略运用的正当性，使我们对侦查策略与欺骗的解读由完全的对立关系（见下图 2 - 3）变为相互交叉的关系（见下图 2 - 4）。项目组认为，较之一律禁止以欺骗方法取证的观点，承认侦查策略所具有的欺骗性，并在此前提下严格限制欺骗性侦查策略的使用范围和条件，可能更有利于解决当前有关欺骗取证理论与实践相左、立法与司法相悖的现实矛盾。以此前实证调查中的三个案例为例，不难看出，三个案例中的取证行为都具有一定的欺骗性：案例一中侦查人员利用被讯问者处羁押状态、获取信息不对称的弱点虚示证据，通

---

　　①　杨宇冠：《非法证据排除规则研究》，中国人民公安大学出版社 2002 年版，第 257 页。

过肢体语言、少量证据线索营造犯罪事实已全部查清的假象，尽管取证行为具有欺骗性，但留给了犯罪嫌疑人在供述与不供述之间进行选择的足够自由，保证了供述的真实性。案例二中尽管侦查人员也采用欺骗的方法虚示证据，但这种策略使用本身缺乏事实根据，欺骗可能会造成犯罪嫌疑人的重大误解，并使犯罪嫌疑人不客观地迎合侦查人员的意图，有违合理性原则。案例三中侦查人员化装成律师套取犯罪嫌疑人口供，通过欺骗方法获取的供述可能是真实的，但超出了社会通念和社会可容忍的最低限度，[①] 即侦查人员利用了特定的社会关系而这种社会关系又是维系人类社会存在、发展的极为重要的关系，如对亲属血缘关系的信任、对医生、律师、牧师的职业信任等。也就是说，区分案例中的取证行为是否合法适当的标准不在于其是否具有欺骗性，而在于具有欺骗性的侦查策略运用是否符合真实性、合理性等原则[②]。

（二）欺骗不同于法律用语中的"欺诈""诈骗"

回溯此次刑事诉讼法修改有关欺骗取证的立法之争，尽管部分学者认识到欺骗性侦查策略使用的正当性，进而主张法律不应一律禁止带有欺骗性质的取证方法，但刑事诉讼法的修改最终还是在公众和一些学者激烈的反对声中"少数服从了多数"。项目组以为许

---

① 陈立主编：《刑事证据法专论》，厦门大学出版社 2006 年版，第 220页。

② 有学者对具有威胁、引诱、欺骗性的讯问策略的法律原则问题进行了研究。如提出讯问中的威胁、引诱、欺骗应遵循法定原则、真实原则、合理性原则；或提出讯问中的威胁、引诱、欺骗方法，以不违反犯罪嫌疑人在供述时的意志自由、不影响口供的真实性为限度；或将不得破坏公序良俗、司法信用、不得有利于导致虚假陈述三原则作为讯问策略使用的前提。讯问是案件侦查最常用的措施之一，也是取证过程中使用侦查策略最广泛、最灵活、最易失当的环节。学者们对讯问策略中欺骗容忍度的研究，对侦查策略法律界限的具体设定起到启迪和借鉴作用。相关内容参见龙宗智：《威胁、引诱、欺骗的审讯是否违法》，载《法学》2000 年第 3 期；毕惜茜：《侦查讯问策略运用的法律界限》，载《中国人民公安大学学报》2004 年第 3 期；等等。

多人之所以强烈反对欺骗取证，否认侦查策略所具有的欺骗性，部分原因可能还在于混淆了"欺骗"与"欺诈"、"诈骗"的区别。如有学者认为侦查人员若使用欺骗手段获得犯罪嫌疑人供述，久而久之会形成"极其狡诈的不良品质"[①]；还有学者依据民法和刑法中有关"欺诈""诈骗"的否定性规定，直接对取证中的欺骗行为做出全盘否定性评价。[②]

但我们以为，"法律是一种阐释性的概念"，"欺骗"无论从文意解释角度，还是从法律系统解释角度，都与"欺诈""诈骗"有着明显的区别。文意解释，又称语法解释，指通过揭示法典所使用的日常生活中惯用的普通词义和作为特殊法律术语的含义的一种解释方法。[③] 也就是说，我们必须先弄清楚文字本身的通常含义。按照《现代汉语词典》的解释，欺骗指"用虚假的言语或行动来掩盖事实真相，使人上当。"[④] 其与"欺瞒"（《现代汉语词典》解释为"欺骗蒙混"）在词性和词义上较为接近，属中性表述。与之不同，按照汉语词典的解释，"欺诈"指"用狡猾奸诈的手段骗人"，"诈骗"指"讹诈骗取"。即"欺诈"与"诈骗"在词性和词义上明显都具有贬义。应当说，汉语词典对"欺诈"、"诈骗"和"欺骗"的解释与我们日常理解是相吻合的。日常表达中，我们往往在欺骗前加上表示目的的修饰性词汇，如"善意的欺骗或欺瞒"，但不可称"善意的欺诈或诈骗"。

当然，在解释法律词语的语义时，除了探求其在人们日常生活中惯用的自然词义外，我们还需要看到其成为法律词语后的专有含

---

① 陈立主编：《刑事证据法专论》，厦门大学出版社 2006 年版，第 212 页。

② 蔡艺生：《侦查策略与欺骗辨析》，载《江西公安专科学校学报》2006 年第 5 期。

③ Wessels, Beulke: Strafrecht AT, 32 Auflage, Verlag C. F. Mueller, 2002, § 2, Rn 57.

④ 中国社会科学院语言研究所词典编辑室编：《现代汉语词典》，外语教学与研究出版社 2002 年版，第 1507 页。

义，注重同一词语在不同法律规范中的独立性和彼此含义间的协调性。这种解释方法也被称为系统解释（Systematische Auslegung），其强调解释法律词语时应从法典系统的角度，注意不同法律规范的相关概念或规则的系统关联性；从法律系统的角度，注意到概念或规则在每一个单独的法律领域中的共性与特性。[①] 运用系统解释的方法，我们会发现，无论是以诚实信用为基本准则的民法还是以惩治犯罪为目的的刑法，在法条表述中都审慎地选择了"欺诈""诈骗"，并对这些行为进行了否定性评价，但均未有关于"欺骗"的明确否定性表述。具体而言，在民法条款中，《民法通则》第58条规定"一方以欺诈、胁迫的手段或者乘人之危，使对方在违背真实意思的情况下所为的"行为属于无效的民事行为。显然，民法对"欺诈"而非"欺骗"做出了否定性评价。在刑法条款中，我国《刑法》第266条、第224条、《刑法》分则第三章第五节（第192~200条）分别规定了诈骗罪、合同诈骗罪、各类金融诈骗犯罪，但均无"欺骗罪"之表述，也就是说，刑法所规制和处罚的犯罪行为是"诈骗"而非"欺骗"行为。不仅如此，刑法学者有关合同诈骗罪与一般经济合同纠纷之界限的解释也成为我们理解欺骗与诈骗差异性的最好注脚，即"合同诈骗与经济合同纠纷都是合同一方当事人没有履行或者没有完全履行合同，使对方受到损失，并且经济合同纠纷中一方在签订合同时也可能有某种欺骗性的因素，但合同诈骗属刑事犯罪，经济合同纠纷是民事纠纷，二者有本质不同"。[②]

综上，从文意解释和系统解释角度讲，项目组认为欺骗与欺诈、诈骗存在明显区别。欺诈和诈骗在日常表达中明显具有贬义，属于我国民法或刑法所否定和调整的对象；而欺骗在日常表达中属中性表述，不属于法律规定的违法或犯罪行为。侦查策略的运用可

[①] Gropp, Strafrecht AT, 2Auflage, Verlag Springer, 2001, §2 Rn21, Seite 51.

[②] 王作富主编：《刑法》，中国人民大学出版社2007年版，第493页。

能含有欺骗成分，但绝不等于侦查策略的运用具有"欺诈性"或"诈骗性"。

（三）界定侦查策略中欺骗手段运用的法律底线

在一个民主社会里，具有一定欺骗性的侦查策略的实施是必要且有价值的行为，前提是其公平合法地进行。而至于什么是公平与合法，则不可避免地随着时代发展而不断变迁。但这并不必然赋予现行规定之合理性，或豁免我们在政策争论中作出立场抉择的责任。面对上述侦查策略在实践中缺乏制约与监督的现实问题，解决之道自然离不开法律对侦查策略进行合理规制。如何为侦查策略设定具有可操作性的法律底线，使其在保留侦查策略灵活、便宜适用空间的同时，又能防止用之不当带来的人权侵害？这是法律规制的难点，也是法律本身的职责所在，从某种角度说，更是一项我们需要不断付诸努力的系统工程。因为基于侦查策略的灵活多变性，法律为其所设的底线很难简单地通过一种"平面式"的独立规则（如刑事诉讼法的某一法律条文）来完成，对侦查策略的法律制约更需要一种"立体式"的根植于社会和司法体系中的系统规范。①因此，我们很难期待法律对侦查策略的有效规制能在短时间内一次完成。但这并不妨碍我们首先做好以下两方面的基础工作：

1. 在现行法律框架下正确处理欺骗与侦查策略的关系

2012 年刑事诉讼法修正案（草案）第一稿修改 1996 年刑事诉讼法第 43 条的目的，本是将侦查策略中适度的威胁、引诱、欺骗行为与刑讯逼供予以区别对待，修正法律严禁一切形式威胁、引诱、欺骗取证的过于口号式和情感化的表述。且这一修改至少有两方面的积极意义：其一，有助于改善我国当前"立法先进，司法落后"的法治现状。因为就立法而言，我国刑事诉讼法严禁威胁、

---

① 蔡艺生：《论讯问策略的自由与界限——以非法证据排除规则为视角》，载《北京人民警察学院学报》2011 年第 6 期。

引诱、欺骗取证的法律要求，远比其他国家规定得更为严格;① 但在司法实践中，具有一定欺骗性的取证策略却一直被不受约束地广泛采用。一稿的修改是从立法层面肯定适度使用侦查策略的现实合理性。其二，有助于增强法律的自洽性，避免了秘密侦查与"严禁威胁、引诱、欺骗取证"间的矛盾与冲突。但这一具有现实合理性的修改却因受到公众强烈的质疑和声讨而未获通过。项目组以为，原因可能在于，有关"严禁威胁、引诱、欺骗取证"的规定是在1979年刑事诉讼法修改时确立下来的，目的是吸取"文革"时逼供、骗供、诱供引发冤假错案的惨痛教训，其既满足了公众对侦查取证行为的期待，也符合公众日常的道德标准和情感需求，即欺骗都是"恶"的、不道德的、违法的。合法取证理所当然应禁止"恶"的威胁、引诱、欺骗行为。法条实施数十年来，公众的这种理解一直没有被改变过。一稿修改突然直接将威胁、引诱、欺骗排除在"严禁"条目之外，在公众看来，这无异于宣布一直被认为是"恶"的威胁、引诱、欺骗行为突然间正当化、合法化了，也难免使公众误认为是法律的倒退。那么，法律有没有更好的修改或调整方式，既能对具有一定程度欺骗性的侦查策略以适度许容性，又能兼顾公众对欺骗手段的直观理解和感受？项目组以为，尚

---

①　以德国刑事诉讼法为例，该法第136条a规定，讯问犯罪嫌疑人时"只允许在刑事诉讼法准许的范围内实施强制。禁止以刑事诉讼法不准许的措施相威胁，禁止以法律没有规定的利益相许诺"。即德国法律并未绝对地、一概地禁止威胁、引诱因素在审讯中运用，而是对威胁、引诱、欺骗运用的范围和程度加以限定和控制。在英美国家，无论是弗雷德·英博的"九步讯问法"还是内森·果敦的"综合讯问策略"均包含了威胁、引诱、欺骗的成分。讯问中引导犯罪嫌疑人讲实话的做法是被允许的，只有当向犯罪嫌疑人做出不予起诉或放弃指控等不适当许诺时，才会被禁止使用。[美] 弗雷德·英博:《审讯与供述》，何家弘等译，群众出版社1992年版; [英] Gisli H. Gudjonsson:《审讯和供述心理学手册》，乐国安、李安等译，中国轻工业出版社2008年版;[美] 乔恩·R. 华尔兹:《刑事证据大全》，何家弘等译，中国人民公安大学出版社2004年版，第341页。

有两种方式可供参考：

第一种是通过概括式立法直接为威胁、引诱、欺骗加上限定词语，如法律可规定：严禁以严重违背社会公共道德和可能导致虚假供述的威胁、引诱、欺骗的方法收集证据，[①] 显然，这里的"严重违背社会公共道德和可能导致虚假供述"既是对威胁、引诱、欺骗的解释也是对它的限定；法律也可以采用排除的方法从反面直接对威胁、引诱、欺骗加以限定，如规定：以威胁、引诱、欺骗等方法收集证据，情节严重，严重侵犯司法公正及公民人权的应当予以排除。

第二种是采用列举的方式明确哪些威胁、引诱、欺骗的取证方法是应严禁的，如法律可规定严禁采用以暴力相威胁；以犯罪嫌疑人无辜亲友[②]为筹码进行威胁、利诱；歪曲法律政策的规定，以法律不允许的利益相许诺；以手铐、拘留证、逮捕证等"道具"相威胁；以影响犯罪嫌疑人自主回答能力的方式进行讯问等具有严重威胁、引诱、欺骗性的取证方法。[③]

第一种做法虽简便，但需要我们再次修改新刑事诉讼法的表述方式，从维护法的稳定角度考虑，短时间内不具有可行性；相比而言，第二种方式更为可取，即通过立法或司法解释，对什么是法律严禁的威胁、引诱、欺骗取证行为予以阐释，从而为侦查策略的适用划定底线。可惜，最高人民法院《关于适用〈中华人民共和国刑事诉讼法〉的解释》仍没有对什么是法律严禁的威胁、引诱、

---

① 刘梅湘：《论讯问策略与非法讯问方法的界限》，载《中国人民公安大学学报》2004 年第 5 期。

② 一般情况下，作为威胁、利诱筹码的多为犯罪嫌疑人无辜的亲友，但在特殊情况下也可能是被害人，如在一起案件中，犯罪嫌疑人涉嫌杀害了自己年仅 3 岁的儿子，面对犯罪嫌疑人的拒供行为，警察讯问时要求其面对儿子的尸体，这种强制与威胁是对犯罪嫌疑人强烈的精神折磨，属禁止之列。

③ 如指名指事问供，或在犯罪嫌疑人不承认犯罪行为时，为其提供几个可供选择的答案，直接要求犯罪嫌疑人必须选择其中之一。此时，无论犯罪嫌疑人做出何种选择，都等于间接承认了犯罪行为。

欺骗加以明确,① 使得具有一定欺骗性的侦查策略在我国法律实践领域仍然存在高度的模糊性和最大的自由裁量空间。

2. 为侦查策略合法适用设置具体标准

当前国内已有学者针对讯问中如何把握侦查策略适用的法律底线问题进行了研究。如有学者提出讯问中的威胁、引诱、欺骗应遵循法定原则、真实原则、合理性原则;② 有学者提出讯问中的威胁、引诱、欺骗方法,以不违反犯罪嫌疑人在供述时的意志自由、不影响口供的真实性为限度;③ 也有学者将不得破坏公序良俗、司法信用及不得有利于导致虚假陈述三原则作为讯问策略使用的前提。④ 讯问是案件侦查最常用的措施之一,也是取证过程中使用侦查策略最广泛、最灵活、最易失当的环节。学者们对讯问策略中威胁、引诱、欺骗容忍"度"的研究,无疑有助于推动侦查策略法律界限的具体设定。

但上述研究不足之处在于,所设立的策略适用标准和原则仍较为抽象而难以操作。在此方面,美国法律心理学者多基于侦查中警察欺骗行为所具有的经验性和道德复杂性,对警察的策略行为予以具体类型化的区分,认为某些类型的策略行为应当许可,如告诉犯罪嫌疑人说根据现有证据警察有把握证明犯罪嫌疑人有罪,或者有目击证人指证其犯罪 (Ofshe and Leo, 1997b; Davis and Leo,

---

① 2012 年 12 月 20 日,最高人民法院颁布的司法解释第 95 条仅规定"使用肉刑或者变相肉刑,或者采用其他使被告人在肉体上或者精神上遭受剧烈疼痛或者痛苦的方法,迫使被告人违背意愿供述的,应当认定为刑事诉讼法第五十四条规定的'刑讯逼供等非法方法'",对非法方法是否包括威胁、引诱、欺骗只字未提。

② 龙宗智:《威胁、引诱、欺骗的审讯是否违法》,载《法学》2000 年第 3 期。

③ 徐美君:《侦查讯问程序正当性研究》,中国人民公安大学出版社2003 年版,第 192~195 页。

④ 毕惜茜:《侦查讯问策略运用的法律界限》,载《中国人民公安大学学报》2004 年第 3 期。

2006；Costanzo and Leo，2007）；某些类型的策略行为不应允许，如出示虚假的科技证据，以防止警察对犯罪嫌疑人进行心理强制（Welsh White，2001）。在审讯策略实施的时机选择与时间控制上，通过大量实证研究证明一般审讯持续的时间平均不超过 2 个小时（Leo，1996a），而导致虚假供述的审讯往往持续 6 个小时以上（Drizin and leo，2004）①，疲劳强化了审讯的暗示性，降低了侦查对象思维的速度、注意力集中度、动机、信心、注意力控制能力以及忽略不相关或者有误导性信息的能力（Davis and O'Donahue，2003），因而建议每次审讯的合理时间应控制在 4 小时之内，既可以维持警察从真正有罪者那里获得真实供述的能力，又可以防止警察采用拖延审讯时间的策略对犯罪嫌疑人造成心理强制。② 其研究成果的细致程度和研究方法的实证经验性值得我们借鉴。

---

① 在 Leo 教授研究的 125 个得到证实的虚假供述案件中，审讯平均持续时间是 16.3 个小时。［美］理查德·A. 利奥：《警察审讯与美国刑事司法》，刘方权等译，中国政法大学出版社 2012 年版，第 270～273 页。

② ［英］Gisli H. Gudjonsson：《审讯和供述心理学手册》，乐国安、李安等译，中国轻工业出版社 2008 年版，第 270～273 页。

分报告之三　侦查讯问功能与犯罪嫌疑人供述率

近年来，有关侦查讯问的研究，在研究内容上，从以往单一关注讯问的原则和程序转为更多关注讯问的功能及其对侦查活动影响机理的分析；在研究范式上，学者们也从以往静止的文本对照式分析框架发展为动态的实地调查式的研究进路。这种转变令人欣喜，因为对于科学研究而言，其方法远比结果更为重要，对方法的关注才能在真正意义上提升我国法学和公安学研究的品质。但笔者也注意到，我国当前针对侦查讯问乃至整个侦查活动的研究，在方法运用上却还处在"已经觉醒但未觉悟"的状态，即许多论者虽注意到了诸如逻辑的方法和实证的方法等诸多研究方法的层次和分类，但在具体运用过程中对研究方法还缺乏选择或者说有品质的选择，以致其成果和观点最终是否全面客观还有待商榷。为具体说明这一问题，本文拟针对犯罪嫌疑人供述率这一侦查讯问中的典型问题，从方法论的角度对我国和英美国家相关成果进行对比分析，发现我国现有研究中存在的不足，以期对侦查讯问的研究方法特别是实证研究方法的完善起到些许促进作用。

一、侦查讯问的功能

（一）对侦查讯问功能的迷信与迷失

长期以来，理论和实务界对讯问在刑事案件侦查过程中的地位及其对侦查活动的影响程度看法不一。一种观点认为讯问在刑事案件侦查过程中居于举足轻重的重要地位，讯问犯罪嫌疑人以获取供述，无论在应然层面还是在实然层面都是"实现正义的不可或缺的手段"。与之相反，另一种观点认为尽管供述是证明犯罪嫌疑人有罪的最直接的证据，但供述却往往是各种证据中最不可靠的一种，讯问获取的言词证据极易导致冤假错案和侵犯人权，侦查讯问过程中的"刑讯逼供是我国现阶段错案形成的主要原因之一，在侦查阶段尤为凸显，几乎在每起错案的背后都暴露出刑讯逼供的潜伏生态"。① 因此，欲克服侦查讯问所获取的供述证据失真进而导致冤假错案的弊端，在侦查过程中应依托指纹、DNA、现场勘验等现代信息科技获取证据，寻找可资利用的、能够证明犯罪嫌疑人有罪的其他可靠方法以替代讯问，实现司法证明方法从人证向物证的转化。

相较而言，后一种观点代表了当前更多理论研究者对侦查讯问获取言词证据功能的反思和认知，其也更能得到普通公众的认同。但上述两种观点在某种程度上隐含着对犯罪嫌疑人供述证据功能的两种极端化倾向：对犯罪嫌疑人供述证据过度迷信，将其奉为证明犯罪事实发生的"证据之王"，即侦查讯问功能不可替代；抑或对犯罪嫌疑人供述予以全面批判否定，将其视为侦查取证过程中制造冤假错案的"证据之殇"，主张侦查讯问功能应逐步被取代。因此，如何全面客观看待侦查讯问的功能，恰是一项值得我们深入研究的课题。

（二）侦查讯问功能与犯罪嫌疑人供述率

侦查讯问以获取犯罪嫌疑人的有罪供述，究竟对侦查破案、抓获同案犯、掌握其他犯罪以及后续的审查起诉和审判定罪而言有多重要？为了解侦查讯问的功能，批判侦查取证过程中过度依赖犯罪嫌疑人供述的弊端，许多论者对犯罪嫌疑人在侦查阶段的供述情况进行了深入研究，并指出实践中犯罪嫌疑人有罪供述对

---

① 李蒉：《刑事错案的形成与救济——以侦查工作为视角》，载《湖南警察学院学报》2011 年第 5 期。

侦查破案仍起决定作用，而侦查人员对犯罪嫌疑人口供形成路径依赖的例证之一是我国犯罪嫌疑人在侦查阶段的有罪供述率远高于其他国家。如有学者认为"我国的情况与美国不同。我国目前的刑事案件中，有罪供述率较高。虽然目前官方统计中缺乏此项数字，但任何一个实践工作人员都会有直观的感受"。为进一步直观地说明我国犯罪嫌疑人供述率高的问题，该论者还以所在城市两个基层检察院为样本对有罪供述率做了统计。① 事实上，有关我国侦查讯问中犯罪嫌疑人供述率高的论断也得到了其他研究者的实证数据支持，如另有学者指出"在我国的侦查实践中，犯罪嫌疑人的认罪率，无论是犯罪嫌疑人的整体认罪率，还是初次讯问认罪率都处于一种相对稳定的态势，不同区域、年代之间的差异都非常之小，这或许是为什么讯问成为诸项侦查措施之首的重要原因"。②

二、犯罪嫌疑人供述率域外比较

（一）我国有关犯罪嫌疑人供述率的研究与统计

项目组试着对近些年我国学者有关侦查讯问过程中犯罪嫌疑人供述率的实证研究成果，进行了汇总和归纳（相关数据参见下表 3－1）：

2002 年，有学者以所在城市两个基层检察院为研究对象进行调查，发现两个基层检察院共审查起诉刑事案件 1280 件，其中犯罪嫌疑人作有罪供述的案件为 1120 件，有罪供述率为 87.5%。2002 全年向法院提起公诉 1154 件，其中被告人在法庭上作有罪供

---

① 魏民等：《辩诉交易制度实证研究》，载张智辉、谢鹏程主编：《中国检察第二卷：刑法的程序理性》，中国检察出版社 2003 年版，第 278 页。

② 刘方权：《认真对待侦查讯问——基于实证的考察》，载《中国刑事法杂志》2007 年第 5 期。

述的共 1035 件，有罪供述率为 89.7%。①

2006 年，有学者按照案号顺序、每季度抽取 15 起案件的抽样方式，对我国 C 市 S 县法院 2004 年度审理的 60 起刑事案件、75 名被告人进行了抽样，统计出被告人在侦查期间作出认罪供述的案件占所有案件的比例，被告人在侦查阶段的认罪供述率非常之高（100%）。②

2007 年，有学者在进行系统实地调研后表明："我国犯罪嫌疑人在侦查讯问中的认罪率，尤其在初次讯问中的认罪率非常之高是一个普遍现象，而且近 20 年来，我国侦查讯问实践中犯罪嫌疑人认罪率高的现象几乎没有发生变化。"③

2013 年，另有学者通过实证研究再次表明：在公安、检察机关的侦查活动中，侦查讯问对于案件侦查终结移送起诉都起到了决定性作用。其所调查的 S 市检察院和 A 区检察院侦查终结移送起诉的案件中，通过讯问（包括总结性侦讯和补充性侦讯）获取有罪供述的案件均达移送起诉案件的 100%，而 B 区公安机关和 C 区公安机关侦查终结移送起诉案件中的有罪供述案件比例也达到了 95% 以上。不仅如此，"公安、检察机关实施的初期侦查活动中，讯问犯罪嫌疑人均占样本案件的 100%，而且通过讯问都获取了犯罪嫌疑人的口供"。因此，"侦查机关在侦查初期对获取犯罪嫌疑人的口供是高度重视的"。④

---

① 魏民等：《辩诉交易制度实证研究》，载张智辉、谢鹏程主编：《中国检察第二卷：刑法的程序理性》，中国检察出版社 2003 年版，第 278 页。

② 马静华：《非法审讯：一个实证角度的研究——以 S 省为主要对象的分析》，载陈光中、汪建成、张卫平主编：《诉讼法理论与实践：司法理念与三大诉讼法修改 2006 年卷》，北京大学出版社 2006 年版。

③ 左卫民等：《中国刑事诉讼运行机制实证研究》，法律出版社 2007 年版，第 38~64 页。

④ 牟军：《揭开侦查讯问功能的面纱——基于实证角度的分析》，载《南京大学法律评论》2013 年春季卷。

下表 3－1　我国有关犯罪嫌疑人供述率的研究与统计

研究者	研究时间(年)	研究部门	数据类型	数据生成时间(年)	被试规模(件/人)	有罪供述(件/人)	供述率(%)
魏　民	2003	检察院	刑事案卷	2002	1280	1120	87.5
		法院			1154	1035	89.7
马静华	2006	法院	刑事案卷	2004	60/75		100
刘方权	2007	法院	刑事案卷	2003~2004	240		98.91
				1984	50		98.3
				1994	50		100
				2004	50		95.08
牟　军	2013	检察院	刑事案卷	2009	35		100
		公安机关			45		95

（二）我国与英美国家供述率统计结果与方法的初步比较

下表 3－1 中，学者们的统计结果表明，我国犯罪嫌疑人的供述率很高，最低为 87.5%，最高为 100%，均值约为 96.05%。而在美国，犯罪嫌疑人的供述率平均低于 60%（有关英美国家犯罪嫌疑人供述率的详细统计数据参见下表 3－2①）。单从供述率的统计结果上看，我国犯罪嫌疑人的供述率确实远高于其他国家，学者们的观点似乎得到了一定的数据支持。

---

①　此表来源于英国学者 Gisli H. Gudjonsson 的研究成果，具体内容参见〔英〕Gisli H. Gudjonsson：《审讯和供述心理学手册》，乐国安、李安等译，中国轻工业出版社 2008 年版，第 126 页。

下表 3-2　英美国家有关犯罪嫌疑人供述率的研究与统计

研究者	时间（年）	国别	数据类型	被试规模（人）	供述或承认的概率（%）	要求法律意见的概率（%）
Baldwin，McConville	1980	英	巡回法庭文件	282	76	
Cassell，Hayman	1988	美	调查	173	42	
Irving	1980	英	观测	60	62	10
Irving，McKenzie	1989	英	观测	68 \ 68	65 \ 46	29 \ 31
Leo	1996	美	观测	182	42	
Mitchell	1983	英	巡回法庭文件	394	71	
Moston，Stephenson	1992	英	调查问卷	558	59	14
Moston，Stephen-son，Willianmson	1992	英	会见录音	1067	42	41
Neubauer	1974	美	案卷	248	47	
Pearse，et al.	1998	英	会见录音	161	58	56
Phillips，Brown	1998	英	调查问卷	4250	55	33
Softley	1980	英	观测	187	61	9
Zaner	1979	英	巡回法庭文件	282	76	

　　但项目组以为，有关我国犯罪嫌疑人供述率高低的命题或者结论得出是否科学，还有赖于对其研究方法的考量与评定，因为对科学研究特别是实证研究而言，比结果更值得关注的是研究方法本身，方法是否科学直接决定着研究结果的客观性和真实性。也就是说，比较我国与其他国家犯罪嫌疑人供述率的高低，其前提和有效性在于判断我国学者所采用的统计方法是否与其他国家相同，即方法和内容本身是否具有可比性。正如英国著名统计学家米尔森所

说，整个科学的统一仅仅在于它的方法。① 从下表 3 - 2 中我们可以看出，与我国学者有关犯罪嫌疑人供述率统计结果较为一致的研究现状不同，英美国家不同的学者对本国侦查机关讯问期间犯罪嫌疑人供认犯罪的概率进行实证研究后，所得出的结论却各不相同，且这种不同也恰恰源于其研究方法的差异性。其间最明显之处，就是记录犯罪嫌疑人供述的形式和统计供述率的数据来源不同。

由于固定犯罪嫌疑人供述的载体有很多种形式，使得统计犯罪嫌疑人供述的方式存在多种可能，如直接观察和调查犯罪嫌疑人接受讯问的整个过程，或者听讯问录音，或者查看刑事案件中的讯问笔录，以及采取讯问录音与刑事案卷讯问笔录相结合的方式等。相比而言，对照讯问录音录像仔细核对讯问笔录是否准确，被认为是判断犯罪嫌疑人是否供述的最佳方法，而完全依赖案卷或档案中侦查机关讯问笔录是最差的统计方法（Evans, 1993）。② 理由在于，讯问笔录很多时候并不能准确记载犯罪嫌疑人的承认、供述和否认。这一方面是基于笔录文本仅能以"黑与白"的方式提供有关事件的有限解释，需要录音录像为这种记录注入维度和色彩。另一方面，也更为重要的是，笔录文本有时甚至会与讯问录音在记录内容上出现重大差异。如一起案件中笔录记载，当警察问犯罪嫌疑人"被害人在你公司时，你是否侵犯她？"犯罪嫌疑人回答"不是"，但录音里嫌疑人对此问题的回答却是"是"；当警察问犯罪嫌疑人是否曾触摸过被害人隐私部位时，笔录记载嫌疑人回答"是"，但录音里嫌疑人回答的却是"不是"③。

下表 3 - 2 中，英美两国学者有关犯罪嫌疑人供述概率的统计

---

① 参见宋英辉、王武良主编：《法律实证研究方法》，北京大学出版社 2009 年版，第 3 页。

② ［英］Gisli H. Gudjonsson：《审讯和供述心理学手册》，乐国安、李安等译，中国轻工业出版社 2008 年版，第 124 页。

③ ［英］Gisli H. Gudjonsson：《审讯和供述心理学手册》，乐国安、李安等译，中国轻工业出版社 2008 年版，第 80 页。

方法和结果的统计表明，研究者若仅以巡回法庭文件作为分析犯罪嫌疑人供述的基础，则统计出在英国犯罪嫌疑人的供述或承认的概率为71%或76%（其中，Baldwin，McConville 在 1980 年依据巡回法庭文件研究得出犯罪嫌疑人供述率为76%；Mitchell 在 1983 年统计供述率为71%；Zaner 在 1979 年统计供述率为76%）；而研究者若采取听录音或直接观测的方法进行研究供述率，则英美国家犯罪嫌疑人供述或承认的比例会降至40%~60%（其中，Irving 在 1980 年通过观测方法统计供述率为62%；Leo 在 1996 年通过观测的方法统计供述率为42%；Moston，Stephenson，Willianmson 在 1992 年通过听会见录音的方式统计供述率为42%；Phillips，Brown 在 1998 年通过查阅警方档案和调查问卷的方式统计供述率为55%）。显然，仅以巡回法庭文件作为统计基础所得出的犯罪嫌疑人供述率明显高于通过观测和听会见录音方式统计出的数据。

再将下表 3-1 和下表 3-2 进行对比分析后能够发现，我国学者进行数据统计时的样本恰恰全部来源于刑事案卷，无研究者的直接观察；而英美国家学者进行统计时的数据来源既有巡回法庭文件、刑事案件，也有研究者的直接观察，还有发放调查问卷，以及听会见录音等多种形式。事实上，我国部分研究者也意识到了这一点，并指出其自身的研究由于缺乏对讯问实践较长时间亲自参与观察，使"研究材料的精确性在某种程度上需要持谨慎态度"。[①]

将此问题扩展开来，项目组以为，我国学者有关犯罪嫌疑人供述率的调查除上述统计数据来源过于单一的问题之外，在研究方法上也还存在一些方向性和技术性误区。

---

① 刘方权：《认真对待侦查讯问——基于实证的考察》，载《中国刑事法杂志》2007 年第 5 期。

三、供述率研究存在的误区

(一) 方向性误区

综观我国当前有关侦查讯问的研究成果，不难发现，尽管学者们对侦查讯问表现出浓厚的研究兴趣，但研究旨趣主要集中在侦查讯问原则和伦理问题以及讯问运行程序方面的法治建构，诸如建立沉默权制度、规定讯问前的权利告知程序以保障犯罪嫌疑人的合法权利、采用审前侦查与羁押分离、举证责任倒置以遏制刑讯逼供等有关犯罪嫌疑人讯问过程中的权利救济方案，进而提出降低不当与非法讯问对犯罪嫌疑人权利损害的主要途径是完善我国刑事立法对讯问的规制和提高侦查人员的法治意识与法律素养。正如有学者指出的那样，当前许多论者对侦查讯问的关注，不在于讯问所具有的或在多大程度上可能具有的查明案件事实的功能，而在于其副产品——不当与非法讯问对犯罪嫌疑人权利的侵害。[①]在这一研究思路和理论预设的影响下，许多有关侦查讯问的研究成果观点是否全面和客观，便有待商榷，有关侦查讯问中犯罪嫌疑人供述率的研究便是其中一例。

在研究方法上，由于缺乏对警察审讯进行直接参与式的或观察式的研究，现有研究成果也往往脱离于审讯人员或刑事司法人员的日常审讯实践，使得论者们提出的许多针对犯罪嫌疑人讯问过程中的权利救济方案，如审前侦查与羁押分离、采用举证责任倒置以遏制刑讯逼供等，愿望虽好，但落实到实践运行中却收效甚微。当然，也有部分学者如樊崇义教授所做的有关讯问犯罪嫌疑人时由被讯问人选择是否需要律师在场、录音或录像的三项制度的对比实验[②]；左卫民教授、刘方权教授所做的有关我国侦查讯问整体功能

---

① 刘方权：《认真对待侦查讯问——基于实证的考察》，载《中国刑事法杂志》2007 年第 5 期。

② 樊崇义、顾永忠：《侦查讯问程序改革实证研究——侦查讯问中律师在场、录音或录像制度试验》，中国人民公安大学出版社 2007 年版。

与阶段性功能如何在特有的时空条件下形成的实证分析等①为数不多的优秀实证研究成果，既为我们全面了解侦查讯问的现实运行状态提供了一手资料，也为侦查讯问的现有研究提供了方法论上的指导。但有些遗憾的是，部分实证研究在具体操作过程中也尚存在一些技术性误区。

（二）技术性误区

为阐明我国有关犯罪嫌疑人供述率的实证研究可能存在的具体可操作性问题，项目组以在我国产生较大学术影响力的一项有关 S 省三区县的侦查讯问研究成果为例。该学者的研究结果表明犯罪嫌疑人在侦查阶段的整体认罪率极高，可达 98.91%（三区县中 J 区、N 县、Y 区分别为 100%、98.39%、98.35%）；且初次讯问中犯罪嫌疑人的认罪率也非常高，可达 87.93%（三区县中 J 区、N 县、Y 区分别为 95.53%、79.84%、88.43%）。所采用的调查方法是从三区县法院 2003～2004 年度审结的刑事案件中抽取每个季度审结的刑事案件中各 20 起，即从三区县法院各抽取 80 份案卷，另从 J 区法院 1984 年、1994 年、2004 年审结的刑事案件中各随机抽取 50 份案卷。② 通过对案卷中《讯问笔录》记载的讯问时间、地点、内容等项进行定量分析确定犯罪嫌疑人在侦查阶段的认罪率。应当说，相比定性的和表意式的研究方法，定量的、通则式的和结构化的调查方法具有更强的可信度，但往往存在有效度较低的缺陷。③ 而"有效度较低的实质是许多社会调查中的测量并不总是能够测量到它所真正想要测量的东西，这也是调查所面临的最为严

---

① 左卫民等：《中国刑事诉讼运行机制实证研究（一）》，法律出版社 2007 年版，第 38～64 页；《中国刑事诉讼运行机制实证研究（二）——以审前程序为重心》，法律出版社 2009 年版，第 20～35 页。

② 刘方权：《认真对待侦查讯问——基于实证的考察》，载《中国刑事法杂志》2007 年第 5 期。

③ ［美］艾尔巴比：《社会研究方法（第十一版）》，邱泽奇译，华夏出版社 2009 年版，第 149 页。

重的挑战之一"。① 有关犯罪嫌疑人的供述率的调查也面临着这种挑战，战胜这种挑战的关键在于如何确定供述率的操作化定义，如何实现供述的概念化。② 对此，项目组以为该学者的实证调查至少有以下几方面的问题值得探讨。

1. "供述率"或"认罪率"概念的操作化定义不明

作为我国《刑事诉讼法》第48条规定的证据之一，犯罪嫌疑人、被告人供述和辩解一般被理解为犯罪嫌疑人、被告人在刑事诉讼过程中，就与案件有关的事实情况向司法机关所作的陈述，即通常所说的口供。刑事诉讼法将供述和辩解分开，也意味着供述主要指有罪供述，辩解主要指无罪或罪轻的辩解。但问题是，实践中很多有罪供述并未达到完整供述的要求，即犯罪嫌疑人选择性地做出部分有罪供述，如可能只供认犯罪事实，但不肯供述赃款赃物、重要物证的真实下落，或者只供认犯罪事实，而不供认犯罪的真正动机和目的，以及犯罪嫌疑人只供认自己的犯罪行为，不供认同案犯等；在研究供述率时，这些部分有罪供述可能被有的研究者统一归为完整供述而纳入统计范畴，但在其他研究中却被单独定义（如被称为"有罪的供认"或"少供"等）而被排除在供述率统计范围之外。可见，如果我们不能就"供述"这个特定术语达成共识，而只是遑论结果，我们就不可能有意义地研究供述率这个问题。因此，我们必须厘清供述与以下相关概念可能存在的差异：

其一，供述与少供。少供是犯罪嫌疑人避重就轻地供认一部分罪行的同时，隐瞒、掩盖另一部分罪行的行为，其具体表现可归纳为"七供七不供"：如犯罪嫌疑人在具体供述时只供述被当场抓获或已查获的现有罪行，不供以往的罪行；只供认犯罪事实，但不肯

---

① 风笑天：《现代社会调查方法》，华中科技大学出版社2009年版，第118页。

② 概念化即指将模糊的、不精确的概念明确化、精确化的思维过程，参见［美］艾尔巴比：《社会研究方法（第十一版）》，邱泽奇译，华夏出版社2009年版，第125页。

供述赃款赃物、重要物证的真实下落；只供认犯罪事实，不供认犯罪的真正动机和目的；只供认自己的犯罪行为，不供认同案犯、集团首犯、幕后教唆犯等。对少供而言，由于犯罪嫌疑人作了部分供认，其既与全面完整的有罪供述存在区别，也不同于完全的拒供。如果将其视为犯罪嫌疑人"趋利避害"本能产生的防御行为，少供则可能被归为反讯问的表现方式之一。[①] 但如果考虑到少供在一定程度上表明犯罪嫌疑人的拒供心理开始退却，则可能将其纳入供述的统计范畴。

其二，供述与辩解。如前所述，两者的区别主要在于供述一般指有罪陈述，而辩解一般指犯罪嫌疑人所作的无罪或罪轻的陈述。这种区分看似界限分明，但实践中对犯罪嫌疑人具体陈述的不同理解却可能使这一界限变得模糊。如被指控为故意杀人的犯罪嫌疑人不承认自身的杀人行为，辩解只是想给被害人点儿颜色看看（故意伤害），法院最终综合认定该犯罪嫌疑人实施了故意伤害犯罪行为，那么，就故意杀人的指控而言，在侦查阶段犯罪嫌疑人的陈述可被看作罪轻的辩解；对故意伤害的定罪量刑而言，在审判阶段犯罪嫌疑人的陈述则属于完整有罪供述。统计供述率时，罪轻的辩解是属于有罪供述还是被排除在统计之外，便需要予以说明。

其三，供述与翻供。翻供指犯罪嫌疑人推翻原有的供述，做出新的供述的行为。如犯罪嫌疑人推翻原来真实的有罪或罪重的供述，代之以虚假的无罪或罪轻的供述。翻供也是犯罪嫌疑人最经常采用的反讯问手段之一，且主要集中在侦查的审查批捕阶段、起诉阶段及庭审阶段。侦查实践中，犯罪嫌疑人常常先做出有罪或罪重的供述，随后又推翻原有供述，为自己做无罪或罪轻的辩解，此种情形下，若统计犯罪嫌疑人供述率或认罪率，犯罪嫌疑人前后不一致的陈述是否属于有罪供述的范围也需要研究者予以明确。

[①] 在讯问学的专业教科书中，拒供、少供、谎供、翻供、伪装等均被看作犯罪嫌疑人常用的反讯问手法，参见胡关禄主编：《侦查讯问学》，中国人民公安大学出版社 2007 年版，第 69～75 页。

遗憾的是，该学者在研究和统计中并未对上述供述与少供、辩解和翻供等相关概念加以明确的界定和区分，其在统计认罪率时是否将只作了部分供述的少供、供述后又翻供等情形全部归为犯罪嫌疑人供述或认罪，我们无从得知。但我们可以对其做两种假设：倘若将少供、辩解和翻供等情形均归为供述，那么供述率或认罪率的比值就会偏高；相反，如果将完整供述与少供、辩解和翻供加以严格区分，则供述率或认罪率的比值无疑会大大降低。

2. 分析单位选择不当

在诠释和分析定量数据之时，最易出现的一类逻辑错误即简化论（reductionism），也称为不对等谬误（fallacy of nonequivalence），即研究者观察的是较低或非集合形式的分析单位，却对较高或集合形式的单位的运行状况做出论述。项目组以为，有关供述率的研究即存在此方面的因果关系的逻辑错误。为统计犯罪嫌疑人在侦查阶段的认罪供述比例，该学者将调查地点选择在法院（从下表 3－1 中我们也可以看出，研究者选取的调查地点主要是检察院、法院，而非适用侦查讯问措施最多最常见的公安机关），抽取法院已审结的案件作为研究样本。不可否认，查阅案卷和档案一直是调查检察院等司法机关司法运作状况的核心方法，因为案卷和档案是凝固的历史，是相关主体在特定时空下实施特定行为的正式和完整的记载。但问题是，法院审结的案件都是历经侦查、起诉、审判整个诉讼流程的案件，发现案卷中讯问笔录认罪率高，只能说明我国的检察官和法官在认定犯罪嫌疑人或被告人有罪时，往往以被告人认罪为基本条件，对讯问笔录的依赖性很大，即几乎所有案件的最终审结与认定都离不开犯罪嫌疑人或被告人的有罪供述，而犯罪嫌疑人拒绝供述的案件可能早已因证据不足而被侦查机关以悬案或撤案的方式予以自行消化，但并不能就此说明犯罪嫌疑人在侦查阶段的供述率高。

不仅如此，若调查在侦查阶段抓获的犯罪嫌疑人中有多少人做认罪供述，即侦查阶段犯罪嫌疑人的供述率，其调查对象或者说统计时百分比的基数应是到案后①的所有犯罪嫌疑人总数（此属于公安机关基础业务台账之一），而不仅仅是最终审结成卷的案件中的犯罪嫌疑人人数。因为实践中从犯罪嫌疑人到案至侦查终结移送起诉期间，犯罪嫌疑人是否供述及最终的处理结果大致有三种情形：第一种情形是犯罪嫌疑人经过讯问可能做出有罪供述而被起诉审判，形成完整的刑事卷宗；第二种情形是犯罪嫌疑人没有做出有罪供述，但因案件其他证据确实、充分而被移送起诉审判，有刑事卷宗可查；第三种情形是犯罪嫌疑人始终拒绝供述，其他证据材料无法达到确实、充分的证明标准，侦查机关虽立案，但因证据不足对案件未予以移送起诉，而对其做出其他处理如撤销案件或对嫌疑人予以行政处理等。此种情形下，该案件要么根本没有形成完整的刑事案卷（一直以来，公安机关侦查实践中都存在不破不立的问题）；即使有完整的刑事卷宗可查，也不可能存放或出现在法院或检察院。也就是说，第三种情形下犯罪嫌疑人的拒供情况无法在法院审结的刑事案件中被体现和统计出来的。较之前两种情形，第三种情况即犯罪嫌疑人拒供且无完整刑事卷宗可查的案件在实践中占有相当大的比例，尤其是那些仅靠其他证据材料难以形成完整证据链、需要犯罪嫌疑人的有罪供述加以补强的案件（如盗窃案、无证人证言的故意伤害案等）是大量存在的，侦查机关往往将相关文书和证据材料整理后形成备查的工作卷，而非在检察院和法院看到的诉讼卷。因此，该学者以法院审结的刑事案件卷宗为研究样本，进而统计得出犯罪嫌疑人在初次讯问时认罪率高的结论，是以忽略第三种情形为前提的，其结论的准确性就不得而知了。

3. "初次讯问"界定不准有损测量的效度

为使有关供述率的研究更为系统全面，该学者在调查中除进行

---

① "侦查到案"是我国刑事司法实践中一个习惯用语，指犯罪嫌疑人从普通公民转变为犯罪嫌疑人身份而初次到达侦查机关接受调查的情形。相关内容参见马静华：《中国刑事诉讼运行机制实证研究（三）——以侦查到案制度为中心》，法律出版社2010年版。

了犯罪嫌疑人认罪率的统计外，还专门研究了犯罪嫌疑人在初次讯问中的认罪情况，此种做法虽有助于拓展研究的深度，但如何界定清楚"初次讯问"，并客观地辨识此概念在法律规定与实践操作中可能存在的巨大差异性，仍是保证此项调查结果客观有效所必须解决的问题。[①] 如该学者所说，根据公安部《关于律师在侦查阶段参与刑事诉讼活动的规定》第21条的规定，第一次讯问是指在公安机关立案后对犯罪嫌疑人进行的第一次讯问，但在实践中由于立案制度本身的缺陷，通常在立案之前公安机关即已对犯罪嫌疑人进行了数次讯问，特别是在现行案件中更是如此。为了与该规定所指的第一次讯问相区别，该学者使用"初次讯问"来指称侦查机关在事实上对犯罪嫌疑人进行的首次讯问。但即便如此，项目组认为，该研究界定的初次讯问与实践仍然存在很大出入，因为实践中犯罪嫌疑人在刚到案时虽多次拒绝供述，但侦查人员往往并不将其记录在案，[②] 此种情形下即使形成笔录，也往往由于其拒供无法作为认定其有罪的证据而被侦查人员选择性地从报送检察院的案卷材料中挑出，放入侦查备查卷（或工作卷）而非诉讼卷中，当然也就不可能在法院审结的刑事案卷中体现出来。因此，该学者以法院审结的刑事案卷为调查对象得出犯罪嫌疑人在初次讯问时认罪率高的结论，其统计中无疑漏掉了那些多次拒供但未记录在案或公安机关将拒供的笔录放入备查卷的情形。

　　综上，我国现有关于侦查讯问供述率的研究，在研究内容上过

---

　　① "只有着眼于实践过程，我们才能避免理念化了的建构的误导，尤其是意识形态化了的建构的误导。同时，着眼于实践中未经表达的逻辑，正是我们用以把握不同于现有理论框架的新的概念的一条可能的道路。"黄宗智：《经验与理论：中国社会、经济与法律的实践历史研究》，中国人民大学出版社2007年版，第447页。

　　② 公安部特邀刑侦专家季宗棠曾说过，"在一般人所认为的审讯开始之时，真正的审讯其实已经结束了"。季宗棠：《我所经历的形形色色的案件——公安部特邀刑侦专家季宗棠办案手记》，中国人民公安大学出版社2004年版，第68页。

度关注侦查讯问的原则与合法性问题，而对侦查讯问本体认识不足；在研究方法上注重思辨式的理论研究，而调查式的实证研究运用较少，且存在相关概念操作化定义不明和因果关系出现层次谬误等问题。

四、供述率研究实证方法之改进

（一）注重研究目的与研究内容的一致性

如前所述，当前运用实证研究方法加强侦查讯问本体部分的研究是十分必要的，通过调查分析讯问的查证功能并客观评判其在侦查破案过程中的重要程度，才能避免对侦查讯问功能极端肯定或否定式的论断。但项目组认为，在实证研究中应注重研究目的与研究内容的一致性。而有关讯问在侦查破案过程中的重要程度与侦查阶段犯罪嫌疑人供述率的高低之间不具有对应关系，存在虚假相关的逻辑关系。① 也就是说，即便侦查阶段犯罪嫌疑人供述率高也并不代表侦查机关对讯问的依赖性就强。从侦查结果的角度看，供述对侦查是否重要，取决于其他不利于犯罪嫌疑人的证据的力度，其他证明犯罪嫌疑人有罪的证据越充分，侦查中对犯罪嫌疑人供述的依赖性就越小。从侦查过程的角度看，讯问对侦查活动是否会起到决定作用也取决于讯问的时间、供述的内容和供述的质量等多方面的因素（具体而言，实践中侦查机关采用侦查措施遵循便利和紧急处置原则，即优先采取的侦查措施的类型取决于最先接触、最易获取和最为紧迫的是哪一类对象、人员或事物，因此，立案后若犯罪嫌疑人到案较早，则采取讯问的时间也较早，讯问获取的供述对掌握犯罪线索和确定侦查范围就可能起着重要作用；就供述的内容而言，犯罪嫌疑人的陈述属于有罪供述还是无罪、罪轻的辩解对侦查活动推进的作用存在差别；即便犯罪嫌疑人做出有罪供述，若供述

---

① 虚假相关即两个因素有所关联，但不是因果关联，因为实际上有尚未被察觉的第三个因素，可能才是造成这个关系的真正原因。以因果关系的条件来说，未被察觉的第三个因素代表一个更强有力的解释。

不完整、存在瑕疵或前后矛盾，其对案件事实的证明力及对侦查活动的指引和推动作用也会受限）。因此，如果我们的研究目的是分析讯问在侦查中的证据功能或评估犯罪嫌疑人供述对案件定罪的重要程度，则研究内容应集中于比较犯罪嫌疑人供述与其他类型证据在案件侦查及其后的定罪量刑中所起作用的大小。英美国家学者此方面的研究成果也较多，如津巴多的研究曾表明超过 80% 的案件依靠犯罪嫌疑人的供述破案，而且一旦做出有罪供述，犯罪嫌疑人将很难再判无罪。① 特别是当犯罪嫌疑人的有罪证据非常薄弱时，供述甚至成为定罪的主要证据。在英国，鲍温和麦格维尔（1980）对 1474 件刑事法庭案例起诉书进行了分析，发现供述是证明犯罪嫌疑人有罪的唯一重要的证据。在将近 30% 的案件中，有罪的承认或供述对案件的起诉至关重要。仅有约 5% 的案件中法医证据比较重要。不仅如此，这些案件中"伦敦仅有 7 名（占 5.2%）、伯明翰有 23 名作了书面有罪供述的被告（占 2.4%）最终被法庭宣告无罪，表明获得犯罪嫌疑人的书面供述就等于法庭的定罪。② 另外三项英国的实证研究也证实了这一论断。索夫雷（1980）在对 4 个警察局的观察研究中发现，8% 的侦查人员称，如果犯罪嫌疑人还不承认或招供，他们就会放弃。里奥（1996a）在对 182 个案例进行调查后发现，有 33% 的案件讯问前的有罪证据强度非常弱，如果没有供述未必能提起指控。讯问中承认有罪的犯罪嫌疑人，约 20% 的被检察官起诉，有不到 24% 的被驳回起诉，约 25% 的通过辩诉交易处理案件，约 26% 的被作出有罪判决。那些已供认犯罪的嫌疑人定罪后被判处的刑罚更重。在美国文献的基础上，卡塞尔（1996a）估计，大约 24% 的案件中供述对定罪十分必要。审讯和供述对于一些案件（特别是重罪案件）的侦查与破案通常十分必

---

① ［英］Gisli H. Gudjonsson：《审讯和供述心理学手册》，乐国安、李安等译，中国轻工业出版社 2008 年版，第 120 页。

② ［英］Gisli H. Gudjonsson：《审讯和供述心理学手册》，乐国安、李安等译，中国轻工业出版社 2008 年版，第 122 页。

要。有的犯罪，如共谋罪与敲诈甚或强奸与虐待儿童罪等类案件，因为几乎没有供述之外的其他证据，经常只有依靠供述才能结案。通过口供破案的数量远高于通过其他证据破案的数量（GROSS，1996）。① 可见，即便在供述率远低于我国的英美国家，讯问并获取犯罪嫌疑人的有罪供述对侦查破案和定罪量刑同样起着至关重要的作用。不同国家间犯罪嫌疑人供述率的高低并未直接影响讯问在侦查破案过程中的重要程度。

（二）保证统计数据来源的全面性和客观性

在对犯罪嫌疑人供述率进行定量分析时，不仅要依据现有的刑事案卷，还应尽可能通过直接观察和调查犯罪嫌疑人接受讯问的整个过程，以及听讯问录音并采取讯问录音与刑事案卷讯问笔录相结合等方式，弥补讯问笔录在解释犯罪嫌疑人意愿方面的单一维度的缺陷，并避免讯问笔录可能存在的对犯罪嫌疑人陈述意愿的误录，以保证统计数据来源的全面性和客观性。此外，研究者无论是参阅刑事案卷还是直接观察，都应保证所调查案件在案件类型及犯罪严重程度上的差别性和全面性。因为基于种种原因，在案件类型上某些犯罪比其他类型犯罪更容易招致犯罪嫌疑人供述。如英国学者诺保调查发现被讯问的财产犯罪中嫌疑人供述率为56%，而非财产犯罪如暴力犯罪嫌疑人的供述率仅为32%。显然，被讯问的财产犯罪嫌疑人供述率远远高于暴力犯罪嫌疑人的供述率。另一学者麦格维尔调查发现，其统计的不同案件类型犯罪嫌疑人中，性犯罪嫌疑人供述率最高，为89.3%，非性犯罪嫌疑人供述率仅为52.5%，犯罪嫌疑人平均供述率为70%。② 而犯罪严重程度也会抑制或影响犯罪嫌疑人的供述动机。很多研究显示，非重罪的犯罪嫌疑人比重罪的犯罪嫌疑人更容易供述。例如菲利普－布朗的研究中犯罪不严

---

① ［美］理查德·A. 利奥：《警察审讯与美国刑事司法》，刘方权等译，中国政法大学出版社2012年版，绪论第2页。

② ［英］Gisli H. Gudjonsson：《审讯和供述心理学手册》，乐国安、李安等译，中国轻工业出版社2008年版，第133～135页。

重的犯罪嫌疑人供述率为72％，远比犯罪程度"中等"（供述率为49％）和"特别严重"（供述率为46％）的要高。[①] 可见，调查时充分考虑案件类型和犯罪严重程度的差异对犯罪嫌疑人供述率的影响是十分必要的。

（三）对供述概念予以准确的操作化定义

定量研究需要经过概念化，然后是操作化，再应用操作定义去收集资料这三个层次，以演绎的方式从抽象进展到具体来完成测量。研究者先概念化一个变量，赋予它一个清楚的概念定义。然后进行操作化，发展出一个操作性定义或一组指标，最后使用这些指标，用到经验世界之上。抽象概念与经验现实的结合，使研究者可以检验经验假设。顺着逻辑，这些经验检验反过来又关联到理论世界中的概念假设与因果关系。[②] 而这一序列的研究层次中最为困难、最为关键的步骤之一便是操作化，即细化所要研究的概念和变量的含义以便于测量。之所以最为困难就在于，研究中许多概念真正的趣味恰在于它们的神韵，而要具体、精确地指明这些概念的意义却又十分不易。有时候，研究者不得不说某类概念具有丰富的内涵，而可信的操作化定义和测量具体化则会削弱概念的丰富内涵。具体到侦查讯问犯罪嫌疑人供述率的定量研究上，实现供述的概念化、操作化就需要明确和妥当处理供述与少供、辩解和翻供等诸多相关概念的关系：由于翻供易导致犯罪嫌疑人的供述前后矛盾而失去证据的证明力，在统计供述率时建议将其排除，即犯罪嫌疑人之前做了有罪、罪重的供述，在审查批捕、审查起诉或审判阶段又推翻了原有供述，重新做出无罪或罪轻的陈述的，不应作为供述案件加以统计。相应地，研究中针对犯罪嫌疑人侦查讯问过程中的少供和辩解，是否作为犯罪嫌疑人的供述也应予以明确说明。

---

① ［英］Gisli H. Gudjonsson：《审讯和供述心理学手册》，乐国安、李安等译，中国轻工业出版社2008年版，第133～135页。

② ［美］劳伦斯·纽曼：《社会研究方法——定性和定量的取向（第五版）》，郝大海译，中国人民大学出版社2007年版，第176页。

附　录

一、取证引导机制实证调查原始材料

调查区域：

问卷编号：

侦查取证行为调查问卷（公安机关卷）①

性别：　　　　　　　　　　　年龄：

文化程度：　　　　　　　　　工作年限：

具体工作部门（请具体到科室）：

您好！我们是中南财经政法大学的师生，现就检察机关实施的引导侦查取证改革及当前警务部门侦查取证现状进行调研，敬请您对以下各问题客观地表达自己的看法。您的热心协助将有助于我们更加真实和全面地理解我国警务部门侦查取证的现状及存在的问题，推动侦查取证工作的法治化与科学化建设。

请认真填写调查区域和您的具体工作部门，便于我们在统计时确保取样的广泛性和客观性，后期的调研报告中我们将隐去具体地

---

① 该卷在原始问卷中被标记为 A 卷，而非直接写明公安机关卷，之所以这样处理是为了避免调查对象探寻身份认同并寻求标准答案。

区和部门名称，并做好保密工作。

答题过程中若选中"其他"选项，请注明具体内容或原因。

万分感谢您的支持和协助！

1. 您是否了解检察机关实施的引导侦查这项改革举措　　（　　）

A 不了解

B 有了解，这项措施自 1996 年刑诉法修改以来一直有

C 有了解，是 2002 年以后实施的

D 有了解，是自＿＿＿年由检察机关和公安机关联合发文开始实施的

2. 引导侦查过程中您所在的单位主要和检察机关的哪个部门联系　　　　　　　　　　　　　　　　　　　　（　　）

A 公诉部门

B 侦查监督部门

C 渎职侦查部门

D 监所检察部门

E 以上部门都参与，但以＿＿＿的引导为主，因为公诉部门和侦监部门对案件的要求是不一样的

3. 引导侦查改革实施后，通常案件处理到哪个阶段时您所在部门最需要与检察院相关部门联系　　　　　　　　（　　）

A 立案前后

B 批捕前

C 批捕后，案件侦查终结移交审查起诉时

D 以上几个阶段都有，且以＿＿＿阶段居多

E 任何阶段，只要有需要均会邀请检察人员来

4. 引导侦查的启动主要是通过　　　　　　　　　　（　　）

A 我们主动邀请检察机关介入

B 检察机关依职权介入

C 依照引导侦查的文件规定，文件规定的案件类型检察机关会主动介入，除此之外，检察机关一般不会与我们主动联系

D 其他＿＿＿

5. 通常遇到什么类型的案件您会提请检察机关引导侦查（ 　　 ）

A 故意犯罪致人死亡等重大刑事案件

B 本辖区内有重大影响、社会反应强烈的案件，如集团犯罪案件、信访类案件

C 受害人年幼或有精神障碍，案情比较复杂的案件

D 证据不是很充分或者事实不是很清楚的案件

E 没有严格限定，只要侦查有难度或者适用法律有难度、自己无法把握的案件均会通知检察机关介入引导

F 其他____

6. 引导侦查过程中，您所在的部门通常会采取哪些方式与检察官加强工作联系　　　　　　　　　　　　　　　　（ 　　 ）

A 召开座谈会，向检察人员进行案情介绍，并提供证据材料

B 邀请检察人员参加案件讨论，征求检察人员对案件性质、侦查方向和证据收集的意见

C 通知检察人员参与现场勘查

D 通知检察人员参与讯问犯罪嫌疑人

E 通知检察人员参与询问被害人和重要证人

F 请派驻在派出所引导侦查室的检察人员定期指导

7. 引导侦查改革实施后，您所在的部门主要接受检察机关哪些方面的引导　　　　　　　　　　　　　　　　　　（ 　　 ）

A 接受检察机关对立案审查和监督

B 接受检察机关对拘留、逮捕是否符合法律规定程序的审查

C 回复检察机关有关犯罪嫌疑人申诉和控告的质询

D 接受检察机关对侦查程序违法现象的审查监督

E 审查案件是否符合逮捕的证据标准

F 审查案件是否符合起诉的证据标准

G 其他____

8. 引导侦查改革实施后，检察机关对这项工作　　　　（ 　　 ）

A 很积极，经常主动来指导

B 如果我们邀请检察院介入，检察院一般都会派人来

C 和实施引导侦查改革前差不多，基本无变化

D 感觉检察院并不想做引导侦查这个事情，他们也没有足够的人力来做

E 其他＿＿＿

9. 引导侦查改革实施后，您所在部门与当地检察院公诉部门及侦查监督部门关系如何？　　　　　　　　　　（　　）

A 一般工作关系，引导侦查后也没什么变化

B 一般工作关系，引导侦查后联系增多了，但主要还是工作关系

C 关系一直比较好，私下里也会经常联系，方便工作

D 往往有求于检察机关，引导侦查改革实施后联系特别多

E 其他＿＿＿

10. 您在工作中最看重的指标是　　　　　　　　（　　）

A 破案率

B 提请逮捕率（打击处理数）

C 案件质量（无执法过错）

D 没有什么具体指标

E 其他＿＿＿

11. 引导侦查改革给您的侦查工作带来的变化　　　（　　）

A 没什么变化

B 有变化，提请批捕和移送审查起诉的案件退查的少了

C 有变化，重大、复杂、疑难案件的办案质量提高了

D 有变化，侦查中违反法律程序的行为明显少了

E 有变化，审查起诉和审查批捕的时间明显缩短了

F 有变化，表现在＿＿＿

12. 您如何看待当前的引导侦查的改革　　　　　（　　）

A 很好，应多提倡，加强公安机关与检察机关的联系

B 改革是否会持续下去，取决于检察机关的态度

C 改革是否会持续下去，取决于当地公安机关与检察院的关系如何

D 引导侦查改革持续与否，对公安机关本身的侦查工作影响不大

E 其他____

13. 引导侦查改革实施后，您如何看待当前公安机关侦查取证工作 （　　）

A 总体来说还是比较规范的

B 问题很多，急需检察机关的引导和规范

C 问题很多，引导侦查改革可解决部分问题，有利于侦查人员取证意识和能力的提高

D 问题很多，但引导侦查改革无法解决这些问题

E 其他____

14. 公安机关实行侦审合一，取消自身的预审部门后，您是否感受到侦查取证质量有变化 （　　）

A 没感觉

B 有，但不明显，办案质量和以前差不多

C 有，很明显，办案质量不如以前了

D 其他____

15. 您如何看待侦审分立状态下预审部门的工作 （　　）

A 侦查人员破案后由预审人员追究犯罪嫌疑人刑事责任，把证据质量关

B 有助于对犯罪嫌疑人深挖余罪、扩大战果

C 公安机关内设一个独立的预审部门，自主权也要大些，便于协调公安机关内部侦查工作

D 不利于侦查效率的提高

E 不了解

16. 您对公安机关侦审合一改革的看法是 （　　）

A 预审部门应保留

B 预审部门应取消，其职责可由法制部门承担

C 预审部门应取消，其职责可由刑侦部门承担

D 其他____

17. 关于预审工作，您想告诉我们的任何想法：

_____

_____

_____

_____

_____

_____

18. 关于本调查问卷以及引导侦查的改革，您想告诉我们的任何想法：

_____

_____

_____

_____

_____

_____

调查区域：

问卷编号：

取证引导机制改革调查问卷（检察机关卷）①

性别：　　　　　　　　　　　　年龄：

文化程度：　　　　　　　　　　工作年限：

具体工作部门（请具体到科室）：

---

① 该卷在原始问卷中被标记为 B 卷，而非直接写明检察机关卷，之所以这样处理是为了避免调查对象探寻身份认同并寻求标准答案。

您好！我们是中南财经政法大学的师生，现就检察引导侦查取证改革及当前警务部门侦查取证现状进行调研，敬请您对以下各问题客观地表达自己的看法。您的热心协助将有助于我们更加真实和全面地理解我国警务部门侦查取证的现状及存在的问题，推动侦查取证工作的法治化与科学化建设。

请认真填写调查区域和您的具体工作部门，便于我们在统计时确保取样的广泛性和客观性，后期的调研报告中我们将隐去具体地区和部门名称，并做好保密工作。

答题过程中若选中"其他"选项，请注明具体内容或原因。

万分感谢您的支持和协助！

1. 您是否了解检察引导侦查这项改革举措？　　　　　（　　）

A 不了解

B 有了解，这项措施自 1996 年刑事诉讼法修改以来一直有

C 有了解，是 2002 年以后实施的

D 有了解，是自＿＿＿年在我们这儿开始实施的

2. 引导侦查的主要部门　　　　　　　　　　　　　（　　）

A 公诉部门

B 侦查监督部门

C 渎职侦查部门

D 监所检察部门

E 以上部门都参与，但以＿＿＿的引导为主，因为公诉部门和侦监部门对案件的要求是不一样的

3. 引导侦查的时机　　　　　　　　　　　　　　　（　　）

A 立案前

B 立案后，批捕前

C 批捕后，案件侦查终结移交审查起诉时

D 以上几个阶段都有，且以＿＿＿阶段居多

E 任何阶段，只要公安机关有需要均可申请引导

4. 引导侦查的启动方式　　　　　　　　　　　　　（　　）

A 主要是公安机关提出申请

B 主要是检察机关主动介入

C 依照引导侦查的文件规定，文件规定的案件我们会主动介入，除此之外，我们一般不会与公安机关主动联系，人手不够

D 其他＿＿＿

5. 引导侦查的主要案件类型　　　　　　　　　　　　　　（　　）

A 故意犯罪致人死亡案件

B 本辖区内有重大影响、社会反应强烈的案件

C 重大要案

D 没有严格限定，只要公安机关侦查有难度或者适用法律有难度、自己无法把握的案件均进行了引导

E 其他＿＿＿

6. 采取的引导侦查方式主要有哪些？　　　　　　　　　　（　　）

A 听取公安机关案情介绍

B 查阅证据材料

C 参加案件讨论

D 参与现场勘查

E 提出取证意见

F 在派出所设立引导侦查室，定期指导

7. 您所在的部门是否与当地公安机关进行联席会议，互相通报案件情况？　　　　　　　　　　　　　　　　　　　　（　　）

A 没有

B 有，很少

C 经常，但不定期，双方有需要就组织

D 经常且定期，一般＿＿＿月一次

8. 引导侦查的重点主要集中在　　　　　　　　　　　　　（　　）

A 审查侦查机关应当立案的是否立案

B 审查侦查机关拘留、逮捕是否符合法律规定

C 接受犯罪嫌疑人的申诉和控告

D 审查侦查中可能出现的程序违法现象

E 审查案件是否符合逮捕的证据标准

F 审查案件是否符合起诉的证据标准

G 其他____

9. 引导侦查时，公安机关的态度 （　　）

A 很配合

B 一般都能接受

C 在某些方面接受，如批捕

D 引导侦查基本没有力度，公安经常对检方意见置之不理

E 其他____

10. 您所在部门与当地公安机关侦查部门关系如何？（　　）

A 一般工作关系，引导侦查后也没什么变化

B 一般工作关系，引导侦查后联系增多了，但主要还是工作关系

C 关系比较好，私下里也会经常联系，方便工作

D 联系得太多太紧，感觉自己快成为侦查人员了

E 其他____

11. 您在工作中最看重的指标是 （　　）

A 考评错案（无罪判决率）

B 案件质量不高（撤回起诉率）

C 没有什么具体指标

D 其他

12. 引导侦查改革给您的工作是否带来变化？（　　）

A 没什么变化

B 审查起诉的质量和效率明显提高了

C 侦查机关办案证据质量明显提高了

D 侦查中违反法律程序的行为明显少了

E 质量和效率明显提高，且违反法律程序的行为减少

13. 您如何看待当前公安机关的取证工作 （　　）

A 总体来说还是比较规范的

B 有很多不足，如遗失物证等，所以要加强引导和规范

C 同一地区不同类型案件区别较大，如经侦案件水平较差，重

大案件（如死刑案件）水平较高

D 技术条件和侦查人员素质对案件取证影响较大

E 其他＿＿＿

14. 公安机关取消自身的预审部门后，您是否感受到其侦查取证质量有变化　　　　　　　　　　　　　　　　　　　（　　）

A 没感觉

B 有，但不明显，办案质量和以前差不多

C 有，很明显，办案质量不如以前了

D 其他

15. 关于本调查问卷以及引导侦查的改革，您想告诉我们的任何想法：

_____

_____

_____

_____

_____

_____

公安机关卷第 17 题文字反馈摘录

关于预审工作，您想告诉我们的任何想法。

1. 预审工作对于案件质量的提高特别是重特大案件的办理中起着比较重要的作用，应当予以保留，即使不保留单独的部门，也应当由法制或刑侦部门中的专人负责其职能。

2. 预审取消后对我们基层讯问和证据核实工作影响很大。举一个案例，1999 年 6 月的一起故意杀人案件中，犯罪嫌疑人连杀三个人，案件很快告破，当时参战的民警都立功受奖了，但案件压了四年检察院不起诉，就是因为讯问笔录中引导证据太多，证据不符合法定程序。检察院很多证据不予认定，导致证据缺失。

3. 预审部门应当保留，很大程度上有利于规范执法行为，提高办案质量，有助于深挖余罪，扩大战果。侦审合一后，侦查工作压力较大，对预审工作没有太大的精力再搞，证据标准和质量下降，容易出现侦查工作超期等违法行为。

4.（1）预审局应独立于刑侦局是两回事儿，不是相依附而是并列关系。（2）公安机关应成立预审局，一方面是经验丰富的老同志；另一方面是喜欢预审工作的业务骨干。（3）在全国范围内定期有提高审讯技能的会议，效果很好，但无法推广。（4）侦查员限于自身能力，不可能都是多面手，社会分工已经细化，无法出现"全能手"来主持案件的工作。

5. 咱们这儿自从1998年4月1日实行侦审合一后，预审人员全部归到经侦大队，原来批捕率、起诉率都非常高，退查率都很低。但侦审合一后，80%的案卷批捕都比较难，大部分时间忙着抓人去了，因为中间缺了一个环节，民警有时甚至把卷都忘了，案件办理超期情况严重。民警只顾抓人，多半没证据整理和收集的意识，起诉退查率能达到95%，因为批捕后没有增加任何材料，民警也没时间去增加，因为大部分时间都去寻找抓获犯罪嫌疑人去了，案卷质量确实很糟糕。2000年年初成立特别勤务队，但特勤队没有预审职责，只管文书，成了文书管理队，起不到任何证据收集整理的作用。2001年11月，改组特勤队，报捕起诉，刑拘时的二次笔录、户籍证明、前科证明都由特勤队完成，由特勤队具体走卷。2005年3月改名为刑警大队案审中队，由于网上办案系统的使用，案审队取消了刑拘时二次笔录。只有宣布逮捕的笔录有案审队把关。2010年11月5日，又警改，案审队最后也被取消了。案审队成立有八年时间，我在案审队待了六年，感觉预审的职责在一点点消失。案审队被取消后，民警连最起码的拐棍都没了，超期现象严重，如有民警认为退补侦查时间为两个月，办案时间完全不清楚，改革一次，阵痛一次，对执法冲击一次，把原来良好的执法环境、取证环境一棒子敲没了。派出所的警察有些完全没办过刑事案件，有些办过，但都是些很小的刑事案件，法律手续如何操作确实搞不清。

6. 预审深挖余罪功能基本没有了。而且现在考核只要逮捕数字和起诉数字了。所以不是警察变懒了，而是这个机制没法让警察有时间深挖犯罪了。案件都是单案，批捕了、起诉了就算了，就不再问了。

7. 2012 年《刑事诉讼法》保留了预审，但预审是公安机关侦查过程中最后一道工序，公安把预审部门一取消，预审工作全部压给侦查人员了，案件质量当然会严重下降。

8. 原来侦查的抓获犯罪嫌疑人后，就直接在预审队讯问犯罪嫌疑人，现在犯罪嫌疑人都要押到看守所里去。但看守所里讯问犯罪嫌疑人很不方便，看守所中午休息，只能在工作时间里讯问，比如早上八点出发去看守所，二十多公里路，九点到那儿，排队等着提审人，还没问到两小时，看守所要吃饭了，还得保证犯罪嫌疑人吃饭，这么短的时间里根本问不出什么东西。

9. 现在预审面临最大的问题是，即使恢复预审机构，优秀的预审人员也没有了，培养也跟不上了，老预审人员都退休了。没有人能够胜任预审。

10. 案审中队能完成证据审核功能，但深挖犯罪已不可能了。案件多了，证据审核功能也了了，我刚在案审中队当队长时逮捕人数是 1800 多人，第二年 3000 多人，第三年就 4000 多人了。案件量大没时间核实证据了。案审完全变成了卷审。

11. 预审人员的培养是个系统工程，除了心理学知识、法学知识还包括大量社会学知识，如口音、地缘习惯，如果预审员不懂这些东西，如何识破犯罪嫌疑人供述的真假？

12. 预审和刑侦应该是两个并列的部门，而不是附属的部门。

13. 预审应保留，预审人都退休了，但预审人员培养断层了，大要案、疑难案件还是需要预审人员的攻坚。

14. 社会分工细化到现在，还强调一警多能，简直是天方夜谭，比如说在派出所的民警，那么繁重的工作之下还能出预审专家吗？

15. 现在四大口归为一个口，我们一共七个人，但管法制包含案审、督查、纪委、控审四大块，一警多能只是使民警知识面上更广，但不能让他干的事儿越来越多，职责越来越多，多而不精。

16. 预审原来每年可以搞几个大的系列案件，后来越来越少，现在基本没有。专业素质是平常工作中日积月累养成的习惯，一下子让侦查人员都具备不可能。

17. 侦查与预审工作衔接不行，比如一个案件中侦查人员问犯罪嫌疑人刀放哪儿了，犯罪嫌疑人说放拉杆箱里了，侦查人员去拉杆箱里找，没有，这时预审人员就没法问了，因为不知犯罪嫌疑人说的是真的还是假的，后来证实是犯罪嫌疑人的母亲在箱子看到交到派出所来，但派出所民警没记录，也不知放哪儿去了。有些警官在问，然后让其他警察去找物证，衔接都不到位。如果有案审队，第一时间会通知技术上，固定证据。

18. 侦审合一等改革方案过多，政策性东西过多，警力根本无法做到。

公安机关卷第 18 题文字反馈摘录

关于本调查问卷以及引导侦查的改革，您想告诉我们的任何想法。

1. 现在都讲依法办案，但还存在冤案，检察院引导侦查，试图从中发现问题，出发点很好。引导侦查应该说对侦查监督能起到促动作用。应该搞一个制度，而不能主要靠民警私人关系去邀请。

2. 引导侦查制度实施以后，所起到的作用和效果并不是十分明显，并未形成有效的可行的工作机制和制度。

3. 引导侦查的出发点是好的，检察机关提前介入指导侦查机关办案，有利于办案质量的提高。但实践过程中，引导侦查并没有按照相关的规定实行，检察机关并不愿意提前介入案件，只是侦查机关以私人关系咨询检察机关较常见。

4. （1）检察院自身也不配合，不愿涉入太深，当局者迷，过深也影响检方的情绪和观点。（2）公安自身业务的缓慢增长，存在认识上、意识上和行动上的诸多不足，也需要相应的侦查引导。（3）引导侦查是执法监督引申出来的一个服务，但有权力的人谁愿意服务呢？所以提法很好，做法有待统一和规范。（4）引导侦查是双方共同在意识上的提高才能促进这项改革的基本出发点。（5）重大案件基本上都是涉及民情的群体性事件，这种事件一般都由政法委牵头开联席会议。

5. 引导侦查提前介入量少，一般重特大案件（无具体标准，但一般是八类行为犯，数额较大），证据不足或者是孤证，但明显感觉应是这个犯罪嫌疑人的，这种情况下会要求检察机关提前介入，对批捕有很大作用。第一次讯问的时候要求检察机关全程在，第一手掌握当时怎样获取供述的，侦查所取得的口供信赖程度有所提高，解决口供真实性问题。侦查提纲是案件证据形成的提纲，而非指引侦查的。引导侦查总体感觉检察院人员少，特别是检察院实行捕诉合一时，检察官一共才六七人，根本没时间和精力引导。

6. 引导侦查的制度还很不规范，一般是案发后若定性有疑问等，如刑事拘留是按什么罪名报，主要通过私人关系和检察院的人商讨、请教，因为案件还没形成完整证据材料，我们最多带着前期收集的一些证据材料，让批捕科的检察官帮忙看看，但官方发函之类的正式手续是没有的。

7. 需要检察官提前介入的，我们主要是通知批捕科的人来，而且原来检察院捕诉合一，批捕和起诉是一套人马，批捕的人负责起诉，介的时候基本上就是按照起诉的标准进行引导的。引导方式上如果对犯罪嫌疑人批捕就出具《法庭所需证据意见书》，如果不批捕，就提供《补充侦查通知书》，到起诉科如果证据有问题，就是退补侦查，公诉科列一个退补侦查提纲。

8. 检察院很少会给我们下《纠正违法通知书》来认定执法过错，一般都是口头说明证据收集中有哪些问题，很少下正式通知书，因为这涉及我们的考核问题，市公安局考核方案中有这一块儿，如果给我们下《纠正违法通知书》，我们就要被扣分，所以一般会协调与检察院的关系，不让其下。且纠正违法说实话所纠正的行为一般都是小过错和小瑕疵，严重违法行为基本没有，检察院的目的也只是纠正这些执法过错，只要我们干警很快纠正了就行。

9. 我们这儿实行警改以后（成立大派出所）以后，与市检察院召开联席会议少，一年最多有一次，比如修订后《刑事诉讼法》颁布后有哪些变化等一般会开联席会议。一般由检察院提出。还有开会如商议接卷标准，检察院有轻刑批捕率的考核问题，轻刑批捕率过高，影响到检察院的考核，所以检察院会说明哪些案件报捕会审查，哪些建议公安机关直接取保。我们这检察院有轻刑批捕率，法院还有轻刑判决率。比如盗窃案按标准数额 1000 元即算犯罪，如果一个人盗窃了 1500 元，肯定构成犯罪，但检察院考虑轻刑批捕率是不会同意批捕的，因为有轻刑判决率，如果检察院同意批捕并起诉了，法院也不会判，所以检察院这时就会把卷放那儿，也不撤回起诉。因为如果那样做了，又会影响到检察院的考核。

10. 无论咱们以前搞的预审提前介入还是检察院的提前介入都是引导证据收集，而不是如何侦查破案上的引导，如何破案的角度把握。

11. 引导侦查应该检察院执法监督服务的一种延伸，检察院进行执法工作，发现问题，觉得民警执法办案水平确实有问题，能力越强，责任越大，会感觉到责任越重，我们有时也会到下面去办案，觉得下面民警做得不好，就直接自己上，检察院可能也是这种心情，希望进行引导侦查。但这种服务会牵涉到一个弊端，当局者迷，如果陷入太深，反而影响检察院的客观中立，检察院和法院的人打开卷，总会有疑问，公安机关的人怎会这神，能把这个抓到，原因在哪儿呢？大量案件犯罪嫌疑人抓获没有手续，导致检察院看不清你的犯罪嫌疑人怎么来的，你的证据怎么收集的，通过什么程序收集的，他们会有很多疑问。提前介入可以弥补这些缺陷，本是件好事。但实际上检察院不愿意做这件事儿，害怕过多涉入，我在市检开过会，当时有检察官也反对，案件一旦提前介入，到时批捕和起诉时就无法再中立，必须会有先入为主的问题。

12. 公安机关办案有时确实需要指导，一般我们遇到案件也会请他们过来，有比较积极的，也有不积极的，与个人性格有关。

13. 引导侦查中引导方与被引导方应当水平相当，检察院和法院主要是从执法的角度，但公安机关案发了，破获案件才是硬道理，光讲法律是没用的，基层民警也没有时间和精力学习法律，公安机关很多侦查技术的运用都是违法的，搜查没证儿，连说明都没法写的，即很多大要案的先期侦查手段都不是依法进行的，也没法依法进行，检察院来引导怎么办，只能说归说，做归做，检察院和公安机关交流后认识上的偏差。

14. 预审就像做饭一样，预审就像盐一样，起到提味作用，如果主菜配菜很齐全，味淡点了没关系。我们在南方看别人办案，侦查人员前期证据搞得很扎实，录音录像等侦查技术运用得也很到位，但如果主菜配菜不行，再没味儿，就没法吃了，所以检察院才提出要引导侦查。

15. 引导侦查和当地领导的重视程度有很大关系。

16. 重大案件请检察院的来还是有作用。有一起案件，犯罪嫌疑人捅了被害人 34 刀，检察院引导时看了笔录后，认为不应定故意伤害，而是故意杀人，最后是以故意杀人起诉和审判的。

17. 侦查取证过程中，只依据犯罪嫌疑人供述就提请批捕的很少了，但也要看具体是什么案件，比如诈骗，强奸案件主要靠笔录，证明其犯意。再由笔录找其他证据。而且强奸案件现在犯罪嫌疑人实施严重暴力得很少，身体被打或者衣服被撕破得很少，行为又很秘密，就两人，所以主要就是靠笔录。

18. 现在民警的法律素质与二十年前有很大区别，一般都是大专以上了。不能再用老眼光看等警察的法律素质了。

检察机关卷第 15 题文字反馈摘录

关于本调查问卷以及引导侦查的改革，您想告诉我们的任何想法。

1. 缺少相关的制度去推动这项工作，且在现实工作中，检察机关也缺少警力去做这项工作。

2. 检察引导侦查应明确检察机关的侦查引导权，规范检察引导侦查的范围，适时介入侦查，共同制定追诉标准。

3. 检察引导侦查主要是办案实践中的探索，应该形成规范有序的机制，上升到法律层面，进一步予以规制，更好地发挥应有的作用。

4. 检察引导侦查工作机制，规定散见于上级文件和领导讲话中，尚未见到规范明确的规定，所以该机制在实践中处于便宜行事的工作状态。侦审应当各司其职。

5. 鉴于公安当前的侦查状况，实践中大多是在审查批捕起诉中，对证据提出问题，通知补正完善，正式引导的较少，公安侦查仍然存在重破案轻调查的问题。

6. 引导只对个案，所以不可能从根本上改变公安的取证质量。

取证引导机制部分访谈记录

访谈对象 1：公诉科科长	访谈时间：2011 年 11 月 10 日
访谈地点：河南省郑州市某区人民检察院	访谈记录人：项目组成员
性别：男	年龄：36 岁
文化程度：硕士研究生	具体工作部门：公诉科

问：您在现任业务部门工作了多长时间？其所在业务部门主要负责哪方面的工作？

答：14 年。公诉业务。

问：您所在的业务部门是否需要与公安机关联系？如果有，主要是哪些方面？

答：需要经常联系，主要是：（1）刑事案件的起诉受理、引导取证、补充侦查，还有在目前庭审机制下的调取法庭所需证据、通知、保障证人、被害人参与审查起诉、法庭调查、出庭作证等围绕着刑事案件办理的有关工作；（2）对公安机关的侦查活动实施法律监督，提出和纠正公安机关的违法行为，并采取相应的手段维护法律监督权实施。

问：什么类型的案件或情况下您所在的业务部门会与公安机关联系？

答：当然是刑事案件。包括收案；通知取证；通知证人、被害人、未被羁押的犯罪嫌疑人；退回补充侦查；移交涉案款物、物证；通知调取审判所需证据；必要时参与庭审（出庭作证等）；纠正违法、检察建议等。

问：案件处理到什么阶段您所在的业务部门会与公安机关联系？

答：刑事案件侦查终结后移交审查起诉。

问：与公安机关的联系主要是基于您所在业务部门的主动介入还是依公安机关邀请？

答：法定程序。

问：您如何看待公安机关的取证工作？

答：案件良莠不分、水平参差不齐，地区差异较大，整体水平有待提高。同一地区不同类型案件区别较大，经侦案件水平较差，重大案件（如死刑案件）水平较高，技术条件和侦查人员素质对案件取证影响较大。

问：公安机关取消自身的预审部门后，您是否感受到其侦查取证工作的变化？

答：是的。很明显，证据质量不如以前了。

问：您所在的业务部门与本地公安机关的关系如何？

答：尚可。

问：您是否了解调查项目所说的检察引导侦查这项改革举措？

答：是的。

问：您能否介绍下本单位引导侦查的具体情况？如引导侦查的组织形式和人员选派上是如何安排的？是否在基层建立引导侦查

室？是否侦查监督部门、渎侦检察、监所检察部门起诉部门定期抽调检察官前往指导？介入时间上是如何具体操作的？

答：没有。

问：引导侦查的主要部门是哪个部门？

答：公安满足于案件逮捕即可，绝大多数案件在捕后的侦查羁押期间和审查起诉期间基本不再做任何取证工作，故侦查监督科是引导侦查的主要部门。

问：在您的绩效考核中哪些指标是您最为看重的？

答：案件质量。

访谈对象2：公诉科科长	访谈时间：2011 年 11 月 17 日
访谈地点：湖北省某县检察院	访谈记录人：项目组成员
性别：男	年龄：42 岁
文化程度：本科生	具体工作部门：公诉科

问：您在现任业务部门工作了多长时间？其所在业务部门主要负责哪方面的工作？

答：我是 2004 年调到公诉科任科长的，至今有近 8 年的时间了。本部门主要负责公安机关侦办的刑事案件和本院侦办的职务犯罪案件的审查起诉。

问：您所在的业务部门是否需要与公安机关联系？如果有，主要是哪些方面？

答：公安机关侦办的刑事案件能否顺利地审判，能否顺利地追究犯罪嫌疑人的刑事责任，我们公诉部门虽然处于刑事案件的第二环节，但至关重要。当然与公安机关的联系就必不可少了，不仅在案件的侦查阶段联系，案件移送起诉后也有着紧密的联系。在侦查阶段，对于重大案件、集团犯罪案件、涉警案件及其疑难案件，根据公诉引导侦查的工作机制，我们都会提前介入，对侦查部门的证据收集及侦查方向提出指导性的意见；案件移送起诉后，我们会根据案件的事实是否清楚、证据是否充分、是否存在从重从轻情节、是否存在漏罪等情况作出退查或起诉决定，对于退查的案件，一般以退查两次为查。

问：什么类型的案件或情况下您所在的业务部门会与公安机关联系？

答：一般来说，我们都按文件的规定去做的。

问：案件处理到什么阶段您所在的业务部门会与公安机关联系？

答：除了文件规定的案件外，我们一般不会与公安机关联系，如果案件移送审查起诉至本部门后，发现需要补充侦查的可能会与他们联系。

问：与公安机关的联系主要是基于您所在业务部门的主动介入还是依公安机关邀请？

答：根据公诉引导侦查机制这一规定，我们现在不是主动介入也不是公安机关邀请，有范围内的案件就必须去，当然除了这之外，公安机关邀请我们参与他们侦办案件也还是有一部分的。

问：您如何看待公安机关的取证工作？

答：通过这些年的了解，我觉得公安机关在取证工作方面总体来说还是比较规范的，但有些方面也存在不足：如对犯罪嫌疑人的讯问还没有实行全程监控，对证人的询问部分没有到其住处或者单位而是在其他地方。

问：公安机关取消自身的预审部门后，您是否感受到其侦查取证工作的变化？

答：有变化。证据质量不过关，经历了很长时间的阵痛。

问：您所在的业务部门与本地公安机关的关系如何？

答：应该说处理得还不错。公安部门的侦查人员总的来说素质还是比较高的，但他们涉及的面太广，在专业性上我们更强些，不过他们年轻、比较谦虚，也很认可和相信我们。

问：您是否了解调查项目所说的检察引导侦查这项改革举措？

答：这个我是知道的，公诉引导侦查在是我来之后实行的，应该说是很清楚。

问：引导侦查工作机制运行以来，您的工作是否发生了较大变化？

答：感觉我不仅仅在检察院上班，有时感觉自己就是公安机关的一份子，因为联系得太多了太紧了。

问：您能否介绍下本单位引导侦查的具体情况？如引导侦查的组织形式和人员选派上是如何安排的？是否在基层建立引导侦查室？是否侦查监督部门、渎侦检察、监所检察部门、起诉部门定期抽调检察官前往指导？介入时间上如何具体操作的？

答：2006 年，基于当时的"严打"形势，为了达到快侦快诉快判的目的，以免公安部门少走弯路，也让我们快点熟悉案件，我们检察院与公安局经过协商，达成了一个协议：公诉引导侦查。当时还行了文的。在组织形式上，虽说在公诉引导侦查，但我们在具体做法上都是公诉部门与侦监部门一起参加。虽然公诉与侦监在要求上不一样，但作为检察院的内设部门其目的都是一样的。在基层我们没有设立引导侦查室，因为我们是个小县，每年的起诉案件一般在 100 件左右，不是很多，再说了我们公诉部门与侦监部门的人数也不是很多，没有必要也没有条件。前往指导的一般来说就是侦监部门和公诉部门了，但不存在定期的问题，只是根据案件的需要。在介入的时间上，也是比较灵活的。第一是有现场的重大案件，如杀人、故意伤害、抢劫、爆炸、投放危险物质等案件，必须第一时间到达现场与公安机关的侦查人员一起勘查现场；第二是犯罪嫌疑人被刑事拘留后需要提请逮捕但证据、事实还有缺陷的阶段；第三是犯罪嫌疑人被逮捕后案件需要朝哪个方向走的阶段，如组织、领导黑社会性质犯罪，所有单个案件是完整的，但是构成该罪，这就是我们需要解决的问题。

问：引导侦查的主要部门是哪个部门？

答：主要部门是我们公诉部门。因为公诉部门和侦监部门对案件的要求是不一样的，侦监部门的要求是主要事实清楚、主要证据充分，而公诉部门是要所有犯罪事实清楚、所有的证据充分，如果是单一案件还没有很大区别，区别大的在于多人多起的团伙案件、集团案件、有组织犯罪等。

访谈对象 3：侦查监督科科长	访谈时间：2012 年 3 月 12 日
访谈地点：湖北省检察院某分院	访谈记录人：项目组成员
性别：女	年龄：35 岁
文化程度：本科	具体工作部门：侦查监督科

问：您在现任业务部门工作了多长时间？其所在业务部门主要负责哪方面的工作？

答：侦查监督部门，主要负责案件批捕、立案监督和侦查活动监督。

问：您所在的业务部门是否需要与公安机关联系？如果有，主要是哪些方面？

答：需要。

问：什么类型的案件或情况下您所在的业务部门会与公安机关联系？

答：有些案件会到现场，如重大要案，但我们与公安机关标准认定不一，有时我们认为某案件有必要，公安机关认为没必要，公安机关认为有必要，检察机关人手又不够。

问：案件处理到什么阶段您所在的业务部门会与公安机关联系？

答：介入的时机问题需要研究。

问：与公安机关的联系主要是基于您所在业务部门的主动介入还是依公安机关邀请？

答：都会。

问：您所在的业务部门与本地公安机关的关系如何？

答：还不错。

问：您是否了解调查项目所说的检察引导侦查这项改革举措？

答：这项措施一直有，1996 年刑事诉讼法修改以来一直有。

问：引导侦查工作机制运行以来，您的工作是否发生了较大变化？

答：变化还是比较大的，办案效率提高了很多。

问：在您的绩效考核中哪些指标是您最为看重的？

答：公诉部门最看重考评错案，还有案件质量不高。

访谈对象 4：派出所所长	访谈时间：2012 年 3 月 12 日
访谈地点：湖北省某县某派出所	访谈记录人：项目组成员
性别：男	年龄：47 岁
文化程度：本科	具体工作部门：派出所

问：您在现任警务部门工作了多长时间？能否谈谈您的工作经历？

答：我现在派出所工作，将近 4 年。1997 年 7 月毕业于湖北公安高等专科学校，先后在派出所、刑侦大队、法制科工作，其中在法制部门工作的时间最长，将近 7 年，在这 7 年时间中经历了公安内部的一些小的变革，最开始是预审与刑侦合并，后来又是预审与法制合并，预审也从以前的一个单一部门到后来的消失，不知道是进步还是退步。

问：您所在的业务部门主要与检察机关的哪些部门联系？联系的方式（如召开会议等）主要有哪些？

答：我们现在派出所也办理一些简单的案件，在办案中除了与本单位的刑侦、法制部门联系外涉及采取逮捕强制措施的还要与检察院的批捕科（现为侦监科）联系，当然在起诉环节还要与公诉科联系。联系的方式也很多，主要有办案部门到检察院汇报、检察院提前介入、检察院到发案地核实相关证据、公安局法制、刑侦部门与检察院侦监、公诉部门召开座谈会等。

问：什么类型的案件或情况下，您需要与检察机关相关部门联系？

答：按说检察院的侦监科与公诉科是两个重要的业务部门，主要职责也不一样，所处的环节也不一样，要求也不一样，但是在实际中，我们一般与检察院联系都把两个部门通知了，也是为了侦监和公诉更好地步调一致，不至于公诉的表态了侦监的不同意批捕、侦监的表态了公诉的不同意起诉。在以下情形中与检察院联系：一是死缓无案件；二是集团犯罪案件；三是证据不是很充分或事实不是很清楚的案件材料；四是信访类的案件；五是受害人为年幼或者精神障碍的人；六是其他比较复杂的案件。

问：案件处理到什么阶段（呈请批捕阶段、审查起诉阶段、立案阶段或其他）您需要与检察机关相关部门联系？

答：一般来说分为三个阶段：在立案阶段如果公安局不立案的话需要与检察院侦监部门联系，要求书面说明不立案的理由；在提请批准逮捕阶段，还是要与检察院的侦监部门联系；在案件移送审查起诉后，就需要与检察院的公诉部门联系了。

问：与检察部门的联系是基于您所在业务部门的邀请还是检察机关主动介入？

答：应该说两者兼有，主要基于具体的案件。比如说对于重大复杂的案件或者说案件中涉及民警渎职情况的我们都会主动邀请。2006年检察院与公安局一起行了个文，主要内容是公诉引导侦查。这样一来，就形成了一种惯例。对于一般性的案件，如果基于办案部门和办案人的办案水平没有查清或者是还有一些需要查证的情况，检察院也会下来进行督办。总的来说我们办案部门邀请检察院的要多一些，因为我们的案件最终要经过检察院，行或不行他们可以说了算。

问：刑侦改革取消预审部门后，刑事案件起诉前的证据审核工作主要谁负责？

答：其实刑侦改革分为两个阶段，一是在2000年将预审合并到刑侦中；二是2002年预审又与法制合并。在第一阶段，虽说在县公安局没有了预审科，但同时又在刑侦大队设置了预审中队，同样履行预审的职责，不过在这个时候的预审相应来说要弱化了，以前的预审与刑侦是并列的，是案件流向检察院的重要关口，但在这个时候，中队长的意见是没有绝对权威的，还是大队长说了算。在第二阶段，从以前的法制单一的审批行政案件或劳教案件到包括审核刑事案件。目前，在县（区、县级市）法制部门一般都设有行政案件审批科、刑事案件审批科、执法监督科，其中的刑事案件审批科就起着履行预审的职责。

问：您如何看待侦审合一之前预审部门的工作？

答：我以前是预审专业毕业的。对于侦审合一之前预审部门的工作，我是这样认为的：一是这项工作很重要，固然侦查部门重要，但案件破了不能代表就能追究得了犯罪嫌疑人的刑事责任，包括扩大战果等，都需要预审部门去把关。不过，在那时检察院的侦监、公诉部门相对来说要轻松些。二是公安局内设的一个独立部门，自主权也要大些，工作起来也好协调些。三是预审部门人员的法律素质要高于其他部门。

问：您是否了解调查项目所说的检察引导侦查这项改革举措？

答：知道一些，在我们这边好像有 6 年了。当时我还在法制科，对于检察引导侦查（当时好像是公诉引导侦查）我们公安局和检察院还联合行了文的，至于具体的内容也已经记不清楚了。

问：引导侦查工作机制运行以来，您的工作是否发生了较大变化？比如是否与检察机关的联系增多了？

答：当时是 2006 年我还在法制科，该机制运行后，我明显地感觉到我们与检察院的联系多了起来，特别是重大案件的现场除了侦查部门第一时间到达外，法制部门、检察院侦监、公诉部门也要同时到达，信访案件、疑难案件、团伙案件等都要把办案部门与检察院的召集一起进行商量；再就是感觉办案的质量提高了，以前到了提请逮捕时间但还没有拿下关键的证据，或者是没有查清主要犯罪事实，移送审查起诉的案件退查的少了；最后就是加快了办案效率。

问：您的绩效考核中哪些指标是您最为看重的？

答：破案数、打击数、办案质量。

访谈对象 5：执法执纪监督室主任	访谈时间：2012 年 8 月 19 日
访谈地点：湖北省某区公安分局	访谈记录人：项目组成员
性别：男	年龄：44 岁
文化程度：本科	具体工作部门：公安分局执法执纪监督室

问：您在现任警务部门工作了多长时间？能否谈谈您的工作经历？

答：3 年，1996 年入警后先后从事派出所，刑侦队等工作，2004 年至 2009 年任刑侦大队案审中队中队长，2009 年至 2010 年 11 月，任某分局法制科科长，2010 年 11 月，警务机制改革后，任某区分局执法执纪监督室主任。

问：您所在的业务部门主要与检察机关的哪些部门联系？联系的方式（如召开会议等）主要有哪些？

答：与检察院批捕科和起诉科联系，联系方式很少召开联席会议，主要是送卷报捕或移送起诉。

问：什么类型的案件或情况下，您需要与检察机关相关部门联系？

答：只要有需要，什么类型的案件都可能与他们联系。

问：案件处理到什么阶段（呈请批捕阶段、审查起诉阶段、立案阶段或其他）您需要与检察机关相关部门联系？

答：报捕和起诉是正常进行，不予立案的，报案人向检察院提出的，公安机关向检察院控告申诉检察部门说明不予立案的理由。

问：与检察部门的联系是基于您所在业务部门的邀请还是检察机关主动介入？

答：当然是公安机关积极主动联系检察机关。

问：刑侦改革取消预审部门后，刑事案件起诉前的证据审核工作主要谁负责？

答：主要是案审中队，批过刑拘后，案卷就由案审队负责。

问：侦审合一之前，预审科设在哪儿，有无法制科？

答：预审科和法制科无隶属关系，都是分局下设科室，只是预审科功能单一些，法制科作为分局法制部门，除了行政案件外，还有执法监督、执法考核、法律研究等功能。

问：您如何看待侦审合一之前预审部门的工作？

答：咱们这儿是 1998 年 4 月 1 日取消预审科，成立设于刑侦大队下面的案审中队，预审科时代，是办案民警办案后，值班局长直接批刑事拘留，然后去预审科开拘留证，并由预审科问二次笔录，对证据材料审核，提出相关意见。原来的预审科有其积极作用，其主要一项职能就是深挖余罪，但现在侦审合一后，此项功能严重弱化。

问：引导侦查工作机制运行以来，您的工作是否发生了较大变化？比如是否与检察机关的联系增多了？

答：基本无变化。

二、具体侦查取证行为
实证调查原始材料

"欺骗取证与侦查策略"
社会认知状况调查问卷

姓名：＿＿＿＿＿＿　联系方式：＿＿＿＿＿＿＿　工作单位：＿＿＿＿＿＿

　　同志，您好！首先请原谅打扰了您的工作和休息。为了全面、真实地了解公安干警对"欺骗取证与侦查策略"的认知及实践情况，给国家立法、普法工作及理论研究提供第一手的实证资料，"中南财经政法大学刑事司法学院"组织了此次问卷调查，希望能得到您的支持与协助，谢谢！

　　专门选请各位填答问卷，完全是依照抽样的方法随机确定，并无其他用意。本次调查的结果，仅用做研究。各个选项没有正确、错误之分，所填答的意见，绝不会给您带来任何麻烦，请放心。您的回答将代表众多和您一样的一线干警，并将为国家进一步完善相关法律制度提供帮助。

　　再次感谢您的支持与协助！

　　祝您工作顺利，生活愉快！

注意事项

＊本卷选择均为单选题

＊请把您的选项写在题目前的括号内

＊您有任何不同见解，可批注于题目后空白处

（　　）1. 您知道我国刑事诉讼法"严禁以威胁、引诱、欺骗以及其他非法方法收集证据"的法律规定吗？

A. 明确知道

B. 大致知道

C. 完全不知道

（　　）2. "采用刑讯逼供等非法方法收集的犯罪嫌疑人、被告人供述和采用暴力、威胁等非法方法收集的证人证言、被害人陈述，应当予以排除。"您知道我国刑事诉讼法的这个规定吗？

A. 明确知道

B. 大致知道

C. 完全不知道

（　　）3. "在必要的时候，公安机关有关人员可隐匿其身份实施侦查。对涉及给付毒品等违禁品的犯罪活动，公安机关根据侦查犯罪的需要，可以实施控制下交付。"您知道我国刑事诉讼法的这个规定吗？

A. 明确知道

B. 大致知道

C. 完全不知道

（　　）4. "使用肉刑或者变相肉刑，或其他使被告人在肉体上或者精神上遭受剧烈痛苦的方法，迫使被告人违背意愿供述的，应当认定为刑诉法规定的'刑讯逼供等非法方法'。"您知道最高人民法院适用修改后刑事诉讼法解释的这个规定吗？

A. 明确知道

B. 大致知道

C. 完全不知道

（　　）5. 您觉得在我国现阶段，警察以欺骗的方法从犯罪嫌疑人那里获取证据是一种什么样的状况？

A. 普遍存在，经常发生

B. 个别现象，偶尔发生

C. 不存在

D. 说不清楚

（　　）6. 以欺骗的方法从犯罪嫌疑人那里获取证据，您认为这种行为_____

A. 很正常，这是侦查办案无法避免的

B. 不正常，司法工作者必须文明执法

C. 不太好，但侦查办案确实需要

D. 说不清楚

（　　）7. 您是否了解侦查策略或侦查谋略？

1. 很了解，且经常使用

2. 从书本或影视剧中有所了解，但不经常使用

C. 完全不了解

D. 其他

（　　）8. 您如何理解侦查策略与欺骗的关系？

A. 侦查策略本就具有欺骗性，这种欺骗是合法的

B. 侦查策略不具有欺骗性，欺骗取证是不合法的

C. 它们之间的关系不好说

案例一：某贪污案件中，侦查人员发现一张单据证明犯罪嫌疑人贪污49元，其他单据只是可疑。讯问时，办案人员将单据一并抛出："你连49元钱都贪，你还不贪？"嫌疑人大惊，错以为办案人员已查清其全部犯罪事实，心理防线崩溃。（请针对此案例回答9～12题）

（　　）9. 该取证行为是否适当？

A. 适当，目的手段都合法

B. 适当，是使用侦查策略

C. 不适当，违反刑事诉讼法

D. 不适当，会导致虚假供述

（　　）10. 该取证行为是否具有欺骗性？

A. 完全不算欺骗

B. 有欺骗，但是可以接受

C. 是欺骗，不能如此取证

（　　）11. 您在工作中，遇到或使用过此种方式吗？

A. 经常使用

B. 听说过，没用过

C. 从来没有

（　　）12. 此种方式获取的证据，可否采用？

A. 完全可采用

B. 可采用，但手段不会在卷宗中显示

C. 不可采用

案例二：某入室盗窃案中，侦查人员对犯罪嫌疑人说："我们在现场提取到了你的手印，请你解释。"以此观察犯罪嫌疑人的反应。但是此前并未提取到有价值的指纹。（请针对此案例回答 13 ~ 16 题）

（　　）13. 该取证行为是否适当？

A. 适当，目的手段都合法

B. 适当，是使用侦查策略

C. 不适当，违法刑事诉讼法

D. 不适当，会导致虚假供述

（　　）14. 该取证行为是否具有欺骗性？

A. 完全不算欺骗

B. 有欺骗，但是可以接受

C. 是欺骗，不能如此取证

（　　）15. 您在工作中，遇到或使用过此种方式吗？

A. 经常使用

B. 听说过，没用过

C. 从来没有

（　　）16. 此种方式获取的证据，可否采用？

A. 完全可采用

B. 可采用，但手段不会在卷宗中显示

C. 不可采用

案例三：某故意杀人案中，锁定嫌疑人王某，但其一直未交代。针对王某在讯问时要求聘请律师的情况，侦查人员乔装成涉嫌作伪证而被逮捕的辩护律师，被与王某关押在同一监房，王某在咨询法律问题时暴露案情。（请针对此案例回答 17～20 题）

（　　）17. 该取证行为是否适当？

A. 适当，目的手段都合法

B. 适当，是使用侦查策略

C. 不适当，违法刑事诉讼法

D. 不适当，会导致虚假供述

（　　）18. 该取证行为是否具有欺骗性？

A. 完全不算欺骗

B. 有欺骗，但是可以接受

C. 是欺骗，不能如此取证

（　　）19. 您在工作中，遇到或使用过此种方式吗？

A. 经常使用

B. 听说过，没用过

C. 从来没有

（　　）20. 此种方式获取的证据，可否采用？

A. 完全可采用

B. 可采用，但手段不会在卷宗中显示

C. 不可采用

（　　）21. 据您的观察，实践中检察院在审查证据时对欺骗取证持什么态度？

A. 基本默认可以采用

B. 不审查，言词证据部分只要没刑讯逼供就行

C. 不准许，但也没什么专门的审查方式和要求

D. 绝对不准许

（　　）22. 您的性别是：

1. 男

2. 女

（　　）23. 您的年龄是：

A. 18～29 岁

B. 30～39 岁

C. 40～49 岁

D. 50 岁以上

（   ）24. 您的文化程度是：

A. 高中或中专

B. 大专

C. 本科

D. 硕士以上

（   ）25. 您是怎样参加公安工作的？

A. 警事专业毕业

B. 其他专业毕业

C. 部队转业

D. 其他机关调入

E. 社会人员报考

F. 其他

（   ）26. 您对我国现阶段警察队伍法律素质的总体评价是：

A. 很好

B. 一般

C. 很差

D. 其他

27. 关于侦查策略的运用以及以欺骗手段获取证据的问题，您还想告诉我们的任何想法：

_____

_____

_____

_____

_____

_____

侦查取证策略部分访谈记录

访谈对象 1 某刑警大队侦查人员	性别：男 年龄：26 岁	文化程度：本科 工作年限：2 年

　　问：您是否了解侦查策略（谋略）？侦查策略在侦查中（特别是讯问中）有无使用的必要？

　　答：了解，很有必要。古人有很多施计用谋的小故事很经典，小故事里有大智慧，有较大的参考价值。

　　问：您如何理解威胁、引诱、欺骗？

　　答：刑事诉讼法上讲的威胁、引诱、欺骗与我们通常理解的不同，界定必须要严格，否则司法实践起来很难把握，不能太宽泛化，否则就无法开展侦查工作。

　　问：您如何理解侦查策略与威胁、引诱、欺骗的关系？

　　答：一个事物的两个方面，或者是量变与质变的问题，威胁、引诱、欺骗把握在合法的限度内就是侦查谋略。

访谈对象 2 法官	性别：男 年龄：33 岁	文化程度：研究生 工作年限：9 年

　　问：您是否了解侦查策略（谋略）？侦查策略在侦查中（特别是讯问中）有无使用的必要？

　　答：了解一些。有必要使用。

　　问：您如何理解欺骗？

　　答："欺骗"中应该包含有多种具体的形式，如以有说无或以无说有，具体在应用的时候，应该根据是否对犯罪嫌疑人构成权利上的侵害来评价其是否具有正当性。

　　问：您如何理解侦查策略与欺骗的关系？

　　答：侦查策略与欺骗手段类似，但目的不同，侦查策略合法，欺骗不合法。

访谈对象 3 检察官	性别：女 年龄：33 岁	文化程度：研究生 工作年限：11 年

问：您是否了解侦查策略（谋略）？侦查策略在侦查中（特别是讯问中）有无使用的必要？

答：侦查策略是指在现行的侦查过程中，为了达到相应的侦查目的，采取的特定的侦查手段而进行的。在现有侦查技术不是很有利的情况下，是非常有必要的，能很快地指明方向，尽快地突破案件。比如讯问过程中使用的相关心理战术，在侦查环节经常使用，或者利用策略获取证据线索等。

问：您如何理解威胁、引诱、欺骗？

答：威胁是有胁迫的成分重一些，利诱是用一定的利益做为引导而进行的相关行为，欺骗是明显有欺诈的因素。

问：您如何理解侦查策略与威胁、引诱、欺骗的关系？

答：侦查策略是在合法的情况下开展相关的侦查行为，威胁等是在违法的情况下开展的相关行为，侦查策略有时也会采取欺骗等行为，但手段是合法的。因为侦查策略与这三种行为有交叉的部分，不是很好区分，而是否合法是依据平常工作中的行为来判断，具体什么法，还真不好说。侦查策略与威胁、引诱、欺骗这三种行为法定概念也不是很清楚。

访谈对象 4 公安局法制科科员	性别：男 年龄：31 岁	文化程度：博士研究生 工作年限：8 年

问：您是否了解侦查策略（谋略）？侦查策略在侦查中（特别是讯问中）有无使用的必要？

答：理论性的东西可能干警们不是特别了解，但侦查策略是必不可少的，离开策略，调查和侦查就失去生命力了，无法进行。侦查，本身就是一场战争，就要有三十六计和孙子兵法。有何不可？

但现实情况要求，笔录和案卷里不予显示。即使出现，证言不会起到决定作用，和别的证据共同起作用。

问：您如何理解威胁、引诱、欺骗？

答：目的是根本，手段不违法，采取合理范围内的威胁、引诱、欺骗，有何不可？

问：您如何理解侦查策略与威胁、引诱、欺骗的关系？

答：整体和部分的关系。策略如烹饪，分寸和火候需要把握，真的无法具体量化、过于标准化。

访谈对象 5 公司职员	性别：男 年龄：37 岁	文化程度：专科 工作年限：14 年

问：您是否了解侦查策略（谋略）？侦查策略在侦查中（特别是讯问中）有无使用的必要？

答：不了解，有使用的必要。中国古代三十六计有很大参考价值。

问：您如何理解威胁、引诱、欺骗？

答：我认为威胁是刑讯逼供，引透是用假的证据来透使别人，欺骗是用假的证据来骗当事人。

问：您如何理解侦查策略与威胁、引诱、欺骗的关系？

答：我认为只要在合法的范围内侦查策略可以有适当的引诱、欺骗，但刑讯逼却不应当。

访谈对象 6 某工厂技术工人	性别：男 年龄：31 岁	文化程度：大专 工作年限：8 年

问：您是否了解侦查策略（谋略）？侦查策略在侦查中（特别是讯问中）有无使用的必要？

答：看过，有一定的用处。

问：您如何理解威胁、引诱、欺骗？

答：威胁、引诱、欺骗对没有犯罪的人是没有用的。

问：您如何理解侦查策略与威胁、引诱、欺骗的关系？

答：相辅相成。有些侦查策略肯定具有欺骗性，但在办案人员无其他证据的情况下，只能用此办法。而且审问就是打心理战，哪有不欺骗的。

访谈对象7 高校教师、兼职律师	性别：男 年龄：38 岁	文化程度：硕士研究生 工作年限：15 年

问：您是否了解侦查策略（谋略）？侦查策略在侦查中（特别是讯问中）有无使用的必要？

答：了解一些，有使用的必要。

问：您如何理解威胁、引诱、欺骗？

答：我的理解很肤浅，真不好说。是我自己的主观判断，觉得讯问时有些欺骗手段有点过分。

问：您如何理解侦查策略与威胁、引诱、欺骗的关系？

答：警方是明显的威胁、引诱、欺骗行为，肯定严重违法。

问：您如何看待中国古代这些施计用谋的经典小故事？对现今的侦查办案而言，这些小故事有无参考价值？

答：中国古代这些施计用谋的经典小故事，是在当时特定的历史条件下产生的，虽然有很多的缺陷，但是对当今的侦查办案，具有一定的参考价值。

访谈对象8 个体职业者	性别：女 年龄：34 岁	文化程度：大专 工作年限：14 年

问：您是否了解侦查策略（谋略）？侦查策略在侦查中（特别是讯问中）有无使用的必要？

答：我不了解侦查策略（谋略）。但是我觉得侦查策略在侦查中有使用的必要。

问：您如何理解威胁、引诱、欺骗？

答：威胁、引诱、欺骗是不符合道德规范常理的方式。

问：您如何理解侦查策略与威胁、引诱、欺骗的关系？

答：威胁、引诱、欺骗可以成为侦查的一种策略，一种侦查方式、手段。

问：您如何看待中国古代这些施计用谋的经典小故事？对现今的侦查办案而言，这些小故事有无参考价值？

答：古代的这些施计用谋的小故事对侦查办案有一定参考价值，但是不符合现代法制社会的办案程序。

访谈对象 9 公司文员	性别：女 年龄：34 岁	文化程度：硕士 工作年限：7 年

问：您是否了解侦查策略（谋略）？侦查策略在侦查中（特别是讯问中）有无使用的必要？

答：可以借鉴，但不能超越法律。

问：您如何理解威胁、引诱、欺骗？

答：采用不应当的手段对嫌疑人进行询问，诱导其说出符合侦察员心理的回答。电视剧尤其是美剧如"犯罪终结"里经常看到。

问：您如何理解侦查策略与威胁、引诱、欺骗的关系？

答：侦查策略应与威胁、引诱、欺骗有区别，区别的标准说不好，主要依据我自身的法律意识。我觉得侦查应该在尊重事实的情况下，根据实际掌握的证据推理取证。

三、图表目录

参考文献

一、著作类

［1］白建军:《法律实证研究方法》,北京大学出版社 2008 年版。

［2］毕惜茜主编:《预审学理论研究综述》,群众出版社 1998 年版。

［3］曹文安:《预审制度研究》,中国检察出版社 2006 年版。

［4］陈立主编:《刑事证据法专论》,厦门大学出版社 2006 年版。

［5］陈瑞华:《刑事诉讼的前沿问题》,中国人民公安大学出版社 2001 年版。

［6］陈卫东主编:《模范刑事诉讼法典》,中国人民大学出版社 2005 年版。

［7］樊崇义、顾永忠:《侦查讯问程序改革实证研究——侦查讯问中律师在场、录音或录像制度试验》,中国人民公安大学出版社 2007 年版。

［8］风笑天:《现代社会调查方法》,华中科技大学出版社 2009 年版。

［9］郭松:《中国刑事诉讼运行机制实证研究（四）——审查逮捕制度实证研究》,法律出版社 2011 年版。

［10］何家弘:《从应然到实然——证据法学探究》,中国法制出版社 2008 年版。

［11］何家弘编著:《外国犯罪侦查制度》,中国人民大学出版社 1995 年版。

［12］姜伟、刘绍武：《收集刑事证据实务》，群众出版社 2002 年版。

［13］黎敏：《西方检察制度史研究——历史缘起与类型化差异》，清华大学出版社 2010 年版。

［14］林莉红主编：《程序正义的理想与现实——刑事诉讼相关程序实证研究报告》，北京大学出版社 2011 年版。

［15］林钰雄著：《刑事诉讼法》（上册总论编），中国人民大学出版社 2005 年版。

［16］刘品新：《刑事证据疑难问题探索》，中国检察出版社 2006 年版。

［17］龙宗智：《相对合理主义》，中国政法大学出版社 1999 年版。

［18］马静华：《中国刑事诉讼运行机制实证研究（三）——以侦查到案制度为中心》，法律出版社 2010 年版。

［19］潘金贵：《公诉制度改革研究：理念重塑与制度重构》，中国检察出版社 2008 年版。

［20］宋英辉、孙长永、朴宗根：《外国刑事诉讼法》，北京大学出版社 2011 年版。

［21］宋英辉、王武良主编：《法律实证研究方法》，北京大学出版社 2009 年版。

［22］孙长永主编：《现代侦查取证程序》，中国检察出版社 2005 年版。

［23］孙谦、刘立宪主编：《检察论丛》（第二卷），法律出版社 2001 年版。

［24］万毅：《台湾地区检察制度》，中国检察出版社 2011 年版。

［25］王大伟：《欧美警察科学原理——世界警务革命向何处去》，中国人民公安大学出版社 2007 年版。

［26］谢佑平、万毅：《刑事侦查制度原理》，中国人民公安大学出版社 2003 年版。

［27］徐静村：《21世纪中国刑事程序改革研究——〈中华人民共和国刑事诉讼法〉第二修正案（学者建议稿）》，法律出版社2003年版。

［28］徐静村等：《中国刑事诉讼法（第二修正案）学者拟制稿及立法理由》，法律出版社2005年版。

［29］印仕柏主编：《侦查活动监督重点与方法》，中国检察出版社2014年版。

［30］张翠松：《侦查监督制度理论与实践》，中国人民公安大学出版社2012年版。

［31］张军主编：《刑事证据规则理解与适用》，法律出版社2010年版。

［32］张智辉主编：《检察权优化配置初探》，中国检察出版社2011年版。

［33］周欣：《侦查权配置问题研究》，中国人民公安大学出版社2010年版。

［34］左卫民等：《中国刑事诉讼运行机制实证研究（一）》，法律出版社2007年版。

［35］左卫民等：《中国刑事诉讼运行机制实证研究（二）——以审前程序为重心》，法律出版社2009年版。

［36］龙宗智：《检察官客观义务论》，法律出版社2014年版。

［37］张智辉主编：《检察权优化配置研究》，中国检察出版社2014年版。

［38］姜伟主编：《中国检察制度》，北京大学出版社2009年版。

［39］蒋德海：《控权型检察制度研究》，人民出版社2012年版。

［40］徐军：《检察监督与公诉职能关系论》，中国人民公安大学出版社2010年版。

［41］杨宇冠：《非法证据排除规则研究》，中国人民公安大学出版社2002年版。

［42］张智辉、谢鹏程主编：《中国检察第二卷：刑法的程序理性》，中国检察出版社 2003 年版。

［43］樊崇义、顾永忠：《侦查讯问程序改革实证研究——侦查讯问中律师在场、录音或录像制度试验》，中国人民公安大学出版社 2007 年版。

［44］黄宗智：《经验与理论：中国社会、经济与法律的实践历史研究》，中国人民大学出版社 2007 年版。

［45］季宗棠：《我所经历的形形色色的案件——公安部特邀刑侦专家季宗棠办案手记》，中国人民公安大学版社 2004 年版。

二、译著类

［1］［德］克劳思·罗科信：《刑事诉讼法（第 24 版）》，吴丽琪译，法律出版社 2003 年版。

［2］［美］Richard A. Leo：《警察审讯与美国刑事司法》，刘方权等译，中国政法大学出版社 2012 年版。

［3］［美］艾尔巴比：《社会研究方法（第十一版）》，邱泽奇译，华夏出版社 2009 年版。

［4］［美］劳伦斯·纽曼：《社会研究方法——定性和定量的取向》（第五版），郝大海译，中国人民大学出版社 2007 年版。

［5］［美］乔恩·R. 华尔兹：《刑事证据大全》，何家弘等译，中国人民公安大学出版社 2004 年版。

［6］［日］田口守一：《刑事诉讼法》，张凌、于秀峰译，中国政法大学出版社 2010 年版。

［7］［英］Gisli H. Gudjonsson：《审讯和供述心理学手册》，乐国安、李安等译，中国轻工业出版社 2008 年版。

［8］［英］杰奎琳·霍奇森：《法国刑事司法——侦查与起诉的比较研究》，中国政法大学出版社 2012 年版。

［9］［英］麦高伟、杰弗里·威尔逊主编：《英国刑事司法程序》，姚永吉等译，法律出版社 2003 年版。

［10］［英］约翰·斯普莱克：《英国刑事诉讼程序（第九

版）》，徐美君、杨立涛译，中国人民大学出版社 2006 年版。

［11］宗玉琨：《德国刑事诉讼法典》，知识产权出版社 2013 年版。

［12］［法］贝尔纳·布洛克：《法国刑事诉讼法（原书第 21 版）》，罗结珍译，中国政法大学出版社 2009 年版。

三、学位论文类

［1］范松辉：《侦查监督制度研究》，中国政法大学 2009 年硕士学位论文，中国优秀博士硕士论文库。

［2］李冬妮：《中德检警关系比较研究》，中国政法大学 2008 年硕士学位论文，中国优秀博士硕士论文库。

［3］李赫谦：《论如何区分公安行政与刑事侦查行为及强化公安执法审查监督的探讨》，华东政法学院 2002 年硕士学位论文，中国优秀博士硕士论文库。

［4］李立召：《检察官客观义务》，吉林大学 2011 年硕士学位论文，中国优秀博士硕士论文库。

［5］吕涛：《检察建议法制化研究》，山东大学 2010 年博士学位论文，中国优秀博士硕士论文库。

［6］梅玫：《检察引导侦查实证研究——以逮捕程序为中心》，2010 年西南政法大学在职攻读硕士学位论文，中国优秀博士硕士论文库。

［7］母志文：《检察引导侦查制度研究》，辽宁大学 2013 年硕士学位论文，中国优秀博士硕士论文库。

［8］齐越：《论检察引导侦查制度》，山东大学 2014 年硕士学位论文，中国优秀博士硕士论文库。

［9］王春光：《我国侦查监督的模式选择及具体完善》，西南交通大学 2012 年硕士学位论文，中国优秀博士硕士论文库。

［10］王芳：《侦查监督制度研究》，山东大学 2012 年硕士学位论文，中国优秀博士硕士论文库。

［11］王幼君：《宪法第 135 条研究——以刑事司法实践为蓝

本》，华东政法大学 2014 年博士学位论文，中国优秀博士硕士论文库。

[12] 吴常青：《检察侦查权监督制约机制研究》，西南政法大学 2012 年博士学位论文，中国优秀博士硕士论文库。

[13] 武晓勇：《公诉引导侦查之实证研究——以地方检察院的改革实验为视角》，内蒙古大学 2011 年硕士学位论文，中国优秀博士硕士论文库。

[14] 赵珂：《从检察"提前介入"到"检察引导侦查"—"检警关系"改革新论》，2007 年四川大学硕士学位论文，中国优秀博士硕士论文库。

[15] 种松志：《检警关系论》，中国政法大学 2006 年博士学位论文，中国优秀博士硕士论文库。

[16] 祝雄鹰：《论公诉引导侦查》，2007 年湖南大学优秀硕士学位论文，中国优秀博士硕士论文库。

四、期刊类

[1] 安凯明：《公诉引导侦查取证研究》，载《河北法学》2001 年第 6 期。

[2] 北京市海淀区人民检察院"检警关系课题组"：《检警关系现状与问题的调查分析》，载《人民检察》2006 年第 11 期。

[3] 卞建林：《论我国侦查程序中检警关系的优化——以制度的功能分析为中心》，载《国家检察官学院学报》2005 年第 2 期。

[4] 陈岚：《我国检警关系的反思与重构》，载《中国法学》2009 年第 6 期。

[5] 陈雷：《检察官的客观义务比较研究》，载《国家检察官学院学报》2005 年第 4 期。

[6] 陈龙鑫：《监督与协作——新形势下检警关系的调整与完善》，载《犯罪研究》2013 年第 5 期。

[7] 陈乃保、杨正鸣、徐庆天：《侦捕诉联动机制的实践价值》，载《犯罪研究》2006 年第 3 期。

[8] 陈卫东、郝银钟：《侦检一体化模式研究——兼论我国刑事司法体制改革的必要性》，载《法学研究》1999年第1期。

[9] 陈卫东：《构建中国特色刑事特别程序》，载《中国法学》2011年第6期。

[10] 陈兴良：《警检一体：诉讼结构的重塑与司法体制改革》，载《中国律师》1998年第11期。

[11] 陈云龙、彭志刚：《检察机关侦查指引权及其实现机制》，载《中国刑事法杂志》2009年第9期。

[12] 程俊华：《检察引导侦查：从警察视角的分析》，载陈兴良主编：《刑事法判解（第6卷）》，法律出版社2003年版。

[13] 但伟、姜涛：《侦查监督制度研究——兼论检察引导侦查的基本理论问题》，载《中国法学》2003年第2期。

[14] 邓继好：《从检察监督的两重性看诉讼职权与监督职权的分离》，载《政治与法律》2012年第3期。

[15] 董邦俊、操宏均、秦新承：《检察引导侦查之应然方向》，载《法学》2010年第4期。

[16] 樊崇义：《简论法律监督与检察改革》，载《河南社会科学》2010年第3期。

[17] 冯军：《我国刑事诉讼中的检警关系问题研究》，载《河北大学学报》2003年第2期。

[18] 韩红兴：《刑事司法中检警关系和谐运行论》，载《中国人民公安大学学报（社会科学版）》2011年第1期。

[19] 郝银钟：《论法治国视野中的检警关系》，载《中国人民公安大学学报》2002年第6期。

[20] 何家弘：《构建和谐社会中的检警关系》，载《人民检察》2007年第23期。

[21] 何鑫：《公诉引导侦查取证刍议》，载《法制与社会》2009年8月。

[22] 黄龙：《关于"检察引导侦查"的冷思考》，载孙谦、张智辉主编：《检察论丛（第六卷）》，法律出版社2003年版。

〔23〕黄小燕：《由赵作海案反思我国的检警关系》，载《知识经济》2010年第24期。

〔24〕贾治辉、孔令勇：《检警协作模式抑或检警协助模式——一种启示性的探讨》，载《西南政法大学学报》2014年第2期。

〔25〕孔璋：《警检关系的模式与选择——兼谈中国特色审前程序中的警检关系构想》，载《人民检察》2005年第3期。

〔26〕李俊杰、玄金华：《探索公诉引导侦查取证机制》，载《法制与社会》2010年第3期。

〔27〕李平煜、丁文俊：《检察机关提前介入公安机关侦查活动初探》，载《山东法学》1990年第2期。

〔28〕李仁和、王治国：《引导侦查取证：周口的实践与理论的碰撞》，载《人民检察》2002年第8期。

〔29〕李雪蕾：《论侦查引导权及其运行机制——以"检察机关派驻侦查机关检察室"为视角》，载《江西警察学院学报》2013年第4期。

〔30〕廖东隽：《试论新刑诉法实施后的检警关系重构——从"检察引导侦查"到"检察指导侦查"的模式转变》，载《法制与社会》2012年第11期。

〔31〕廖明：《侦查权的性质与配置研究述评》，载《山东警察学院学报》2011年第1期。

〔32〕刘方权：《侦审合并反思与预审制度的重构》，载郝宏奎主编：《侦查论坛（第一卷）》，中国人民公安大学出版社2002年版。

〔33〕刘计划：《检警一体化模式再解读》，载《法学研究》2013年第6期。

〔34〕刘晓东：《我国警检关系完善新探》，载《国家检察官学院学报》2003年第1期。

〔35〕刘妍：《侦查监督机制的构建与完善》，载《中国刑事法杂志》2009年第5期。

［36］ 龙宗智：《评"检警一体化"兼论我国的检察关系》，载《法学研究》2000 年第 2 期。

［37］ 龙宗智：《中国法语境中的检察官客观义务》，载《法学研究》2009 年第 4 期。

［38］ 吕继东：《检察引导侦查取证的程序构建》，载《国家检察官学院学报》2004 年第 2 期。

［39］ 蒙雪、刘卫华：《浅谈加强公安法制部门对侦查取证的指导》，载《江西公安专科学校学报》2003 年第 4 期。

［40］ 彭志刚：《检察机关非自侦案件侦查监督的博弈论分析》，载《重庆大学学报（社会科学版）》2013 年第 2 期。

［41］ 秦国文、郑友德：《建立公安派出所法律监督机制的构想——以 H 市派出所为例的研究》，载《苏州大学学报》2012 年第 5 期。

［42］ 秦炯天、蔡永彤：《"检察引导侦查"机制的反思与展望》，载《中南大学学报（社会科学版）》2009 年第 6 期。

［43］ 任海：《公诉引导侦查应做到四个"规范"》，载《人民检察》2009 年第 13 期。

［44］ 沈新康：《公诉引导侦查的探索与完善》，载《华东政法大学学报》2010 年第 5 期。

［45］ 宋英辉、张建港：《刑事程序中警、检关系模式之探讨》，载《政法论坛》1998 年第 2 期。

［46］ 苏宏根：《对公安内部撤销预审机构弊端之浅析》，载《检察实践》2000 年第 3 期。

［47］ 孙长永：《检察官客观义务与中国刑事诉讼制度改革》，载《人民检察》2007 年第 17 期。

［48］ 孙海鹏：《公诉引导侦查运用"四个三"工作法追诉漏犯》，载《法制与社会》2013 年第 12 期。

［49］ 太原市人民检察院课题组：《检察机关提前介入"命案"侦查工作机制研究》，载《中国检察官》2013 年第 6 期。

［50］ 万毅、师清正：《检察院绩效考核实证研究——以 S 市检

察机关为样本的分析》，载《东方法学》2009 年第 1 期。

［51］万毅：《侦诉一体化：我国检警关系之重塑》，载《新疆大学学报（社会科学版）》2003 年第 3 期。

［52］汪海燕：《检察机关审查逮捕权异化与消解》，载《政法论坛》2014 年第 6 期。

［53］王松苗：《公诉改革"：能否两全其美？——关于公诉改革工作重心的采访与思索》，载《人民检察》2000 年第 10 期。

［54］王子祥：《案件法制审核与调查取证关系研究》，载《江西公安专科学校学报》2010 年第 1 期。

［55］武延平、张凤阁：《试论检察机关的提前介入》，载《政法论坛》1991 年第 2 期。

［56］谢敏仪：《公诉引导侦查制度之完善》，载《中国检察官》2009 年第 7 期。

［57］谢佑平、万毅：《检察官当事人化与客观公正义务——对我国检察制度改革的一点反思》，载《人民检察》2002 年第 5 期。

［58］薛炳尧、部占川：《对"检警一体化"的思考——从侦查程序监督机制优化角度考察》，载《政法学刊》2003 年第 6 期。

［59］杨司：《强化检警协作制约完善侦查预审机制》，载《人民检察》2013 年第 24 期。

［60］杨宗辉、周睦棋：《检察权结构探微》，载《法学评论》2009 年第 1 期。

［61］杨宗辉、周虔：《"检警一体化"质疑》，载《法学》2006 年第 5 期。

［62］杨宗辉：《论我国侦查权的性质——驳"行政权本质说"》，载《法学》2005 年第 9 期。

［63］叶青：《职务犯罪侦查与法律监督的关系》，载《政治与法律》2007 年第 7 期。

［64］于昆、任文松：《检察引导侦查机制的反思与重构》，载《河南社会科学》2014 年第 11 期。

［65］云山城、曹晓宝：《侦审合一后的预审工作研究》，载《湖北警官学院学报》2009 年第 5 期。

［66］张斌、黄维智《论黑社会性质犯罪中"组织性"证据的收集——兼论检察引导侦查的可操作性问题》，载《四川大学学报（哲学社会科学版）》2004 年第 1 期。

［67］张际枫：《从功能比较的视角对公诉引导侦查的几点思考》，载《法学杂志》2010 年第 1 期。

［68］张丽华：《浅议"检察引导侦查"机制运行的司法效应》，载《法制与社会》2010 年 6 月。

［69］张亮：《对查办职务犯罪一体化机制中公诉引导侦查取证的几点思考》，载《中国检察官》2010 年第 2 期。

［70］张永军、武晓勇：《浅谈检察机关如何应对新刑诉法的挑战——以基层检察院公诉引导侦查为视角进行实证探索》，载《法制与社会》2013 年第 4 期。

［71］张忠平、孙松俊：《科学构建检察机关捕诉衔接机制》，载《法制与社会》2011 年第 22 期。

［72］章晓洪：《试论检察机关侦查权——兼谈检察引导侦查的法理渊源》，载《浙江社会科学》2005 年第 5 期。

［73］赵赤、陈胜才：《检察环节证据合法性审查实证研究》，载《西南政法大学学报》2014 年第 6 期。

［74］赵宏：《中外检察制度在侦查权设置上的比较——兼论检察引导侦查制度在中国的尝试》，载《犯罪研究》2009 年第 1 期。

［75］种松志、卢东林、范志勇：《检察机关侦查指导权初探》，载《人民检察》1999 年第 12 期。

［76］周口市检察院：《检察引导侦查研讨会观点摘要》，载《国家检察官学报》2002 年第 10 期。

［77］周虔：《我国审判中心主义改革的实质辩析》，载《江西公安专科学校学报》2006 年第 3 期。

［78］左卫民、赵开年：《侦查监督制度的考察与反思——

种基于实证的研究》，载《现代法学》2006 年第 6 期。

［79］［瑞典］布瑞恩·艾斯林：《比较刑事司法视野中的检警关系》，载《人民检察》2006 年第 11 期。

［80］苏凌、冯保卫：《检警一体化与检察指导侦查机制比较研究》，载《国家检察官学院学报》2002 年第 5 期。

［81］艾明：《论我国侦查措施立法中的权能复合主义——以继续盘问功能转变为线索的分析》，载《西南民族大学学报（人文社科版）》2010 年第 10 期。

［82］陈卫东：《构建中国特色刑事特别程序》，载《中国法学》2011 年第 6 期。

［83］惠生武：《警察法学的研究对象与学科体系构建》，载《山东警察学院学报》2011 年第 6 期。

［84］徐静村、潘金贵：《我国刑事强制措施制度改革的基本构想》，载《甘肃社会科学》2006 年第 2 期。

［85］蒋连舟、李新钰：《试论警察盘查权与人权保障》，载《河北法学》2006 年第 4 期。

［86］陈卫东、石献智：《警察权的配置原则及其控制——基于治安行政管理和刑事诉讼的视角》，载《山东公安专科学校学报》2003 年第 5 期。

［87］赵新立：《公安机关继续盘问的适用若干问题探讨》，载《理论导刊》2009 年第 4 期。

［88］左卫民、龙宗智：《继承与发展：刑事侦查制度评述》，载《现代法学》1996 年第 6 期。

［89］万毅：《论我国刑事强制措施体系的技术改良》，载《中国刑事法杂志》2006 年第 5 期。

［90］万毅：《论盘查》，载《法学研究》2006 年第 2 期。

［91］马静华：《侦查到案制度：从现实到理想——一个实证角度的研究》，载《现代法学》2007 年第 2 期。

［92］王剑虹：《比较法视野下的盘查制度研究》，载《当代法学》2008 年第 2 期。

［93］高文英：《我国警察盘查权运行及其理论研究现状》，载《中国人民公安大学学报（社会科学版）》2006 年第 4 期。

［94］曹文安：《论留置及其与强制到案措施之整合》，载《中国人民公安大学学报（社会科学版）》2006 年第 3 期。

［95］何家弘：《论"欺骗取证"的正当性及限制适用——我国〈刑事诉讼法〉修改之管见》，载《政治与法律》2012 年第 1 期。

［96］龙宗智：《威胁、引诱、欺骗的审讯是否违法》，载《法学》2000 年第 3 期。

［97］郝宏奎：《侦查讯问改革与发展构想》，载《法学》2004 年第 10 期。

［98］毕惜茜：《侦查讯问策略运用的法律界限》，载《中国人民公安大学学报》2004 年第 3 期。

［99］胡绍宝：《论"威胁、引诱、欺骗"在侦查讯问中的存在理性与适度运用》，载《山东警察学院学报》2007 年第 4 期。

［100］徐美君：《质疑"严禁以威胁、引诱、欺骗的方法收集证据"》，载《当代法学研究》2003 年第 2 期。

［101］张建伟：《自白任意性规则的法律价值》，载《法学研究》2012 年第 6 期。

［102］张品泽：《论侦查阶段讯问制度变革——以刑事诉讼法修正案（草案）为样本》，载《中国人民公安大学学报（社会科学版）》2011 年第 6 期。

［103］《自白任意规则的法律价值》，载《法学研究》2012 年第 6 期。

［104］万毅：《侦查谋略之运用及其底限》，载《政法论坛》2011 年 7 月。

［105］蔡艺生：《侦查策略与欺骗辨析》，载《江西公安专科学校学报》2006 年第 5 期。

［106］李蕤：《刑事错案的形成与救济——以侦查工作为视角》，载《湖南警察学院学报》2011 年第 5 期。

［107］刘方权：《认真对待侦查讯问——基于实证的考察》，载《中国刑事法杂志》2007 年第 5 期。

［108］牟军：《揭开侦查讯问功能的面纱——基于实证角度的分析》，载《南京大学法律评论》2013 年春季卷。

［109］马静华：《非法审讯：一个实证角度的研究——以 S 省为主要对象的分析》，载陈光中、汪建成、张卫平主编：《诉讼法理论与实践：司法理念与三大诉讼法修改（2006 年卷）》，北京大学出版社 2006 年版。

五、外文资料

［1］Sprack, John：Emmins on criminal procedure, Ninth Edition, Oxford University Press, 2002.

［2］Beulke, Werner：Strafprozessrecht, 7th Auflag, Verlag C. F. Mueller , 2004.

［3］Roxin, Claus：Strafverfahrensrecht, 25 Auflag, Verlag C. H. Beck, 1998.

［4］Satzger, Helmut：Internatioinales und Europaeisches Strafrecht, 6 Auflag, Nomos Verlagsgesellschaft mbH, 2013.

［5］Grosse Strafrechtskommission des deutschen Richterbundes：Das Verhaeltnis von Gericht, Staatsanwaltschaft und Polizei im Ermittlungsverfahren, strafprozessuale Regeln und faktische（Fehl – ?）Entwicklungen, 2008.

［6］Kern Eduard：Gerichtsverfassungsrecht, 5 Auflag , Verlag C. H. Beck, 1975.

［7］Schlachetzki, Nikolas：Die Polizei – Herrin des Strafverfahrens? Eine Analyse des Verhaeltnisses von Staatsanwaltschaft und Polizei, Menschen & Buch, 2003.

［8］Wessels, Beulke：Strafrecht AT, 32Auflage, Verlag C. F. Mueller, 2002.

［9］Gropp, S trafrecht AT, Auflage, Verlag Springer, 2001.

六、主要报刊及网络资料

［1］陈泽尧：《公诉权的合理延伸》，载《检察日报》2002 年 7 月 15 日。

［2］撒莉：《公诉介入侦查引导取证问题研究》，载乌海市人民检察院官网，http：//jcy. wuhai. gov. cn/jianchall/415. jhtml。

［3］王湖、汪德庆：《提前介入引导取证需要解决四个问题》，载《检察日报》2012 年 8 月 27 日。

［4］曾祥生、镇检金、霖萍：《宁波镇海区检警联合推 9 项措施，规范办案人员刑事取证行为》，http：//news. 163. com/10/0705/20/6ARSIRL700014AEE. html。

［5］赵信等：《司法改革：期待体制性突破》，载中顾法律网，http：//news. 9ask. cn/。

［6］张建伟：《"威胁、引诱和欺骗"，为何不能删除?》，载《检察日报》2012 年 2 月 6 日。

［7］武兴志：《把握关键环节引导侦查取证》，载《检察日报》2014 年 9 月 19 日。

［8］内蒙古自治区人民检察院：《赤峰市松山区检察院：及时介入侦查取证——十一年血案得以昭雪》，http：//www. nm. jcy. gov. cn/xwzx/ywgz/201409/t20140916_ 1466745. shtml。

［9］梁三贵：《新疆玛纳斯县检察院主动介入暴恐案件侦查》，http：//www. spp. gov. cn/dfjcdt/201406/t20140623_ 75238. shtml。

［10］最高人民检察院：《关于深化检察改革的意见（2013 ～ 2017 年工作规划）》（2015 年修订版），http：//www. spp. gov. cn/jjtp/201502/t20150225_ 91556. shtml。

［11］2015 年最高人民检察院工作报告，http：//www. spp. gov. cn/gzbg/201503/t20150324_ 93812. shtml。

［12］2016 年最高人民检察院工作报告，http：//www. china. com. cn/legal/2016 – 03/21/content_ 38072760. htm。

七、各市检察机关与公安机关的规范性文件

［1］安徽省人民检察院、安徽省公安厅《关于侦查活动监督工作中加强协调配合的若干规定（试行）》

［2］广西壮族自治区人民检察院、公安厅《关于检察机关派员介入公安机关命案现场勘查活动的规定（试行）》

［3］《汉阳区人民检察院侦查活动监督试行办法》

［4］《湖南省检察机关办理人民检察院立案侦查案件审查逮捕工作的若干意见（试行）》

［5］《湖南省检察机关引导侦查取证试行办法》

［6］《江苏省检察机关侦查监督部门排除和预防非法证据的指导意见》

［7］《内蒙古自治区人民检察院介入侦查引导取证试行办法》

［8］宁夏回族自治区人民检察院、公安厅《关于公安派出所设立检察官监督办公室的实施意见》

［9］上海市检察院、公安局《关于开展对公安派出所监督工作的实施意见》

［10］云南省检察机关侦查监督部门《关于开展命案现场介入勘查、引导取证工作试点的通知》

［11］湖南省人民检察院《关于加强捕诉衔接工作的实施意见》

［12］《重庆市人民检察院办理职务犯罪案件防范非法言词证据的暂行规定》

［13］重庆市人民检察院侦查监督处《关于探索对公安派出所刑事执法监督协作工作的意见》

［14］北京市人民检察院侦查监督处《关于健全和加强对重大敏感案件逮捕风险评估机制的实施意见（试行）》

［15］福建省人民检察院《关于在侦查监督工作中严格遵守法律程序制度坚守防止冤假错案底线的意见》

［16］海宁市人民检察院和海宁市公安局联合发布《关于公诉

引导侦查取证的若干意见（试行）》

［17］湖南省人民代表大会常务委员会《关于加强人民检察院对诉讼活动法律监督工作的决议》

［18］辽宁省人民检察院、辽宁省公安厅《关于在侦查活动中加强配合、加强制约工作试行办法》

［19］《宁夏盐池县人民检察院公诉引导自侦部门侦查工作实施办法》

［20］山西省检察机关侦查监督部门、公诉部门《关于建立捕诉衔接机制的意见（试行）》

［21］浙江省嵊泗县人民检察院与嵊泗县公安局联合制定《关于检察机关介入侦查引导取证工作若干规定》

［22］郑州市人民检察院与郑州市公安局联合下发的《关于加强故意犯罪致人死亡案件公诉引导侦查取证工作若干规定》

［23］重庆市人民检察院与市公安局联合制定下发的《关于检察机关提前介入引导取证工作办法（试行）》

后　　记

　　本书的内容涉及两个项目的研究成果，即中国法学会 2011 年度一般项目《警察取证行为实证研究》［项目编号 CLS（2011）C33］和 2013 年度中南财经政法大学中央高校基本科研业务费专项资金资助项目《取证引导机制改革实证研究》。

　　研究警察在刑事诉讼中的侦查取证行为，是一项涉及刑事诉讼法学、侦查学和社会学等多门学科领域的交叉课题。近年来，公众和学者对警察取证行为关注，更多地聚焦于警察非法取证的种种表现及弊端，也正是在这种语境下，我国许多学者主张在我国建立取证引导机制，以规范警察的侦查取证行为，扭转实践中警察取证常常违规违法的局面。2015 年和 2016 年，最高人民检察院连续两年的工作报告都将取证引导机制改革作为其主要任务之一；"在派出所派驻检察室或检察官"以及在重特大案件中"提前介入侦查、引导取证"的做法，也被直接写入 2017 年最高人民检察院工作报告中，足以体现当前我国检察机关对取证引导机制改革的重视程度。然而，工作报告提出将取证引导作为强化侦查监督举措的做法，也让笔者思考其引导取证的柔性模式能否实现侦查监督的初衷。如何正确认识取证引导机制实施的目的和运行机理，理清侦查监督改革实践的内在逻辑，是摆在我们面前亟待解决的问题，也是本书研究的核心内容之一。

　　为此，本书的上篇以取证引导机制为考察对象，从梳理取证引导机制形成过程中的目的和法律依据等理论纷争入手，通过实地调查揭示取证引导机制实践运行状态，解析取证引导机制面临诸种现实困境的原因就在于，取证引导机制制度设计本身出了问题：旨在强化侦查监督的检察引导侦查模式，其引导方式有悖于检察机关法律监督的强制性、法定性、客观中立性和系统性，即引导方式的柔性设计与法律监督属性互为冲突；旨在强化检察机关控诉职能的公诉引导侦查模式，受检察机关现实人员配置状况等具体操作因素所限，其制度设计在实践运行中尚缺乏相应的执行动力和能力。此外，检察机关实施取证引导的过程中将检察引导侦查模式与公诉引导侦查模式混同的做法，也加重了实务部门对取证引导目的的错误认识。

在此基础上，本书提出重构取证引导机制的建议，首先就是正确认识取证引导的目的和法律依据，即取证引导机制的建立只能是增强检察机关的控诉职能，其无法实现侦查监督的目的。取证引导机制实施的法律依据是公安机关与检察机关现行配合制约关系的刑事诉讼法律规定，而不是检察机关作为法律监督机关的相关条款。当前取证引导机制的改革中，检察引导侦查的模式理应废止；公诉引导侦查具备相对合理性，但应通过限制公诉部门取证引导的案件范围、采用公安机关预审部门内部引导与检察机关公诉部门外部引导相结合的方式等，解决公诉引导侦查模式执行动力和能力不足的问题。此外，为避免重蹈检察引导侦查模式的覆辙，检察机关应依法增强对侦查取证外部监督的权威性，改变当前侦查监督失之过软的尴尬局面。即当前增强检察机关侦查监督的强制力和执行力，远比实现监督的预防性和适时性更为重要。检察机关应在理顺自身各项职能的基础上，突出侦查监督过程中的程序控制，并明确检察机关侦查监督的合理方式和必要限度。

本书的下篇既从规范法学的角度提炼和归纳现行侦查体制下较为突出的具体取证不合法问题，也注重从行为科学的角度体察取证行为的运行机理，以寻求解释警察取证行为不合法背后可能更为真实、更有说服力的原因。

本书付梓之际，感谢中国检察出版社的王欢编辑，其为此书的出版付出了很多的辛劳！感谢先后数次参加我们项目论证会的专家学者，他们毫无保留地提出批评和建议，为本书的研究提供了质量保证；感谢我们的调查对象，他们的积极参与和认真作答，保证了

实证研究内容的充分和有效性；感谢项目组成员以及所有的支持者
与参与者！

杨宗辉

二零一六年十二月二十日